AF125531

Merve
Verlag

Dirk Baecker

4.0

oder Die Lücke die der Rechner lässt

Merve Verlag

Originalausgabe

Redaktorat: Tom Lamberty

© 2018 Merve Verlag Leipzig

Printed in Germany

Druck- und Bindearbeiten: Dressler, Berlin

Umschlagentwurf: Jochen Stankowski, Dresden

ISBN 978-3-96273-012-3

www.merve.de

INHALT

»Wie bleibe ich am Zahn der Zeit?«

(Teilnehmer eines Workshops zur
Digitalisierung in der Industrie)

Auf das Projekt der Moderne, die Inklusion der Gesamtbevölkerung in politische, rechtliche, wirtschaftliche, pädagogische und kulturelle Prozesse, folgt das Projekt der Digitalisierung, die Transformation analoger in diskret abzählbare, binär codierte, statistische auswertbare, maschinell berechenbare Prozesse. Die einen hoffen, dass das Projekt der Digitalisierung die Voraussetzungen dafür schafft, dass das Projekt der Moderne fortgeführt werden kann, indem es die Instrumente bereitstellt, die den Zugang aller zu allen Bereichen der Gesellschaft ermöglichen. Die anderen befürchten, dass es das Projekt der Moderne auf perverse Weise beendet, indem die Teilnahme aller an Gesellschaft nicht mehr eine Frage der individuellen Entscheidung, sondern der kollektiven Erfassung ist.

Die hier vorgelegten Überlegungen können diese Frage nicht entscheiden. Stattdessen stellen sie die Variable der Gesellschaft schärfer, als es in der Diskussion um Fragen der Digitalisierung gemeinhin geschieht. Die Automatisierung der Industrie, die politischen Möglichkeiten der Überwachung, die massenmediale Bereitstellung von Plattformen für Arbeit, Konsum und Unterhaltung, die wissenschaftliche Erforschung von Welt und Gesellschaft durch die umfassende Verteilung von Sensoren in Stadt und Land, Wasser und Luft sind wichtige Teilaspekte einer technologischen Transformation durch elektronische und digitale Medien, die nur angemessen zu würdigen ist, wenn man das Stichwort der Digitalisierung der Gesellschaft in der Ambivalenz des Genitivs ernst nimmt. In der Formulierung von der Digitalisierung der Gesellschaft steht die Gesellschaft sowohl im genitivus subiectivus als aktives Subjekt der Digitalisierung wie auch im genitivus obiectivus als passives Objekt der Digitalisierung. Um zu verstehen, was der Gesellschaft passiv widerfährt, indem sie sich aktiv verändert, muss man die Gesellschaft verstehen.

Die Versuchung ist groß, sich diese Diskussion zu ersparen, indem man stattdessen nur fragt, was funktioniert und was nicht. Aber es steht einiges auf dem Spiel. Deswegen ist die Diskussion notwendig.

4.0. Das Buch handelt von der vierten Medienepoche der Menschheitsgeschichte, der Epoche der elektronischen und digitalen Medien. Drei frühere Epochen gingen ihr voraus, 1.0, die Epoche der Mündlichkeit, 2.0, der Schriftlichkeit, und 3.0., des Buchdrucks. Vor der Digitalisierung erlebte die menschliche Gesellschaft die Abenteuer der Oralisierung, Alphabetisierung und Literarisierung, allesamt nicht minder überfordernd. Nichts Geringeres als eine tiefgreifende Veränderung von Struktur und Kultur der Gesellschaft, viermal in Folge, vermochte diese Herausforderungen zu bewältigen. Die Epochen lösen einander nicht nahtlos ab, sondern überlagern und durchmischen sich vielfältig. Die Null hinter der Versionsziffer deutet an, dass die These für jede dieser Medienepochen weiter differenziert werden kann und muss. Die These selbst ist alles andere als entschieden, so sehr es sich kulturwissenschaftlich bewährt hat, mit ihr zu arbeiten. Historiker, die zu Recht auf Differenzierung bestehen, kann man nur um Verständnis bitten.

Vor einigen Jahren habe ich 16 Thesen zur Zukunftsfähigkeit der nächsten Gesellschaft aufgestellt (*Revue für Postheroisches Management*, Heft 9/2011), die auf meine *Studien zur nächsten Gesellschaft* (Frankfurt am Main, 2007) Bezug nehmen und im Laufe der Jahre auf 26 Thesen erweitert wurden (*catjects. wordpress.com*). Der Verlag hat angeregt, diese Thesen einem Stresstest zu unterwerfen. Das vorliegende Buch ist das Ergebnis dieses Versuchs. Ich bemühe mich nicht, die Thesen im Nachhinein zu beweisen, sondern ich überprüfe ihren heuristischen Wert. Ich sammle Material und expliziere die theoretischen und empirischen Annahmen, die ihnen zugrunde liegen. Nach wie vor ist bereits der Begriff einer nächsten Gesellschaft, ebenso wie die Zählung bisheriger Medienepochen ein

Versuchsballon zur Diagnose der gegenwärtigen Lage der Gesellschaft.

Um die Variable der Gesellschaft schärfer stellen zu können, handelt die vorliegende Studie auch von der in der Mündlichkeit gehaltenen Stammesgesellschaft, der antiken Schriftkultur und der modernen Buchdruckkultur. Mit jedem neuen Medium tritt ein Problem der Möglichkeit und Verknüpfung von Kommunikation auf, das die vorherige Epoche nicht hatte. Die Entdeckung der Anwesenheit des Abwesenden mit der Sprache, das Ertragen des Gewichts der Zeit in den Buchstaben und Zahlen der Schrift oder die Diffusion eines kritischen Vergleichswissens mit dem Buchdruck sind je unterschiedliche Probleme und doch in der Hinsicht der Überforderung der überlieferten Struktur und Kultur der Gesellschaft mit dem Kontrollproblem vergleichbar, das mit den elektronischen und digitalen Medien aufkommt. Zudem sind die früheren Medienprobleme nicht etwa gelöst und vergessen, sondern beschäftigen nach wie vor auch die aktuelle Gesellschaft. Schon deswegen brauchen wir einen Blick dafür, welche Antworten frühere Gesellschaften gefunden haben. Keine dieser Antworten kann eins zu eins übernommen werden, aber jede erlaubt einen weiteren Blick in das Laboratorium der Gesellschaft. Medien sind nicht nur willkommene Instrumente einer Senkung der Transaktionskosten der Kommunikation oder eines in die Sprache, die Schrift, den Buchdruck oder die elektronischen Medien ausgelagerten Kalküls der Gesellschaft. Sie greifen tief ein in die »Psyche« (Filippo Tommaso Marinetti) der Gesellschaft, in die Art und Weise, wie Menschen, Geister, Götter und, demnächst, Maschinen sich in ihr erleben und in ihr handeln.

Das Ergebnis dieses Vorgehen ist eine Medienarchäologie. Sie gräbt in der aktuellen Gesellschaft nach den Zeugnissen früherer Gesellschaften. Und sie gräbt in früheren Gesellschaften nach Problemstellungen, auf die auch die gegenwärtige Gesellschaft eine, wenn auch andere, Antwort finden muss. Der Ausgangspunkt von den elektronischen und digitalen Medien der

Gegenwart legt einen Vergleich mit den früheren Verbreitungs-medien des Buchdrucks, der Schrift und, wenn man hier den Begriff des Verbreitungsmediums akzeptiert, der Sprache nahe. Deswegen eine Archäologie der Medien. Andere Medien, vor allem die sogenannten Erfolgsmedien der Kommunikation wie Macht, Geld, Liebe, sollen damit in ihrer Bedeutung nicht unter-schätzt werden. Aber sie treten ins zweite Glied. Sie sind selbst Antworten auf Problemstellungen der Verbreitungsmedien. Auch Wahrnehmungsmedien wie Licht, Klang, Geruch, Berührung werden im Folgenden außer Acht gelassen, obwohl auf der Hand liegt, dass sie angesichts der Reformatierung menschlichen Erlebens und Handelns durch die neuen, multimedialen Medien ihrerseits in den Blick genommen werden müssen.

Die nächste Gesellschaft ist seit dem ersten Auftreten der elektronischen Medien mit dem Telegraph (ab 1837 an Eisen-bahnlinien, um die Information schneller werden zu lassen als die Züge), dem Telefon (ab 1900), dem Rundfunk (ab 1919/20) und dem Kino (ab 1926) zwar gute hundert Jahre alt, doch haben die Erfindung und Durchsetzung des Computers (ab 1941), des Fernsehens (ab 1950), des PCs (ab 1976), des Internets (ab 1989), des Smartphones (ab 1994) und des Internets der Dinge (aktuell) die Sachlage noch einmal so grundlegend verändert, dass es zu früh wäre, eine Theorie dieser Gesellschaft zu schrei-ben. Der kursorische und essayistische Charakter der vorlie-genden Probebohrungen hat den Vorteil, viele der offenen Fra-gen, die sich mit dieser Gesellschaft, ihren zahlreichen Über-schneidungen und Überlagerungen mit früheren, vor allem der modernen Gesellschaft und nicht zuletzt den Turbulenzen des Übergangs von der modernen zur nächsten Gesellschaft erge-ben, eher offen zu legen als zu verstecken. Die Theorie darf nicht schlüssiger auftreten als die Gesellschaft, der sie gilt. Sie darf nicht darauf verzichten, noch den Übergang, das Unklare, das Unschlüssige in eine Theorie der Gesellschaft zu integrieren.

Nicht zuletzt denke ich, dass dort, wo spekuliert werden darf, auch noch gestaltet werden kann. Die sogenannte Digitalisierung mit ihrem doppelten Genitiv ist keine Naturgewalt. Sie wirft politische, wirtschaftliche, rechtliche, wissenschaftliche, erzieherische, religiöse und ästhetische Fragen auf, die allesamt beantwortet werden müssen und auf absehbare Zeit keine eindeutigen Antworten finden werden.

Dresden, im April 2018

1. KOMMUNIKATION MIT MASCHINEN

Die nächste Gesellschaft unterscheidet sich von der modernen Gesellschaft wie die Elektrizität von der Mechanik. Schaltkreise überlagern Hebelkräfte. Instantaneität erübrigt Vermittlung. Wo der Buchdruck auf Verbreitung setzt, rechnen die Computer mit Resonanzen. Die Dynamik der Moderne, die wahlweise als Fortschritt oder Dekadenz lesbar war, löst sich auf in Turbulenzen, die nur noch Singularitäten kennen.

Darauf war niemand vorbereitet. Register, Protokolle und Berechnungen in Lichtgeschwindigkeit erreichen jeden denkbaren Punkt der Erde, in der Atmosphäre und, mit einigen Lücken, in der Tiefsee. Die Tiefenschärfe der Datenproduktion, Granularität genannt, unterläuft das menschliche Wahrnehmungsvermögen. Lernfähige Algorithmen stoßen auf Zusammenhänge in Daten, Korrelationen in Fakten, von denen sich keine Theorie bislang eine Vorstellung machte. Digitale Plattformen vernetzen Akteure, die zuvor kaum wussten, dass sie einander etwas zu bieten haben. Die sogenannten sozialen Medien ermöglichen eine Massenkommunikation von Erregungen, die noch vor kurzer Zeit selten über den Biertisch hinauskamen.

Niemand war auf die Fähigkeit der elektronischen Medien vorbereitet, sich nicht nur in den Dienst einer rationalen Moderne zu stellen, sondern sozialen Dynamiken Raum zu geben, die man – wider besseres Wissen – für überwunden gehalten hatte. Niemand war auf Netzwerkeffekte vorbereitet, die sich nur einstellen, weil sie sich einstellen. Aktivitäten rekrutieren Aktivitäten. Das widerspricht einem Selbstbild der Moderne, demgemäß jede individuelle Handlung ein auf ihrer Individualität insistierendes Motiv haben sollte. Dem Einwand von Kriminologen und Soziologen wie Gabriel Tarde,[1] dass die Gesellschaft sich aus

---

[1] Gabriel Tarde, *Die Gesetze der Nachahmung*, 1895, dt. Frankfurt am

fehlerhaften Akten der Imitation zusammensetzt, wurde kein Glauben geschenkt. Die offenkundige Heterogenität der Akte und Individuen verdankt sich Kopierfehlern, die gleichsam dankbar, um den Innovationserwartungen der Moderne zu entsprechen, aufgegriffen und bis zur Wiedererkennbarkeit verstärkt und zugleich zivilisiert werden.

Entsprechend schwierig ist die soziologische Bestimmung der elektronischen und digitalen Medien.[2] Haben wir es mit Massenmedien in der Kontinuität von Schrift und Buchdruck zu tun, die der Verbreitung der Kommunikation in Raum, Zeit und Gesellschaft dienen, zugleich jedoch Inhalte rekrutieren, ja produzieren, die nur von Interesse sind, weil sie sich verbreiten lassen? Man denke an die Botschaften der Kirche, an die Reden der Demagogen, an die Philosophie der Aufklärung, an das Nationalgefühl der Patrioten, an die Arbeiterbewegung, an die Emanzipation der Frau, an ökologische Bewegungen, an den Arabischen Frühling, an die Bewegung der Ausländerfeindlichkeit. Wer will hier das Interesse am Inhalt vom Interesse an der Verbreitung unterscheiden?

Oder stehen elektronische und digitale Medien eher in der Tradition von Rechenverfahren der Buchführung und Statistik, die auf dem Feld der Register, der Protokolle, der Auswertung von Korrelationen und der Ableitung von Prognosen seit Jahrhunderten vorbereiten, was heute unter dem Stichwort einer operativen Dynamisierung von Zahlen, Texten und Bildern weiterentwickelt wird? Dann wären nicht die elektronischen und digi-

---

Main 2009.

[2]   Siehe für einen Überblick Mercedes Bunz, *Die stille Revolution: Wie Algorithmen Wissen, Arbeit, Öffentlichkeit und Politik verändern, ohne dabei viel Lärm zu machen*, Berlin 2012; Christoph Kucklick, *Die granulare Gesellschaft: Wie das Digitale unsere Wirklichkeit auflöst*, Berlin 2014; Eric Schmidt und Jared Cohen, *Die Vernetzung der Welt: Ein Blick in unsere Zukunft*, 2013, dt. Reinbek bei Hamburg 2013.

talen Medien, aber die Rechenverfahren, die sie ermöglichen, die Erfüllung jenes neuzeitlichen Traums der Kalküle, für den der Name Gottfried Wilhelm Leibniz steht:[3] Mögen die Zahlen, Texte und Bilder selbst rechnen. Möge eine mathesis universalis die Welt in Daten fassen und alle offenen Probleme rational lösen. Möge die Harmonie, die göttlichen Ursprungs ist, eine Ökonomie der Weltordnung,[4] sich endlich auch auf Erden realisieren.

Tatsächlich sind elektronische und digitale Medien beides zugleich, Massenmedien und Rechenverfahren. Telegraf und Telefon, Radio, Kino und Fernsehen sind scheinbar noch reine Massenmedien. Doch mit dem Morsealphabet, den akustischen und optischen Medien, den stehenden und bewegten Bildern wird bereits deutlich, dass der menschlich wahrnehmbaren Wirklichkeit eine Faktizität von Daten, Operationen, Schnitten und Sequenzen nicht zugrunde-, aber vorausliegt, die nicht im mathematischen, aber im informatischen Sinne das Ergebnis von Zählung und Berechnung ist.[5] Wo die Mathematik rechnet, um zu beweisen, programmiert die Informatik, um zu produzieren.

Der Computer und das Internet setzen fort, was in früheren elektronischen Medien bereits angelegt ist. Um das zu sehen, musste der rationalistische Traum des 17. Jahrhundert in Gestalt der Entwürfe einer Künstlichen Intelligenz in der zweiten Hälfte

---

3   Sybille Krämer, *Berechenbare Vernunft: Kalkül und Rationalismus im 17. Jahrhundert*, Berlin 1991.

4   Giorgio Agamben, *Herrschaft und Herrlichkeit: Zur theologischen Genealogie von Ökonomie und Regierung*, 2007, dt. Frankfurt am Main 2010.

5   Vgl. Florian Süssenguth (Hrsg.), *Die Gesellschaft der Daten: Über die digitale Transformation der sozialen Ordnung*, Bielefeld 2015; Robert Seyfert und Jonathan Roberge (Hrsg.), *Algorithmuskulturen: Über die rechnerische Konstruktion der Wirklichkeit*, Bielefeld 2017; Thorben Mämecke, Jan-Hendrik Passoth und Josef Wehner (Hrsg.), *Bedeutende Daten: Modelle, Verfahren und Praxis der Vermessung und Verdatung im Netz*, Wiesbaden 2018.

des 20. Jahrhundert noch einmal geträumt werden und platzen. Das menschliche Problemlösungsverhalten, das Allen Newell und Herbert A. Simon umfassend untersuchten, klassifizierten und katalogisierten, um es weitgehend den Maschinen überantworten zu können, erwies sich gegenüber Versuchen seiner Automatisierung als resistent.[6] Symbole, so musste man sich eingestehen, rechnen nicht. Stattdessen rechnen Menschen und Maschinen mit Symbolen. Aber sie brauchen dafür Anlässe und Absichten, Gelegenheiten und Problemstellungen. Sie brauchen dafür eine Umwelt, die es erlaubt, Interaktion an Rückkopplung zu messen. Menschliches Verhalten ist in teleonomische Strukturen eingebettet, die registrieren, protokollieren und prognostizieren, was sich in der Umwelt dieses Verhaltens ergibt. Ohne Erwartungen, Absichten, Wünsche und Vorstellungen kein Handeln. Ob dies auch für Maschinen gilt, ist unklar. Bemerkenswert ist so oder so, dass der Vergleich von Maschinen mit Menschen an Interesse verliert. Unter dem Stichwort der Human Computation wird heute nicht mehr diskutiert, wie die Künstliche Intelligenz die menschliche kopieren und übertreffen kann, sondern wie die spezifische Intelligenz der Maschinen mit der anders gearteten Intelligenz der Körper, Gehirne, des Bewusstseins und der Gesellschaft vernetzt und verschaltet werden kann.

Im Übrigen war Newells und Simons Suche nach einer Intelligenz der Symbolverarbeitung nicht umsonst. Sie entdeckten so etwas wie ein Grundgesetz professionellen Arbeitens, das darin besteht, Problemstellung und mögliche Lösung nicht etwa sequentiell (erst das Problem, dann die Lösung, unter Bedingungen organisierter Arbeit gerne auch umgekehrt), sondern parallel und in einem streng moderierten Austausch mit der Praxis zu entwickeln. Vorgefertigtes Wissen gibt es ebenso wenig wie eindeutige Aufgabenstellungen. Und hat man eine Lösung, lässt sie

---

6   Allen Newell und Herbert A. Simon, *Human Problem Solving*, Englewood Cliffs, NJ 1971.

sich nicht verallgemeinern. Verallgemeinern lassen sich nur die Erfahrungen mit dieser Methode des Arbeitens. Sie führten zum Entwurf einer »Wissenschaft vom Künstlichen«, die einen dritten Weg zwischen Natur- und Geisteswissenschaft eröffnet, und zu einer Philosophie des Design Thinking, die gegenwärtig wiederentdeckt wird.[7] Ich komme auf beides zurück.

Der Begriff der elektronischen Medien legt zumindest aus soziologischer Sicht nahe, dass es sich um Medien der Kommunikation handelt. Soweit sie als Massenmedien der Verbreitung von Nachrichten, Unterhaltung und Werbung dienen, besteht daran auch kein Zweifel. Und selbst Rechenverfahren dienen der Kommunikation, wenn sie in Gebrauchszusammenhänge der betrieblichen oder politischen Steuerung, in wissenschaftliche Methoden der empirischen Forschung oder in Algorithmen der Vernetzung auf Plattformen eingebettet werden. Aber gilt dies auch für die Verfahren und Ergebnisse des Maschinenlernens? Kommunizieren Algorithmen? Kommunizieren Hardware und Software in einem anderen als übertragenen Sinne, nämlich die Möglichkeit ihrer Verwendung? Hier liegt die aktuelle Beunruhigung durch die elektronischen Medien. Einerseits operieren sie in Lichtgeschwindigkeit. Andererseits beruhen sie wie alle Verbreitungs- und Massenmedien der Kommunikation auf einem extremen Auseinanderziehen der Leistungen des Senders und des Empfängers, des Orts der Eingabe von Information und des Orts der Ausgabe von Information und nicht zuletzt der Zeitpunkte der Eingabe und Ausgabe von Information. Was unmittelbar scheint, ermöglicht, dass etwas – was? – dazwischen tritt. Noch nie war mehr Mittelbarkeit im scheinbar Unmittelbaren.[8]

---

7   Herbert A. Simon, *Die Wissenschaften vom Künstlichen*, 1969, 1981, dt. Berlin 1990; Donald A. Schön, *The Reflective Practitioner: How Professionals Think in Action*, New York 1983; Peter G. Rowe, *Design Thinking*, Cambridge, MA 1987.

8   Florian Sprenger, *Medien des Immediaten: Elektrizität, Telegraphie, McLuhan*, Berlin 2012.

Hierdurch entsteht die entscheidende Lücke, die der Rechner und mit ihm die Gesellschaft nutzt: Was geschieht – in Lichtgeschwindigkeit – in diesem Raum der auseinandergezogenen Information?

Die Frage ist als solche nicht neu. Sie stellt sich, seit die Menschen nicht nur mit der Sprache und ihrer Anmutung der Präsenz, sondern auch mit der Schrift, der »Sprache des Abwesenden« [9] konfrontiert sind. Erstmals wird für jedermann erfahrbar, was Philosophen schon seit längerem unter dem Stichwort der »Schrift« notieren.[10] Es gibt keine Kommunikation, die nicht laufend Anleihen nimmt. Es gibt keine Kommunikation, die nicht innerhalb einer bestimmten Materie stattfindet. Es gibt keine Kommunikation, die nicht in dem Moment, in dem sie zustande kommt, bereits abgelenkt wird von dem, was sie möglicherweise beabsichtigt. Es gibt keine Kommunikation, in der nicht etwas anderes mitkommuniziert. Und wenn das so ist, kann man auch auf Geister und Götter, Tiere und Pflanzen, Dinge und Ereignisse nicht nur als Anlässe und Themen von Kommunikation, sondern als Adressaten und Partner Rücksicht nehmen. Entscheidend ist, dass ein Sinn identifiziert wird, der entsprechend zugerechnet werden kann. Mit der Schrift öffnet sich ein Raum der Intervention. Die Gegenwart wird von anderen Zeiten bedrängt; die aktuelle Wahrnehmung wird mit anderen Perspektiven konfrontiert; und nicht zuletzt fällt auf, dass man es mit Sprache und damit mit einer vermittelten und vermittelnden Wirklichkeit zu tun hat. Die Evidenz der Wirklichkeit wird gebrochen, ohne dass man auf die Idee kommen könnte, dass das, was hier interveniert, weniger wirklich wäre.

---

[9] Sigmund Freud, »Das Unbehagen in der Kultur«, 1930, in: ders., *Das Unbehagen in der Kultur und andere kulturtheoretische Schriften*, Frankfurt am Main 1994, S. 57.

[10] Siehe Jacques Derrida, *Grammatologie*, 1967, dt. Frankfurt am Main 1974; ders., *Schrift und Differenz*, 1967, dt. Frankfurt am Main 1972.

Erstmals beteiligen sich Maschinen an der Kommunikation unter Menschen. Kommunikation bedeutete immer schon einen sprunghaften Wechsel, zuweilen auch ein sanftes Gleiten (»glissement«)[11] zwischen den verschiedenen Perspektiven, aus denen sich die verschiedenen Teilnehmer an der Kommunikation beteiligten. Doch jetzt kann nicht mehr übersehen werden, dass der Sinn der Kommunikation nicht nur von redenden, schreibenden, druckenden, sendenden und postenden Menschen, sondern auch von registrierenden, protokollierenden, verknüpfenden und rechnenden Maschinen nicht nur bearbeitet, sondern produziert wird. Zwischen Eingabe und Ausgabe jeglicher Information an einem Computer liegt eine elektronische und digitale Verarbeitung der Information, die es unklar werden lässt, wer kommuniziert, wer schreibt und wer liest. Die Information wird von ihrer Quelle gelöst und erhält einen Eigensinn, der weniger davon bestimmt ist, wer sie mit welchen Absichten gesendet hat, als vielmehr davon, wer sie mit welchen Absichten nutzt. Das erleichtert die Teilnahme an Kommunikation in einem bisher nicht gesehenen Ausmaß.[12] Aber es erschwert sie auch, denn es lässt sich kaum noch kontrollieren, wen man unter welchen Bedingungen mit welchen Botschaften erreicht.

Niklas Luhmann hat bereits die Faszination notiert, die jenen Bildschirmen und Displays gilt, hinter denen »unsichtbare Maschinen« ihr Werk verrichten.[13] Nur zwei Vorbilder gibt es für diese Faszination, das Verhältnis der Oberfläche divinatorischer Zeichen zur Tiefe göttlicher Absichten in der Religion und das Verhältnis einer ornamentalen Oberfläche zu einer dem Verständnis verschlossenen Tiefe in der Kunst. Und sicherlich profitieren die

---

[11] Georges Bataille, *Die innere Erfahrung*, 1943, dt. Berlin 2017, S. 139, im Kapitel »Die ›Kommunikation‹«.

[12] So Niklas Luhmann, *Die Gesellschaft der Gesellschaft*, Frankfurt am Main 1997, S. 302ff.

[13] Ebd., S. 304f.

elektronischen Medien von diesen beiden Vorläufern. Unser Verhältnis zu den Displays der Rechner ist eines der religiösen Inbrunst und des ästhetischen Genusses, auch wenn wir die Götter nicht benennen können, an die wir glauben, und das Design nicht durchschauen, das uns so erfolgreich in seinem Bann hält.

EXKURS: MEDIEN, DINGE, FORMEN

Letztlich steckt im Begriff des Mediums selbst bereits die Faszination. Fritz Heider hat dies für die Wahrnehmungspsychologie herausgearbeitet.[14] Medien sind lose gekoppelte Elementmengen, die nicht direkt beobachtet, sondern nur aus den Dingen oder Formen, die in ihnen geprägt werden, erschlossen werden können. Man sieht nicht das Licht (Photonenwellen), sondern die Dinge, die es sichtbar macht. Man hört nicht den Klang (Schallwellen), sondern den Ton, den er hörbar macht. Das Medium selbst ist nicht nichts. Es hat eine physikalische Struktur, die man ihrerseits untersuchen kann, um etwa herauszufinden, dass Photonen Dinge im Medium von Molekülen und Atomen sind oder der Schall ein Ding im Medium von Luftwellen ist. Die Medientheorie hat mit Heider nicht etwa eine neue Klasse von Objekten entdeckt, sondern eine neue Art und Weise, Sachverhalte als Dinge, Formen in einem bestimmten Medium zu untersuchen. Faszinierend ist dies deswegen, weil es erlaubt, Sachverhalte sei es begrifflich, sei es tatsächlich aufzulösen und im Medium, das sich aus der Auflösung ergibt, neu zu kombinieren. Die »körnige« Struktur einer medialen Welt, so Niklas Luhmann,[15] tritt an die Stelle des kantschen Dings an sich. In dieser

---

[14]   Fritz Heider, *Ding und Medium*, 1926, Nachdruck Berlin 2005.

[15]   Mündlich, im Seminar. Vgl. Niklas Luhmann, »Erkenntnis als Konstruktion«, in: ders., *Aufsätze und Reden*, Stuttgart 2001, S. 218-239 (wiederabgedruckt in: ders., *Die Kontrolle der Intransparenz*, Berlin 2017, S. 9-29).

medialen Welt treten Dinge und Formen auf, die sich bestimmten Kopplungen verdanken, aber auch alternative Kopplungen ermöglichen. Der mediale Blick ist ein Blick, der Alternativen kreiert. Ein Satz ist ein Ding im Medium von Worten, die man auch anders kombinieren oder an deren Stelle man andere Worte verwenden kann. Eine Wanderung ist ein Ding im Medium von Wegen, an deren Stelle man auch andere Wege wählen könnte. Ein Leben ist ein Ding im Medium biographischer Zufälle und Entscheidungen, an deren Stelle auch andere Zufälle hätten auftreten und andere Entscheidungen hätten getroffen werden können.

Diese Medium/Ding-Unterscheidung ist für analytische Zwecke so grundlegend wie die System/Umwelt-Unterscheidung der Systemtheorie, die Zeichen/Referent-Unterscheidung der Semiotik oder auch die Variation/Selektion/Retention-Unterscheidung der Evolutionstheorie. Heider hat sie für Wahrnehmungsmedien formuliert, doch kann man sie, wie im Folgenden, auch auf die Verbreitungsmedien der Kommunikation wie die Sprache, die Schrift, den Buchdruck und die elektronischen Medien anwenden. Auch die Erfolgsmedien der Kommunikation wie Macht, Geld, Liebe, Wahrheit, Recht, Glaube, die Talcott Parsons entdeckt und deren Theorie Luhmann weiter ausgebaut hat,[16] lassen sich unter diesem Blickwinkel untersuchen. Sie heißen Erfolgsmedien, weil sie den Erfolg von Kommunikation auch unter unwahrscheinlichen Bedingungen sicherstellen. Sie tun dies durch eine scharfe Selektivität, die zu ihrem Gebrauch motiviert, weil anderes gleichzeitig ausgeschlossen werden kann. Das ist hier nicht unser Thema. Man kann überdies Beobachtungsmedien wie die Kausalität, die Rationalität, die Intentionalität, die Funktionalität oder auch die Komplexität beschreiben, die ebenfalls mithilfe spezifischer Unterscheidungen

---

16 Talcott Parsons, *Zur Theorie der sozialen Interaktionsmedien*, dt. Opladen 1980; Luhmann, *Die Gesellschaft der Gesellschaft*, Kap. 2, Abschnitte IX-XII.

(Ursache/Wirkung, Zweck/Mittel, intentionaler Akt/intentionales Objekt, Problem/Lösung, Einheit/Vielfalt) die Welt in verschiedene Medien der Konstruktion von Sachverhalten auflösen.[17] Doch auch das ist hier nicht unser Thema.

Elektronische und digitale Medien bestehen aus Stromspannungen, Schaltungen und Berechnungen, in denen Dinge wie Rundfunk, Fernsehen, Computer, Hardware, Software und das Internet möglich sind, die wiederum von Agenturen und Institutionen aller Art genutzt und organisiert, gestaltet und gesteuert werden. Sie haben zunächst eine rein technische Bedeutung. Es gibt Dinge, die funktionieren, und es gibt Dinge, die funktionieren nicht. Im Folgenden geht es um die soziale Bedeutung dieser Medien. Diese erschließt sich erst daraus, wie Mensch und Gesellschaft mit der Einführung dieser Medien neue Form gewinnen, das heißt anders wahrnehmen, denken und handeln als zuvor.

Elektronische Medien sind Medien, die es mithilfe von Elektrizität erlauben, Ton und Bild global zu verbreiten. Damit geht eine enorme Ausweitung von Wahrnehmungsmöglichkeiten einher, die die Welt qua Ton und Bild an nahezu jedem Punkt der Erde instantan präsent zu machen erlaubt, wenn denn Kameras, Mikrophone und Empfangsgeräte entsprechend installiert und genutzt werden. Als Medien, die diese Verbreitung massenhaft verfügbar machen, daher der Ausdruck Massenmedien, konfrontieren sie die Gesellschaft mit der Differenz dessen, was im Alltag und was in diesen Medien erlebbar ist. Bereits die dramaturgische Aufbereitung von Rundfunk- und Fernsehsendungen wirft die Frage eines im Vergleich dazu spannungsarmen Alltags auf. Wie bewältigt die Gesellschaft diese Differenz? Marshall McLuhan hat mit seinem Satz, das Medium sei die Botschaft, das

---

[17] Siehe Niklas Luhmann, »Das Risiko der Kausalität«, 1994, in: ders., *Die Kontrolle von Intransparenz*, Berlin, 2017, S. 46-64; Dirk Baecker, »Listening to Media in Cultural Theory, Sociology and Management«, erscheint in *Cybernetics & Human Knowing* 25 (2018).

Augenmerk auf diese Frage gelenkt.[18] Für die Inhalte der massenmedialen Kommunikation gilt die Unberechenbarkeit, die für jede Kommunikation gilt,[19] doch das ändert nichts daran, dass das Faktum ihrer Übertragung, Verbreitung und Verfügbarkeit selbst weitreichende Effekte hat.

Digitale Medien ergänzen die Funktionalität von elektronischen Medien erstens um die Codierung aller Medieninhalte in einem binären Code (0/1), der als solcher keinen Unterschied mehr macht zwischen Text, Ton, Bild und Software,[20] und zweitens um die Aufzeichnung, Speicherung und Berechnung aller Medieninhalte in ebenfalls digitaler Form, die sie abhängig von der jeweils erforderlichen Hardware verfügbar und bearbeitbar macht. In jüngerer Zeit werden diese digitalen Medien durch Plattformen der Verknüpfung von Daten und Nutzern sowie durch Programme maschinellen Lernens erweitert, die nach Korrelationen in großen Datenvolumina suchen. Ab jetzt liegt die soziale Bedeutung dieser Medien auf der Hand, auch wenn das, was jetzt Soziale Medien heißt, nur einen Ausschnitt dessen erfasst, was elektronisch und digital den Bereich des Sozialen verändert.

Für elektronische und digitale Medien gilt gleichermaßen, dass die Faszination durch ihre dingliche Oberfläche vom Interesse an ihrer medialen Struktur nicht ablenken sollte. Die allgegenwärtige Präsenz von Ton und Bild sowie die Beteiligung von Rechenprogrammen an der Kommunikation definiert eine neue Medienepoche in der Evolution der menschlichen Gesellschaft. Die Medium/Form-Differenz ermöglicht es, die Struktur und Kultur dieser Medienepoche zu erforschen. Der Formbegriff ist

---

[18] Marshall McLuhan, *Die magischen Kanäle: Understanding Media*, 1964, dt. Dresden 1994, S. 21.

[19] Denis McQuail, *Mass Communication Theory: An Introduction*, 3. Aufl., London 1994, S. 379.

[20] Friedrich Kittler, *Grammophon Film Typewriter*, Berlin 1986; ders., »There Is No Software«, *Stanford Literature Review* 9 (1992), S. 81-90.

an dieser Stelle nicht viel mehr als eine theoretische Präzisierung dessen, was in Heiders Dingbegriff bereits angelegt ist. Dinge sind Selektionen von Elementen. Sie koppeln diese, könnten jedoch auch andere koppeln. Formen explizieren diese Parallelität von Einschluss und Ausschluss.[21] Sie ermöglichen die Beobachtung der Unterscheidungen, die jeweils zugunsten spezifischer Kopplungen getroffen werden, und sie behalten die Außenseite der Form im Blick, auf der alternative Kopplungen vorstellbar sind. Gesellschaft ist ebenso pauschal wie in jeder ihrer Institutionen und Funktionen die Auseinandersetzung mit Form und Medium, die Gestaltung, Steuerung und Kontrolle ihrer Effekte immer hart an der Grenze der Überforderung.

Der Medienbegriff ist schon deswegen unverzichtbar, weil er angesichts jeden Dings und jeder Form, die konkret beobachtet werden, das Bewusstsein dafür wachhält, dass andere Beobachter an anderen Dingen und anderen Formen arbeiten. Auch das ist Gesellschaft, das Wissen um die aktuell unbeobachtbaren Bemühungen anderer Akteure, in denselben Medien andere Effekte zu erzielen. Das gilt für Wahrnehmungs-, Verbreitungs-, Erfolgs- und Beobachtungsmedien gleichermaßen. Die daraus resultierende Komplexität ist beachtlich und begründet bereits als solche die Unruhe, mit der in der Gesellschaft Gesellschaft beobachtet wird. Der Formbegriff schafft hier ein wenig Ruhe, ohne die Unruhe zu negieren. Er macht darauf aufmerksam, dass Unterscheidungen unverzichtbar sind, wenn man in der Lage sein will, Beobachtungen anzustellen, Beschreibungen auszuarbeiten und Dinge zu gestalten. Anders geht es nicht. Die Alternativen bleiben für den Moment ausgeschlossen, können aber jederzeit wieder eingeschlossen werden. Formen und Medien potentialisieren die Gesellschaft und ihre Welt, doch ist es abhängig von der Wahl spezifischer Formen, wieviel von dieser Potentialität man zu sehen bekommt.

---

21 George Spencer-Brown, *Laws of Form*, 1969, 5. Aufl., Leipzig 2008.

»Theorien« erkennt man daran, dass sie sich über beide Seiten ihrer Form, über das, was sie in ihre Beschreibung und Erklärung einschließen, und über das, was sie ausschließen, Rechenschaft zu geben versuchen. Eine Medientheorie schließt aus, dass die Welt so einfach gebaut ist, wie sie sich unseren Sinnen darbietet. Insofern setzt sie »Gesellschaft« bereits voraus, das Wissen um Abwesendes, aber Mitwirkendes.

Das sind die beiden Startbedingungen einer spezifisch menschlichen Gesellschaft. Die Referenz auf Abwesende erschließt den Gedanken an Gesellschaft, die Referenz auf die Möglichkeit dieser Referenz erschließt den Gedanken an ein Denken, das vom Bewusstsein bewegt werden kann, ohne durch Wahrnehmung kontrolliert werden zu sein. Beides zusammen, Gesellschaft und Denken, eröffnet den Raum der Imagination und Interpretation.

2. MEDIENKATASTROPHEN

Die Strukturform der nächsten Gesellschaft ist nicht mehr die funktionale Differenzierung, sondern das Netzwerk. An die Stelle sachlicher Rationalitäten treten heterogene Spannungen, an die Stelle der Vernunft das Kalkül, an die Stelle der Wiederholung die Varianz.

Elektronische Medien sind Massenmedien, Rechenverfahren und Verbreitungsmedien. Verbreitungsmedien sichern die Verbreitung von Kommunikation in Raum, Zeit und Gesellschaft. Das ist allerdings kein trivialer Vorgang. Verbreitung setzt Empfangsbereitschaft voraus. Nur deswegen sind auch Verbreitungsmedien Medien der Kommunikation und nicht etwa bloß technische Einrichtungen. Die spezifische Herausforderung liegt darin, dass eine Gesellschaft Strukturen entwickeln muss, die die Verwendung dieser Medien an verschiedenen Orten, zu verschiedenen Zeiten und in verschiedenen Bereichen der Gesellschaft sicherstellen, das heißt sowohl ermöglichen als auch einschränken. Keine Gesellschaft lässt zu, dass Medien beliebig verwendet werden. Man kann mit Sprache ebenso wenig wie mit Geld alles erreichen. Man kann mit Schrift ebenso wenig wie mit Liebe alles durchsetzen. Strukturelle Bedingungen bewirken, dass diese Medien – Verbreitungsmedien im Falle von Sprache und Schrift, Erfolgsmedien im Fall von Geld und Liebe – *überall, aber überall nur spezifisch* eingesetzt werden können.

Die Geschichte der Durchsetzung von Verbreitungsmedien – für Erfolgsmedien gilt Analoges – ist deswegen immer zugleich eine Geschichte der Annahme und Faszination wie eine Geschichte der Ablehnung und Befürchtung. Selbst die Akzeptanz der Sprache lebt davon, dass ihr Einsatz dosiert wird. Wer wen wann wie lange und in welchem Tonfall anspricht, ist schärfer reguliert, als es der leichte Fluss der Worte vermuten lässt. Ähnliches gilt für die Schrift, den Buchdruck und die elektronischen Medien. Nicht umsonst sagt man mittelalterlichen Königen nach, dass sie sich geweigert hätten, Schreiben und Lesen zu lernen. Sie wollten nicht daraufhin beobachtet werden, sich an Geschriebenes oder Gelesenes gebunden fühlen zu müssen. Nicht umsonst galt die Buchpresse als Teufelswerk, bis man auf die gute Idee kam, sie für ein Instrument der Bewässerung der Erde mit Gottes Wort zu halten. In Krankenhäusern und anderen Organisationen dauerte es Jahrzehnte, bis sich die Rechner aus den Kellern der Rechenzentren, wo sie als Spielzeug der Informatiker galten, auf die Schreibtische der Geschäftsführung oder gar an die Betten der Patienten vorgearbeitet hatten. Die Gesellschaft übt die Akzeptanz neuer Medien der Kommunikation im Medium ihrer Ablehnung. Man scheut auch vor übler Nachrede à la »digitaler Demenz« nicht zurück, notiert Kathrin Passig,[22] wenn sie nur dazu dient, das bessere Verstehen zu blockieren. Das

---

22 Kathrin Passig, *Standardsituationen der Technologiekritik*, Berlin 2013.

funktioniert positiv und negativ wie ein evolutionärer Algorithmus. Man lässt alle möglichen Versuche zu, greift aber nur wenige auf, um sie zu verstärken und zu verallgemeinern.

Deswegen ist die Entwicklung gesellschaftlicher Strukturen, in denen die Verbreitungsmedien Verwendung finden können, ein soziales Abenteuer. Man kann die ethnologische Literatur von Bronislaw Malinowski bis Claude Lévi-Strauss daraufhin lesen, wie es tribalen Gesellschaften gelungen ist, zwischen Dorf, Garten und Wildnis und innerhalb des Dorfes zwischen den Zonen der Männer und jenen der Frauen, den Zonen der Ältesten und jenen des Volks, den Zonen der Erwachsenen und jenen der Kinder mehr oder minder feine Grenzen zu ziehen, die jeweils auch markierten, wer zu wem wie sprechen darf.[23] Es gab Stämme, die Quarantänestationen einrichteten, kleine Lager außerhalb des Dorfes, in dem von der Jagd zurückkommende Männer sich einige Wochen aufhalten mussten, um die Sprache der Gewalt und des Blutes zu verlernen, die den Frauen, Alten und Kindern des Dorfes nicht zuzumuten ist.[24] Erst dann durften sie heimkehren. Die Funktion ist jener der blauen Stunde in der modernen Gesellschaft analog, die dazu dient, nach getaner Arbeit die nicht erlebten Heldengeschichten zu erzählen, bevor man in der Lage ist, die andersartigen Tonfälle und Bedürfnisse der Familie zu bedienen.

Wenn schon die Verwendung und Verbreitung der Sprache reguliert werden muss, wieviel mehr wird dies für die Schrift, den Buchdruck und die elektronischen Medien gelten. Von Medienepochen spricht man auch deswegen, weil sich das Problem

---

[23] Bronislaw Malinowski, *Die Argonauten des westlichen Pazifik: Ein Bericht über Unternehmungen und Abenteuer der Eingeborenen in den Inselwelten von Melanesisch-Neuguinea*, 1922, dt. Eschborn 2007; Claude Lévi-Strauss, *Strukturale Anthropologie I*, 1956, dt. Frankfurt am Main 1978, S. 148ff.

[24] Stanley H. Udy, *Organization of Work: A Comparative Analysis of Production among Nonindustrial Peoples*, New Haven, CT 1959.

zum einen wiederholt, zum anderen jedoch jeweils neuer Lösungen bedarf. Die Struktur der Stämme, Clans und Familien ist nicht automatisch jene, die auch für die Regulierung des Gebrauchs der Schrift, des Buchdrucks oder der elektronischen Medien geeignet ist. Man kann von Medienkatastrophen sprechen, wenn man feststellt, dass neu auftretende Medien die mühsam gefundenen und etablierten Strukturen sprengen, die den alten Medien angemessen waren. Die Schrift zum Beispiel wird zunächst für Zwecke der Palastwirtschaft (Quittungen für Lagerhaltung) freigegeben, bevor sie Klöstern und Aristokraten zur Verfügung steht. Man könnte auch umgekehrt formulieren: Paläste, Klöster und Adel entsteht dort, wo die Schrift zum einen verfügbar wird und zum anderen nicht jedem zur Verfügung gestellt wird. Auch das läuft unter dem Namen »Verbreitung«: die Einschränkung dieser Verbreitung. Genauer gesagt, kann man die Verbreitung eines Mediums auch negativ sicherstellen, indem gesellschaftliche Bereiche ausgeschlossen werden, die diese Negation und Exklusion am eigenen Leibe erfahren und ein Interesse entwickeln können, inkludiert zu werden. An den aristokratischen Gesellschaften der antiken Hochkulturen kann man studieren, dass die soziale Schichtung, die sogenannte Stratifikation, ein geeignetes Mittel darstellt, den Gebrauch der Schrift und damit den Rückgriff auf die Zeithorizonte der Vergangenheit, Gegenwart und Zukunft sozial zu regulieren. Der Adel denkt in Dynastien, der Bauer in Jahreszeiten. Der eine braucht die Schrift, der andere nicht. Das Volk erreicht die Schrift nur indirekt, nämlich im Theater, einer Art Kunst gewordenes Ritual der Aufklärung über das Drama des Einzelnen, die Dynamik der Menge und die List der Komödie.

Das Stichwort der »Katastrophe« gilt hier ganz buchstäblich, nämlich im mathematischen Sinne eines Wechsels des Reproduktionsmodus eines Systems.[25] Die tribale Gesellschaft kreist

---

25 Siehe René Thom, *Modèles mathématiques de la morphogenèse*, 2. Aufl., Paris 1980.

um die magische und moralische Begrenzung der Reichweite des gesprochenen und gehörten Wortes und wird durch die Schrift aus diesem Gleichgewichts- oder besser Ungleichgewichtszustand (denn die Sprache verlangt und gefährdet jede Regulierung des Worts) herauskatapultiert. Die an der Schrift entlanglaufende Entdeckung der Zeithorizonte Vergangenheit, Gegenwart und Zukunft und die damit einhergehende Historisierung der Gesellschaft überfordert tribale Gesellschaften mit der ewigen Wiederkehr des Gleichen. Gesellschaften können an einer solchen Überforderung katastrophal zerbrechen oder zu ihrer Überraschung innerhalb des Systems, das nur mit Mühe als dasselbe zu erkennen ist, einen neuen und anderen Ungleichgewichtszustand finden. Ungleichgewichtszustände sind immer besser als Gleichgewichtszustände, weil sie die Gefährdung akut vor Augen führen und damit Motiv und Reichweite der Regulierung lebendig halten. Katastrophe darf dieser Sprung von einem Ungleichgewichtszustand der Reproduktion in einen anderen heißen, weil das Verlassen des einen Zustands gesellschaftlich so beunruhigend ist wie das Aufsuchen eine neuen, von dem man weder wusste, dass es ihn gibt, noch ein Gefühl dafür hat, wo genau er liegt und unter welchen Umständen er sich bewährt. Man weiß nicht, worin die größere Überraschung besteht, darin, dass eine Gesellschaft einen neuen Mediengebrauch erlernt, oder darin, dass sie sich als Differenz zu sich selbst erfährt. Welchen Begriff kann eine Gesellschaft von sich selbst haben (ganz unabhängig von der Frage, wer diesen Begriff erarbeitet), die sich im Prozess des Wechsels von einem Zustand in einen anderen als andere erfährt?

Die Begriffe der Medienepoche und der Medienkatastrophe fordern, wie man sieht, nicht nur die Medientheorie, sondern auch die Gesellschaftstheorie heraus. 4.0 steht für *die Gesellschaft* elektronischer Medien und nicht nur für die elektronischen Medien. Und 4.0 steht für die Katastrophe der Einführung und Durchsetzung elektronischer Medien, die die Gesellschaft zwingen, ihren Ungleichgewichtszustand der Reproduktion als Buchdruckgesellschaft aufzugeben und einen neuen Zustand zu finden, auf den sie nicht vorbereitet ist. Mitten in dieser Katastrophe, die sich über Jahrzehnte hinziehen kann und in den verschiedenen Bereichen der Gesellschaft ungleichförmig und ungleichzeitig verläuft, entdeckt sich die Gesellschaft als ehemals moderne Gesellschaft. Sie entdeckt ihren modernen Ungleichgewichtszustand in dem Moment, in dem sie ihn verlässt. Niklas Luhmanns Buch *Die Gesellschaft der Gesellschaft* ist ein Denkmal dieser modernen Gesellschaft in dem Moment, von Luhmann präzise registriert, in dem die elektronischen Medien die bewährten modernen Strukturen überfordern.

Erst jetzt entdeckt man, wie sehr die moderne Gesellschaft durch den Buchdruck geprägt ist. Und erst jetzt entdeckt man, dass und wie auch die moderne Gesellschaft sich gegen die antike Schriftgesellschaft erst durchsetzen musste. Man kennt die epochalen Einschnitte, die Renaissance, den Humanismus, die Aufklärung und die Englische, Französische und Amerikanische Revolution. Aber was haben diese Einschnitte mit dem Buchdruck zu tun? Man kennt die Freundschaften zwischen Humanisten wie Erasmus von Rotterdam und Buchdruckern wie Johann Froben in Basel (Erasmus war nach Basel gereist, um Froben wegen seines Raubdrucks der Bibelübersetzung zur Rede zu stellen, war jedoch von der Qualität des Drucks so begeistert, dass er in Basel Wohnung nahm, ihm seine Schriften zum Druck überließ und sich mit ihm anfreundete). Die Humanisten waren die Content Provider für Druckereien, die auf der Suche nach Inhalten waren, die es erlaubten, die für damalige Verhältnisse erheblichen Kapitalinvestitionen in die Druckerpresse zu amortisieren. Der eigentliche Schock waren jedoch die Bücher selbst, außerdem die Flugblätter, Zeugnisse, Akten, Wertpapiere und Zeitungen, die nicht nur jeden gesellschaftlichen Bereich unterwanderten, sondern überdies ein kritisches Vergleichswissen produzierten, dem das traditionelle Wissen nicht standhielt. Genau das hieß Aufklärung. Die Kritik der

Gesellschaft durch die Gesellschaft wurde in einzelnen Regionen der Weltgesellschaft zu einer universellen Ressource, die »alles Ständische verdampft«, wie es Karl Marx und Friedrich Engels von der Bourgeoisie behaupten,[26] die der Agent dieses kritischen Vergleichswissens ist.

Und mit welcher Struktur reagiert die Gesellschaft? Welche Ungleichgewichtszustände definieren die Struktur, die der Gesellschaft ihr modernes Format geben? Die Antwort auf diese Fragen fällt leicht, wenn man erneut der medien- und gesellschaftstheoretischen Spur folgt, dass die vom Buchdruck verbreiteten Inhalte, ebenso wie der Buchdruck selbst, sowohl angenommen als auch abgelehnt werden können müssen. Keine Gesellschaft ergibt sich wehrlos einem neuen Verbreitungsmedium der Kommunikation. Die Kritik wird kanalisiert. Die Demokratie ermöglicht die Kritik der Politiker durch die Politiker, mit dem Wähler als Souverän. Die Marktwirtschaft ermöglicht die Kritik – in Form des Wettbewerbs – der Unternehmen durch die Unternehmen, mit dem Kunden als mehr oder minder autonomer Entscheidungsinstanz. Die nicht mehr theologisch, sondern theoretisch und empirisch kontrollierte Wissenschaft ermöglicht die kritische Auseinandersetzung mit jeder Aussage, solange sie theoretischen und empirischen Ansprüchen genügt. Die Religion entzieht sich der Kritik, indem sie den Glauben zu einer Sache des Gewissens macht. In der Liebe müssen sich die Liebhaber kritischen Ansprüchen stellen und wird der Begriff der Passion erfunden, um sowohl Steigerungsmöglichkeiten als auch Grenzen anzudeuten. Und in der Kunst kritisiert das Neue das Alte, muss sich jedoch umgekehrt den kritischen Vergleich mit dem Alten gefallen lassen.

Der Ungleichgewichtszustand der Reproduktion dessen, was man moderne Gesellschaft zu nennen beginnt, ist die dynamische

---

[26] Karl Marx und Friedrich Engels, *Manifest der Kommunistischen Partei*, 1848, Stuttgart 1989.

Auseinandersetzung der Gesellschaft mit sich selbst, differenziert in sogenannte Funktionssysteme wie die Wirtschaft, die Politik, die Religion, die Wissenschaft, die Liebe, die Kunst, die jeweils eigene Wege finden, die Möglichkeiten der Kritik produktiv zu nutzen. Die Folgen für den Rest der Gesellschaft sind dramatisch, weil diese Funktionssysteme nicht deckungsgleich zu den alten Ständen liegen, sondern unabhängig von Geburt und Stand die Individualisierung der Menschen erzwingen, die sich an diesen Funktionssystemen beteiligen. Natürlich gelingt dies nicht restlos. Auch die soziale Schichtung und damit einhergehende Ungleichheit kennt ihre Netzwerkeffekte, dank derer kleine Unterschiede kumulativ wirken können. Aber es gelingt weitgehend. Und nach wie vor überwältigend ist die Forderung etwa der Französischen Revolution, dass *jeder* Mensch sich prinzipiell an *allen* Funktionssystemen soll beteiligen können. Darin besteht der Inhalt der drei Revolutionen, die die Moderne auf ihren Weg gebracht haben:[27] die demokratische Revolution, die jeden zu einem Wähler und jeden wählbar macht, mit Folgen für die Kontrolle der staatlichen Macht und Konsequenzen auf der Ebene von Versuchen der nationalen Wiedereinbindung der »freien« Wähler; die industrielle Revolution, die jeden zu einem Arbeiter, Konsumenten und (!) Unternehmer macht, mit daraus folgenden Leistungen der Disziplinierung auf Kosten jeglicher, auch der psychischen Umwelt; und die pädagogische Revolution der Bildung für alle, die eine kritische Teilnahme aller am gesellschaftlichen Leben ermöglicht, aber auch den Schulzwang für alle einführt, der, wie man weiß,[28] nicht nur den sozialisierenden Kontakt zwischen den Generationen schwächt, sondern auch die Neigung zur Orientierung an Autoritäten stärkt. Harmlos,

---

27 So Talcott Parsons und Gerald M. Platt, *Die amerikanische Universität*, 1973, dt. Frankfurt am Main 1990, S. 11ff.

28 Robert Dreeben, *Was wir in der Schule lernen*, 1968, dt. Frankfurt am Main 1980.

wenn auch von paradigmatischer und, für den Staat, logistischer Bedeutung, war nur die Postrevolution: die Garantie der Zustellung von Briefen zu einem identischen Preis an jede Adresse auf einem politisch bestimmten Territorium.

Man müsste all dies ausführlicher beschreiben, um den Moment zu beleuchten, der mit der Einführung und Durchsetzung der elektronischen Medien diesen als Leistung der gesellschaftlichen Evolution gefundenen neuen und dynamischen Ungleichgewichtszustand (Ungleichgewicht, da die Kritik zwar zu kanalisieren, aber nicht stillzustellen ist, und nicht zuletzt in Protestbewegungen auch der Gesellschaft insgesamt gilt) nun neuerlich bedroht. Man hat in den letzten zweihundert Jahren kaum begonnen, die moderne Gesellschaft in all ihrer Unwahrscheinlichkeit zu verstehen, da muss man sich schon wieder von ihr verabschieden. Sicher, dieser Moment hat auch seine guten Seiten. Man versteht die Kontingenz der modernen Gesellschaft besser und bekommt einen Blick für die Strukturen nicht nur der tribalen Gesellschaft, sondern auch der antiken Hochkultur. Immerhin haben sich die Medienepochen global alles andere als gleichzeitig durchgesetzt. Nach wie vor gibt es Schriftgesellschaften – man könnte von Buchgesellschaften sprechen, die *ein* Buch für ausreichend halten und jeden Ansatz eines kritischen Vergleichswissens für Häresie halten –, deren soziale Schichtung und autoritär-patriarchale Aristokratie nicht jedem gefallen müssen, aber eine beachtliche Orientierungsleistung für alle Beteiligten entfalten. Diese Gesellschaften mit in den Blick zu nehmen, ist schon deswegen sinnvoll, weil nirgendwo geschrieben steht, dass nur der Umweg über die moderne Gesellschaft zur nächsten Gesellschaft führt. Die Katastrophe spielt sich anders ab, wenn die elektronischen Medien in tribalen oder antiken Gesellschaften eingeführt und durchgesetzt werden. Man wird es vielfach mit Katastrophen im Sinne der Zerstörung zu tun haben. Aber nichts schließt aus, dass diese früheren

Gesellschaften ihre eigenen Ungleichgewichtszustände in der Auseinandersetzung mit den elektronischen Medien finden.

Im Gegenteil darf genau das ab sofort nächste Gesellschaft heißen: die Suche nach einem neuen Ungleichgewichtszustand der Gesellschaft, der nicht mehr davon ausgeht, dass es einen natürlichen Pfad der Modernisierung, der Rationalisierung, des Fortschritts gibt, sondern der die Verbreitung der elektronischen Medien auch unter Verhältnissen sicherstellt, die als jene der Stammes- oder Schriftgesellschaft beschrieben werden können. Das ist ein Teil der Katastrophe, zumindest aus der Sicht der modernen Gesellschaft, der sogenannten westlichen Gesellschaft. Deren Errungenschaften, deren mühsam erstrittene Revolutionen könnten sich als verzichtbar erweisen, als überflüssig, vielleicht sogar als hinderlich. Aber soweit muss man nicht gehen. Stattdessen kann man diesen Befund einer ungleichzeitigen Entwicklung – die im Nachhinein auch noch einmal die Ungleichzeitigkeiten der modernen Gesellschaft zu würdigen erlaubt – auch als einen ersten Hinweis auf die sich herausbildende Struktur der nächsten Gesellschaft nehmen. Welche Struktur stellt die Verbreitung elektronischer Medien in einer Gesellschaft sicher, deren industrielle, demokratische, pädagogische, juristische, wissenschaftliche, ästhetische und amouröse Entwicklung, deren regionaler Reifegrad der funktionalen Differenzierung, deren Persistenz sozialer Schichtung, deren Umgang mit Protestbewegungen aller Art, deren Sinn für die Individualität der Individuen, ganz zu schweigen vom Respekt für Fauna und Flora, vom Sinn für die prekären Lebensumstände auf der Erde, nur als ungleich zu bezeichnen sind?

Die Sozialwissenschaften haben auf diese Fragen gegenwärtig nur eine Antwort. Die Struktur der nächsten Gesellschaft ist die des Netzwerks. Drei Ebenen (layers) kennzeichnen laut Manuel Castells diese Gesellschaft, die unterste Ebene der elektronischen und sonstigen materiellen Infrastruktur, die mittlere Ebene lokaler Hierarchien, Ökonomien und Städte und die obere

Ebene einer technokratisch-finanziellen Managerelite, die über die Codes verfügen (im Sinne der Möglichkeit der Veränderung dieser Codes), die diese Gesellschaft kulturell prägen.[29] Interessanterweise werden diese Ebenen durch Flüsse (flows) sowohl gespeist als auch durchkreuzt, in denen zeitlich und räumlich jene programmierbaren Sequenzen oder auch »Projekte«[30] gebildet werden können, in denen fallweise einzelne Leistungen aller drei Ebenen kombiniert werden.

Die soziologischen Arbeiten von Bruno Latour und Harrison C. White erlauben es, diese These einer Netzwerkstruktur der Gesellschaft weiterzuverfolgen. Beide haben unabhängig voneinander die Grundlagen für ein Netzwerkverständnis gelegt, dessen Elemente heterogen und nicht homogen sind, das heißt Dinge, Orte, Geschichten, Praktiken, Normen, Werte, Rollen und Institutionen ebenso betreffen können wie Menschen, Gruppen und Organisationen.[31] White versteht das Netzwerk überdies als einen Ungewissheitskalkül, innerhalb dessen die Akteure laufend Entscheidungen treffen müssen, ob sie sich auf Beziehungen einlassen oder ihnen ausweichen und das jeweils angebotene Verständnis dieser Beziehungen übernehmen oder sie neu interpretieren.[32] Jedes Element, das sich auf ein Netzwerk einlässt, muss in Kauf nehmen, dass seine Identität nicht substantiell, sondern relational bestimmt und in dieser Bestimmung abhängig von allen anderen Elementen des Netzwerks sowie den

---

[29] Manuel Castells, *The Rise of the Network Society*, Oxford, 1996, S. 410ff., dt. Opladen 2001.

[30] Mit Luc Boltanski und Ève Chiapello, *Der neue Geist des Kapitalismus*, 1999, dt. Konstanz 2003.

[31] Bruno Latour, »On Actor-Network Theory: A Few Clarifications«, in: *Soziale Welt* 47 (1996), S. 369-381; ders., *Eine neue Soziologie für eine neue Gesellschaft*, 2005, dt. Frankfurt am Main 2007.

[32] Harrison C. White, *Identity and Control: A Structural Theory of Action*, Princeton, NJ 1992 (2. Aufl. unter dem Titel *Identity and Control: How Social Formations Emerge*, 2008), S. 17-19.

eigenen Beiträgen wird. Jederzeit, daher die Rede von der Ungewissheit, muss jedes Element damit rechnen, an Attraktivität für andere Elemente zu verlieren und in seiner Rolle oder seinen Beiträgen gegen andere Elemente ausgetauscht zu werden. Strukturelle Äquivalenz ist das Gesetz der Netzwerkkonstitution. Jedes Element ist nicht nur zu anderen Elementen strukturell äquivalent, also austauschbar, sondern es muss diese Äquivalenz seinerseits pflegen, weil es nur so mit dem Risiko, das es übernimmt, für alle anderen Elemente kalkulierbar wird. Die andere Seite dieser relationalen Bestimmung von Identität ist die in dieser Relation gegebene Möglichkeit der Kontrolle. Jedes Netzwerkelement kann seinen Beitrag zum Netzwerk aus der Sicht aller anderen Elemente kontrollieren und kontrolliert seinerseits, durch Aufmerksamkeit, Reputation, Nachfrage oder Anerkennung, mit welcher Identität jedes Netzwerkselement seinerseits erfolgreich wird und bleibt.

Die analytische Leistung dieses Netzwerkbegriffs liegt darin, dass man den materiellen ebenso wie immateriellen Leistungen in der Aufrechterhaltung eines Netzwerks auf die Spur kommt. Der Begriff macht nachvollziehbar, welche Leistungen in einem Ort, in einer spezifischen Geschichte, in traditionellen oder innovativen Praktiken, in Institutionen der Verlässlichkeit, in Motiven und Absichten liegen, die allesamt in ihrer spezifischen Färbung zusammentreffen müssen, um ein Netzwerk zu bilden. Jedes Netzwerk hat seine eigene Kultur. So allgemein der Begriff des Netzwerks, so individuell und unvergleichbar ist jeder einzelne Fall. Ein solches Netzwerk kann man daher auch nicht einfach bauen, wie manche Rezeptbücher in der Betriebswirtschaftslehre oder im Kulturmanagement es behaupten. Man kann es nur entdecken und dann unter Umständen fördern oder auch in der einen oder anderen Hinsicht, streng und nur orientiert am eigenen Beitrag, verändern. Überdies gibt es Netzwerke, deren Identitätsleistungen nur funktionieren, wenn sie latent bleiben. Dann ist jede Förderung, ja jede Thematisierung eine Gefährdung.

Wäre das ein Strukturbegriff für die nächste Gesellschaft? Kann sich das Netzwerk im Vergleich mit den Stämmen der tribalen Gesellschaft, den sozialen Schichten der antiken Gesellschaft und der Funktionssysteme der modernen Gesellschaft mit einer ähnlichen Reichweite behaupten? Die Probe aufs Exempel kann nur darin liegen, wie rezeptiv oder resonanzfähig Netzwerke mit elektronischen Medien umgehen. Die Probe aufs Exempel muss zugleich darin liegen, dass gezeigt werden kann, dass die Verbreitung der elektronischen Medien die Struktur der Funktionssysteme überfordert.

Auf der Linie des alten Traums von der Künstlichen Intelligenz hätte es gelegen, die Maschinenintelligenz dort einzusetzen, wo die Moderne so oder so bereits kalkuliert. Was spricht dagegen, das ökonomische Kalkül der Knappheit, das politische Kalkül der Macht, das wissenschaftliche Kalkül der Deduktion und Induktion, das pädagogische Kalkül der Belohnung und Bestrafung, das juristische Kalkül des besseren Arguments, das amouröse Kalkül von Verführung und Unterwerfung, das ästhetische Kalkül von Thema, Material und Uneindeutigkeit und nicht zuletzt das religiöse Kalkül einer Wette auf die Existenz Gottes, mit Blaise Pascal die Mutter aller Kalküle, algorithmisch auszubuchstabieren, mit langen Reihen statistischer Daten zu unterfüttern, multiperspektivisch zu entfalten, mit realistischen Störgrößen auszustatten und so in elektronischen Medien abzubilden und auszubauen? Expertensysteme und thematisch beschränkte Plattformen scheinen das in einzelnen Fällen mit Erfolg zu praktizieren. Gleiches gilt für die strategischen Kalküle von Organisationen, seien es nun Unternehmen, Behörden, Parteien, Kirchen, Theater, Sportvereine oder Universitäten. Szenariotechniken sind hier mit Erfolg verwendet worden. Welcher Mitarbeiter hätte nicht das Gefühl, zur Not auf einem Bierdeckel ausrechnen zu können, welche strategischen Züge die Geschäftsführung als Nächstes vorschlägt? Auch die Agenda der Massenmedien, ja sogar die nächsten Aktionen der Protestbewegungen und die auf den Schrecken der Überraschung setzenden Aktionen des Terrorismus scheinen allesamt einer jeweils spezifischen Logik zu folgen, die maschinell abgebildet werden können müsste.

Aber interessanterweise geschieht das nicht. Weder der Ökonomie noch der Soziologie oder der Politologie, noch weniger der Theologie, Pädagogik, Kunstwissenschaft, und erst recht nicht der Organisationsberatung, Paartherapie oder Terrorismusbekämpfung ist es gelungen, die Kalküle ihrer Gegenstände algorithmisch auszuschreiben. Die Netzwerkanalyse, die anders als die Netzwerktheorie mit statistischen Methoden arbeitet,[33] hat bislang keine Netzwerke entdecken und beschreiben können, die der modernen Erwartung einer Logik der Funktionssysteme, Organisationen und Protestbewegungen entsprechen würden. Die elektronischen Medien fügen sich nicht der vermuteten Rationalisierungsgeschichte der Moderne. Sie entscheiden die Debatte zwischen Marktwirtschaft und Planwirtschaft nicht ein für alle Mal zugunsten der Planwirtschaft. Sie lassen sich nicht einmal, wie Stafford Beer zu seinem Leidwesen in Salvador Allendes Chile erfahren musste,[34] auf nationaler Ebene systemhaft, wenn ich so sagen darf, implementieren.

Irgendetwas hatte man übersehen. Man steckte mit Kopf und Gemüt noch zu sehr in den Bibliotheken. Man verlängerte die Ordnung der Bücher in den Versuch einer Ordnung der elektronischen Medien. Die elektronischen Medien schreiben jedoch anders. Sie folgen weder einer Sachlogik noch einer einfachen Erzählung. Das Schreiben in den elektronischen Medien wird »hybrid, multimedial und sozial«:[35] hybrid, denn es schreiben

---

33 Siehe etwa Marina Hannig, Ulrik Brandes, Jürgen Pfeffer und Ines Mergel, *Studying Social Networks: A Guide to Empirical Research*, Frankfurt am Main 2012.

34 Siehe Claus Pias, »Der Auftrag: Kybernetik und Revolution in Chile«, in: Daniel Gethmann und Markus Stauff (Hrsg.), *Politiken der Medien*, Zürich 2004, S. 131-153.

35 Henning Lobin, *Engelbarts Traum: Wie der Computer uns Lesen und*

und lesen die Menschen *und* die Computer; multimedial, denn Schrift wird mit Grafik, Bild, Video und anderem kombiniert; sozial, denn die Dokumente haben verschiedene Autoren, werden gemeinsam bearbeitet und, wie bereits die Bücher, verschieden verwendet. Schlimmer noch – aus der Sicht des Buchdrucks formuliert –, es ist nicht mehr der Inhalt, der führt, sondern der Kontext, der zum entscheidenden Inhalt wird, so Kenneth Goldsmith in einem Buch, dessen Inhalt seinen Titel widerlegt.[36] Wenn der Kontext führt, wenn auch für die Verbreitung von Internetplattformen, Intranets, Businessplattformen, künstlicher Intelligenz in der Forschung und im Militär gilt, dass die Leistung der elektronischen Medien nicht im Aufzeigen logischer Konsequenzen, sondern in der Differenzierung und Integration heterogener Daten besteht, dann folgt die Verbreitung elektronischer Medien einer anderen als der modernen Sachlogik und einer anderen als der narrativen Logik, auf die Menschen zurückgreifen, wenn sie Einheit in ihre Vorstellungen bringen.

Möglicherweise galt dies auch bereits für die Moderne. Möglicherweise ist die Sachlogik nur ein Strang der Vernetzung von Ereignissen, der zwar allen Ansprüchen an Funktionalität und diversen Ansprüchen an Rationalität genügt, aber eben genau darin funktional und rational ist, dass er gegenüber Kontexten indifferent ist. Vielleicht sind wir ja tatsächlich nie so recht modern gewesen, wie es Bruno Latour in einem Buch dieses Titels behauptet.[37] Vielleicht haben wir übersehen, welche Bruchstellen durch die funktionale und rationale Logik in Anspruch genommen und produziert werden. Vielleicht ist die funktionale und rationale Sachlogik eine Logik der Problemlösung, die auf einen dauernden Nachschub an Problemen angewiesen ist, die selbst

---

Schreiben abnimmt, Frankfurt am Main 2014, S. 17.

[36] Kenneth Goldsmith, *Wasting Time on the Internet,* New York 2016.

[37] Bruno Latour, *Wir sind nie modern gewesen: Versuch einer symmetrischen Anthropologie*, 1994, dt. Frankfurt am Main 1998.

40

dieser Logik nicht gehorchen (andernfalls wären sie keine Probleme).

Goldsmith gibt einen entscheidenden Hinweis. Er greift eine Vokabel von Marcel Duchamp auf und beschreibt die Vernetzung zwischen Online- und Offline-Ereignissen auf Französisch als »inframince«, beziehungsweise auf Englisch als »infrathin«. Duchamp hatte vom »inframince« als dem unauffällig Möglichen, eigentlich schon Geschehenem und leicht zu Negierendem gesprochen,[38] das Weniger-als-Vorhandene, das in diesem Modus die Verbindungen schafft: die Wärme einer Sitzfläche, die jemand beim Aufstehen hinterlässt. Goldsmiths Beispiel ist das Geräusch einer versendeten Email, swoosh, aber auch der Flaneur im Sinne Walter Benjamins oder Brian Enos ambient music, die ihre eigene Präsenz haben und zugleich die Frage ihrer Zugehörigkeit offen halten.

Die Leistungsfähigkeit der elektronischen Medien liegt in der Verknüpfung des Heterogenen, des komplex Unterschiedlichen, des kontextuell Zugehörigen. Dynamische Daten sind Daten, die sich nicht nur textuell, auf der Seite der »Symbole«, bewähren, wie es für die Logik der funktionalen Rationalität der Fall war, sondern die mit Ereignissen auf beiden Seiten der Unterscheidung von Text und Kontext rechnen, wenn nicht sogar auf den Text ganz verzichten. Sven Kosub spricht von einer »textuellen Berechenbarkeit«, der die aktuelle Informatik im Umgang mit kultureller Komplexität auf die Spur zu kommen versucht,[39] aber vielleicht sollte man eher von einer kontextuellen Berechenbarkeit sprechen. Es gibt keinen Text der elektronischen Medien, es sei denn jenen, in dem Algorithmen aufgeschrieben werden. Aber auch das ist nur dann ein Text, wenn man diesen Begriff auch auf Fälle einer nicht mehr menschlichen, sondern nur noch

---

[38] Marcel Duchamp, *Notes*, Paris 1980.

[39] Sven Kosub, »Textuelle Berechenbarkeit«, in: Albrecht Koschorke (Hrsg.), *Komplexität und Einfachheit*, Stuttgart 2017, S. 240-255.

maschinellen Lesbarkeit und Schreibbarkeit anwendet. Es gibt nur die Kontexte der elektronischen Medien, die von den Programmen der digitalen Medien bearbeitet werden. Das algorithmische Zeichen, so Frieder Nake, ist ein algorithmisches Ding, das die Schnittstellen, an denen es arbeitet, grundsätzlich von beiden Seiten, surface und subface, her errechnet.[40]

Für die Frage nach der gesellschaftlichen Struktur, die die Verbreitung elektronischer Medien sicherstellen kann, bedeutet dieser (mindestens) doppelseitige Zugriff auf jede Grenze, jede Schnittstelle, dass der Netzwerkbegriff der Netzwerktheorie (die Netzwerkanalyse hat hier noch Hausaufgaben zu leisten) den entscheidenden Punkt trifft. Netzwerke leisten nicht nur sowohl die Entkopplung (decoupling) als auch die Einbettung (embedding) von Ereignissequenzen und Aktivitätsmustern verschiedener Art, sondern sie haben genau dort ihre Stärke, wo sie Identitätsprobleme in Kontrollfragen ummünzen. Ein Netzwerk *ist* eine Identität, die sich aus heterogenen Identitäten zusammensetzt. Die Heterogenität *ist* das Medium, in dem ein Netzwerk das Ungewissheitskalkül seiner schwachen und starken Verknüpfungen erproben, variieren und sicherstellen kann. Schon die Moderne, deren Äquivalenzlogik das Missfallen von Karl Marx erregt hatte, war unterhalb ihrer Äquivalenzkalküle von Differenz und Heterogenität ausgegangen. Andernfalls gäbe es für eine Äquivalenz keine Anhaltspunkte. Dennoch hat die soziologische Tradition von Max Weber bis Niklas Luhmann Recht, für die moderne Gesellschaft von einem Differenzierungsmuster der Funktionssysteme zu sprechen. Die entscheidende Orientierung im Umgang mit der Gesellschaft liefert in der Moderne die Frage, ob man es

---

[40] Frieder Nake, »Das algorithmische Zeichen«, in: Kurt Bauknecht, Wilfried Brauer und Thomas A. Mück (Hrsg.), *Wirtschaft und Wissenschaft in der Network Economy: Visionen und Wirklichkeit*, Wien 2001, S. 736-742; ders., »Surface, Interface, Subface: Three Cases of Interaction and One Concept«, in: Uwe Seifert, Jin Hyun Kim und Anthony Moore (Hrsg.), *Paradoxes of Interactivity*, Bielefeld 2008, S. 92-109.

mit Politik oder Wirtschaft, Recht oder Religion, Kunst oder Wissenschaft, Massenmedien oder Liebe zu tun hat. Nicht zuletzt folgen die Erfolgsmedien ebenfalls diesem Muster. Die Macht der Politik, das Geld der Wirtschaft, das Recht des Rechts, der Glaube der Religion, die Kunst der Kunst, die Wahrheit der Wissenschaft, die Information der Massenmedien und die Intimität der Liebe sind ebenso viele starke Gründe, sich an die funktionale Rationalität dieser Teilbereiche der Gesellschaft zu halten. Sogar Organisationen wie Unternehmen, Behörden, Parteien, Gerichte, Kirchen, Galerien und Museen, Forschungsinstitute und Universitäten und Redaktionen hielten und halten sich an diese Logik, die allenfalls von Protestbewegungen und selbstverständlich von Interaktionen (kleinen sozialen Systemen unter der Bedingung wechselseitiger Wahrnehmung) durchkreuzt wird, die deswegen beide auch nie so recht für modern gehalten wurden.

Sollte das Netzwerk zum Strukturprinzip der nächsten Gesellschaft werden oder es gar schon sein, geht es im Sinne von Whites Ungewissheitskalkül darum, *in jeder gesellschaftlichen Hinsicht* identitäts- und kontrollfähig zu sein. Wie schafft man das? Man schafft das, indem man in allen Funktionssystemen oder Wertsphären,[41] in Fragen der Organisation, in Fragen der Interaktion und sogar in Fragen des Protests anschlussfähig aufgestellt ist. Elektronische Medien liefern eine kontextuelle Berechenbarkeit, die genau dann etabliert und ausgenutzt werden kann, wenn ein spezifisches Format in diesem Netzwerk ein Profil aufweist, das in *allen* Aspekten von Politik, Wirtschaft, Recht, Religion, Kunst, Erziehung, Wissenschaft, Massenmedien, Organisation, Interaktion und Protest auf eine jeweils *hoch spezifische Weise* auskunftsfähig ist. Das Netzwerk ist im Singular und im Plural gefordert. Die nächste Gesellschaft ist ein Netzwerk, in dem sich verschiedene Netzwerke ausdifferenzieren

---

41 Mit Luc Boltanski und Laurent Thévénot, *Über die Rechtfertigung: Eine Soziologie der kritischen Urteilskraft,* 1991, dt. Hamburg 2007.

und reproduzieren. Singular und Plural sind gleichermaßen berechtigt. Man kann von einem selbstähnlichen Differenzierungsmuster sprechen, das auf lokaler und situativer Ebene wiederholt beziehungsweise vorgibt, was auf der generalisierten Ebene der Gesellschaft als Material und Medium für jeden spezifischen Versuch zur Verfügung steht.

Das Netzwerk genauso wie jedes Netzwerk, das wäre die These, weist politische Aspekte der Erhaltung von Macht, wirtschaftliche Aspekte des Umgangs mit Knappheit, rechtliche Aspekte der Sicherstellung von Legitimität und Legalität, wissenschaftliche Aspekte der Erforschung der eigenen Möglichkeiten, pädagogische Aspekte der Erziehung der eigenen Mitglieder, religiöse Aspekte des Glaubens an die eigene Notwendigkeit, ästhetische Aspekte der Sicherstellung eines wahrnehmbaren Designs, massenmediale Aspekte der Öffentlichkeitsarbeit, familiäre Aspekte des Umgangs mit Intimität, organisationale Aspekte der Vorsorge für Entscheidungsfähigkeit, interaktionale Aspekte der Kultivierung von Gespräch, Gerücht und Intrige und Protestaspekte der moralischen Geringschätzung alternativer Netzwerke *zugleich*, aber immer nur in einer *hochgradig individuellen*, um nicht zu sagen idiosynkratischen Variante auf.

Deswegen fällt es schwer, bereits Beispiele zu nennen. Die deutsche Industrie, die italienische Mafia, die französische Intelligenz, der chinesische Staat sind schon wegen ihrer nationalen Benennung eher problematische Beispiele. Man würde vermuten, dass Netzwerke sowohl enger als Nationen geschnitten sind als auch über nationale Grenzen hinausreichen. Aber immerhin sind nationale und sprachliche Momente einer jener heterogenen Aspekte, die in den beiden Dimensionen Identität und Kontrolle eine hohe Leistungsfähigkeit aufweisen. Zugleich ist deutlich, dass vieles andere hinzukommen muss, vom Selbstverständnis von Ingenieuren mit Durchgriffsvertrauen auf ministerielle Leistungen über Kriminalitätsbereitschaften und Ehrenkodizes oder kanonische Themen mit Rebellionsbereitschaft bis zu

Ideologien des starken Staats zur Ordnung von Massengesell-
schaften. Soziologisch sind Beschreibungen dieser Art jedoch
höchst oberflächlich. Wir stehen vor enormen Herausforderungen in der empirischen Analyse von Netzwerken, weil wir begrifflich und methodologisch noch nicht einmal in der Ethnographie
Vorbilder für die Beschreibung von Phänomenen haben, die *spezifische* Varianten *universeller* Ressourcen ausprägen. Man denke nur an gelungene Beispiele wie die Analysen des Netzwerks
der Medici, der Hollywood-Filmkomponisten oder der impressio-
nistischen Malerei im Unterschied zur akademischen im Frank-
reich des 19. Jahrhunderts.[42] Und selbst diese Beispiele sind
Beispiele für Ad-hoc-Analysen, die methodologisch bahnbrechend
sind, aber begrifflich im Sinne unserer These von spezifischen
Varianten universeller Ressourcen noch nicht kontrolliert sind.

Talcott Parsons hat, ohne es so zu nennen, die minimalen
Anforderungen an eine Netzwerkanalyse dieses theoretischen
Typs formuliert, indem er eine Handlungstheorie ausgearbeitet
hat, gemäß der *jede einzelne* Handlung *allen vier* Aspekten einer
Anpassung an die materielle Umwelt (A, adaptation), einer Belohnung oder zumindest Anerkennung der Zielvorstellungen von
Organismus und Persönlichkeit (G, goal-attainment), der Differenzierung aus und Integration in weitere Handlungszusammen-
hänge (I, integration) und des Rückgriffs auf Werte zur Regulierung von Spannungen und Konflikten genügen muss (L, latent
pattern-maintenance).[43] »Action is system«, so kann diese

---

[42] John F. Padgett und Christopher Ansell, »Robust Action and the Rise
of the Medici«, 1400-1434, *American Journal of Sociology* 98 (1993),
S. 1259-1319; Robert Faulkner, *Music on Demand: Composers and
Careers in the Hollywood Film Industry*, New Brunswick, NJ 1983;
Harrison C. White und Cynthia A. White, *Canvases and Careers:
Institutional Change in the French Painting World*, Chicago 1965,
neue Aufl. 1993.

[43] Talcott Parsons, »A Paradigm of the Human Condition«, in: ders.,
Action Theory and the Human Condition, New York 1978, S. 352-433.

Handlungstheorie zusammengefasst werden,[44] aber eben auch »action is network«.

Einstweilen bleibt es bei der These: Das Strukturprinzip der nächsten Gesellschaft zur Sicherstellung der Verbreitung elektronischer Medien ist das Netzwerk der Verknüpfung prinzipiell heterogener Elemente, die untereinander derart in Identitäts- und Kontrollbeziehungen stehen, dass sie in allen gesellschaftlichen Fragestellungen und für jede einzelne Handlung anschlussfähig sind. Und Anschlussfähigkeit heißt hier wie immer: fähig zur Ablehnung, zur Annahme und zur spezifischen, grundsätzlich riskanten Profilierung. Wenn diese These stimmt, bekommen wir es empirisch zunehmend mit hochgradig individuellen Phänomenen zu tun. Die Leistung eines Fachs wie der Soziologie läge darin, jene generalisierungsfähige Sprache und Begrifflichkeit bereitzuhalten, die die Analyse lokaler und situativer Besonderheiten nicht erübrigt, sondern erzwingt. Goldene Zeiten für dieses Fach; wir müssten ausschwärmen wie einst die Ethnographen, aber bewaffnet mit einer Gesellschaftstheorie des Netzwerks.

Diese Gesellschaftstheorie und ihre Begrifflichkeit, einmal ausformuliert, lägen auf derselben Ebene wie die elektronischen Medien. Sie wären streng kontextuell, zugleich jedoch offen für jene Selbstähnlichkeit der Kontexte, die den Wechsel vom einen zum anderen ermöglicht. Nicht umsonst ist die Beobachtung der Möglichkeit des Switches zwischen den Kontexten eine der wichtigsten Einsichten der Netzwerktheorie von White.[45] Im Switch realisiert sich die nächste Gesellschaft. Der Switch ist auf beiden Seiten und auf jeder weiteren Seite definiert, obwohl nur lokal und situativ entschieden werden kann, wann er Sinn macht. Die

---

[44] Niklas Luhmann, *Einführung in die Systemtheorie*, Heidelberg 2002, S. 22.

[45] Siehe etwa Jorge Fontdevila, M. Pilar Opazo und Harrison C. White, »Order at the Edge of Chaos: Meaning from Network Switchings Across Functional Systems«, Sociological Theory 29 (2001), S. 178-198.

These lautet, dass elektronische Medien sich gesellschaftlich dort verbreiten, wo sie Anhaltspunkte für eine komplexe kontextuelle Berechenbarkeit finden. Und die These lautet zugleich, dass diese Anhaltspunkte sich nur dann gesellschaftlich bewähren, wenn sie der Möglichkeit des Switches genügen. Darin erfüllt sich die Netzwerklogik. Sie grenzt sich gegenüber solchen Ereignissen, Aktivitäten, Geschichten, Institutionen, Praktiken und Werten ab, die sie gleichzeitig vorstellbar macht und erreichbar hält. Auf diese Art und Weise ist der Ungewissheitskalkül in sich selbst wieder abgebildet. Ob die nächste Gesellschaft aus dieser Netzwerklogik heraus das Potential der elektronischen Medien hinreichend nutzen kann und zugleich gegenüber der Verbreitung der elektronischen Medien ihren Eigensinn – ihre Möglichkeit, aufzugreifen, aber auch einzuschränken – behält, wird sich zeigen.

EXKURS: SOZIOLOGIE DER TECHNOPOIESIS *

Die Form der Soziologie 1.0 ergibt sich aus dem soziologischen Grundgedanken in der Auseinandersetzung mit dem Referenzproblem der Sprache, das heißt mit dem Problem, dass Sprache im Gegensatz zur bloßen Wahrnehmung Referenzen ins Spiel bringt, die im Moment nicht überprüft werden können und dennoch aufgegriffen und behandelt werden können müssen. Wer spricht, kann auch lügen – und dies in einer Größenordnung und mit einer Reichweite, die sich von Täuschung im Medium der Wahrnehmung unterscheiden. Eine Gesellschaft kann sich daher nur dann auf Sprache einlassen, wenn sie Chancen des Sprechens und Hörens differenziert und verteilt, den Zusammenhang des sprachlich Artikulierbaren sinnhaft verdichtet und diese Verdichtung fraktal und skalierbar in allen Chancen des Spre-

---

* Auszug aus Dirk Baecker, »Soziologie 4.0 und ihre Vorläufer: Eine Skizze«, in: Sabine Maasen und Jan-Hendrik Passoth (Hrsg.), *Digitale Soziologie*. Sonderband der Zeitschrift *Soziale Welt*, im Druck.

chens und Hörens Redundanz sichernd wiederfindet. Entscheidend ist hierfür die Möglichkeit der Negation, der Ablehnung von Kommunikation. Nur diese kann profilieren, weil reflektieren, was erwartbar ist und was nicht.

Ganz abgesehen davon, dass wir hier tiefer in sprachtheoretische Überlegungen einsteigen müssten (mit dem Risiko, weitere Referenzprobleme aufzuwerfen), können wir bereits aus diesen ersten Überlegungen einen Kandidaten für den soziologischen Grundgedanken ableiten. Da keine der uns bekannten tribalen Gesellschaften Zeugnisse für eine explizite Form von Soziologie überliefert hat – wir erinnern uns: Das Fach der Soziologie wurde erst fünfhundert Jahre nach Erfindung der beweglichen Lettern des Buchdrucks eingeführt –, müssen wir nach impliziten Formen suchen. Diese implizite Form, so unsere Spekulation, ist die Form des Schamanismus, das heißt die Wiedereinführung des Schamanismus in die Gesellschaft, die ihn ausdifferenziert.

In dieser Form nicht adressierbar, also weder zu einem spezifischen Wissen ausdifferenziert noch gar zu Trägern dieses Wissens, »Soziologen«, personifiziert, »ist« der Schamane die in die Gesellschaft wieder eingeführte, weil im doppelten Modus von Ekstase und Überlieferung beobachtbar gemachte »Krise« im Seelenleben eines Menschen: In der Ekstase überschreiten die Schamanen das Profane zugunsten des Heiligen und in der Überlieferung machen sie diese Überschreitung als religiös codiertes Wissen um eine Differenz verfügbar.[46] Nicht die Ekstase und nicht die Tradition jeweils für sich oder bloß nacheinander aufgelistet definieren diese Soziologie, sondern das Wissen-um-die-Überschreitung-im-Kontext-einer-Rückkehr-in-den-Alltag, das heißt: einer Reflexion des Profanen als Profanen, das als dieses Wissen für die Beobachtung weiterer Überschreitungen verfügbar gehalten wird.

---

[46] Mircea Eliade, *Schamanismus und archaische Ekstasetechnik*, 1951, dt. Frankfurt am Main 1975.

Wenn man hier personifiziert nach einem »Soziologen« suchen will, dann findet man ihn unter jenen Stammesältesten, die darum wissen, wie wichtig es ist, Rituale der Ekstase sowohl als mehr oder minder routinierte Rituale wie auch als Momente einer unbezweifelbaren Ekstase durchzuführen. Und »Soziologie« ist das Ganze deswegen, weil es den Zusammenhalt einer Gesellschaft, die der Schamane verlässt und in die er wieder zurückkehrt, angesichts einer als Ekstase inszenierten kommunikativen Unerreichbarkeit (im Spiegel einer Kommunikation mit Geistern der Unterwelt und Göttern der Oberwelt) feiert. Doppelte Kontingenz tritt als das Heilige schlechthin auf, denn doppelt kontingent, fern von jeder Kausalität (trotz hilfreicher Drogen), ist das Verhältnis zu den Geistern und Göttern ebenso wie anschließend die Begegnung mit dem Schamanen im Alltag. Und gebündelt wird der Komplex, wie man es sich aus heutiger Sicht präziser nicht wünschen kann, in der Kombination einer Oszillation (zwischen dieser Welt und einer anderen, Unter- oder Oberwelt) und eines Gedächtnisses (des tradierten Rituals). Ich formuliere bewusst nahe an der Terminologie von Spencer-Brown,[47] denn dessen Mathematik einer Oszillation und Erinnerung im imaginären Raum der Form formuliert in meinen Augen den soziologischen Grundgedanken, wie auch immer diese Koinzidenz von Soziologie und Mathematik letztlich zu verstehen sein mag.

Machen wir darauf den Test, indem wir nach der Neufassung desselben Grundgedankens in den Versionen der Soziologie 2.0 und 3.0 fragen. So oder so ist die Suche nach einer impliziten Soziologie für die antike Hochkultur einfacher, weil es zumindest im Fall des alten Griechenlands und alten Roms (die Hypothese bleibt an den Fällen der Hochkulturen der Ägypter, der Mayas, der Chinesen und Japaner zu überprüfen, obwohl hier angesichts nicht-alphabetisierter, noch piktographischer Schriften

---

[47] Spencer-Brown, *Laws of Form*, S. 45ff.

abweichende Fälle vorliegen) schriftlich überlieferte Zeugnisse der Auseinandersetzung mit »Gesellschaft« gibt, mit der Polis beziehungsweise der Civitas. Ich beschränke mich überdies auf den griechischen Fall, da im römischen Fall imperiale Probleme der Berücksichtigung der Differenz von Zentrum und Peripherie Fragen der Auseinandersetzung mit den Folgen der Einführung von Schrift überlagern.

Soziologie 2.0 ist bei Platon und Aristoteles die Kombination der Beobachtung der empirischen Wirklichkeit der Stadt, deren soziales Gleichgewicht von Fernkaufleuten durcheinandergebracht wird, die über ihre sozialen Verhältnisse reich geworden nen sind, auf der einen Seite mit der dadurch motivierten Frage nach dem gerechten Staat auf der anderen Seite.[48] Von der Form her ist es derselbe Grundgedanke: Die Gesellschaft oszilliert zwischen arm und reich, wird jedoch durch den Gedanken der Gerechtigkeit an ihre eigenen ethischen Ansprüche auch in einer bereits unabsehbar gewordenen Zukunft gebunden. Die Schrift hilft dabei, die ökonomischen und politischen Strategien auszudifferenzieren, die die gewohnten tribalen Verhältnisse durcheinanderbringen. Und sie hilft dabei, Diskurse zu entwickeln, die das Ungleichgewicht anerkennen und zu korrigieren versuchen. »Soziologie« ist jedes Argument, das das eine im Kontext des anderen, die Korruption im Kontext der Perfektion, und umgekehrt, zu sehen vermag.

In der Moderne schließlich werden zunächst die Gesellschaft und dann die Soziologie explizit. Die Moralistik und der Roman des 17. und 18. Jahrhunderts (z.B. François de La Rochefoucauld, Adam Smith, Daniel Defoe, Jonathan Swift) thematisieren »Gesellschaft« nicht mehr nur als höfisch, sondern auch als städtisch, politisch sowie Schichten und Berufe übergreifend. Wenig später wird die Soziologie 3.0 unter dem Namen »Soziologie«

---

[48] Platon, »Politeia«, in: ders., *Sämtliche Werke*, Reinbek b. Hamburg 2000, 331b-d, 368ff.; Aristoteles, *Politik*, Hamburg 1981, 1257ff.

erstmals explizit. Sie wird als wissenschaftliche Disziplin etabliert, in Vertretern des Fachs personifiziert und mit eigenen Zeitschriften, Buchreihen, Instituten und Lehrstühlen ausgestattet. Viele Merkmale der bewährten Struktur des soziologischen Wissens bleiben erhalten. Es bleibt bei der Sorge um Arm und Reich. Es bleibt beim wenn auch als Utopie eingestandenen Leitgedanken der Gerechtigkeit. Es bleibt beim unverständlichen Jargon derer, die eine Grenze überschritten haben und wieder zurückgekehrt sind – nicht geblendet und stammelnd, wie der Philosoph in Platons Höhlengleichnis, aber doch erleuchtet und daher im Verhältnis zur Umgangssprache leicht irreredend (man spricht von einem »Jargon«). Und es bleibt nicht zuletzt bei jenem Moment einer Ekstase, die aus der Überschreitung lebensweltlicher Evidenzen zugunsten ihrer »Form« im Raum ihrer Möglichkeiten, im Raum ihrer Auseinandersetzung mit Negativität, mit Alternativen und mit Verknüpfungen resultiert und, laufend hin und her wechselnd, genau dafür nach einer Sprache sucht, die sie schließlich nur in jener differenztheoretischen Begrifflichkeit findet, die für die Soziologie konstitutiv wird.

Auguste Comte ist als Meister und Opfer dieses Diskurses vielleicht noch immer zu wenig studiert. Zu schnell überliest man seine Ausgangsunterscheidung zwischen Statik und Dynamik, die alle Soziologie grundiert. Zu wenig würdigt man, dass sein Verständnis von »Statik«, auch als »Konsens«, gar als »Harmonie« gefasst,[49] präzise jene nur Soziologen zugängliche Einsicht benennt, dass jedes mit sich identische soziale Phänomen nur aus seiner Differenz zu anderen sozialen Phänomenen sowie zur jeweiligen physischen, organischen und mentalen Umwelt heraus zu verstehen und zu beschreiben ist. Während der Laie glaubt, die Phänomene isoliert betrachten zu können, beobachtet sie der Experte im Medium von Verwicklungen, die

---

[49] Auguste Comte, *Die Soziologie: Die positive Philosophie im Auszug*, 1830, Leipzig 1933, S. 83.

allenfalls insofern auf ein »Ganzes« verweisen, als dieses nicht als substanzieller Bestand, sondern als heuristische Regel gegen jede isolierte Betrachtung ins Feld geführt werden muss.[50] Ausgehend von dieser Statik, also ganz im Sinne einer »in sich verwickelten« Kategorie, die Theodor W. Adorno glaubte, gegen Comte einwenden zu müssen,[51] wird auch die »Dynamik« der Gesellschaft in den Blick genommen. Nicht der Fortschritt der Vernunft steht jedoch am Ende der Entwicklung, sondern die angesichts der Herausforderungen der Statik »unvermeidliche und zunehmende Unvollkommenheit« einer sozialen Ordnung.[52] Soziologie 3.0 ist das Wissen um eine oszillierende Statik im Kontext einer ungewissen Dynamik. Das ist noch keine Evolutionstheorie, aber es fehlt nicht mehr viel. Genau genommen fehlt nur Darwins Wissen um die Differenz von Variation und Selektion.

Interessant ist nicht zuletzt, dass die Soziologie 3.0 ohne ein Wissen um ihre mediale Abhängigkeit von den Verhältnissen der Buchdruckgesellschaft formuliert wurde. Erst der nächste Medienwandel zunächst zugunsten der Einführung des Fernsehens, dann des Computers weckte den Verdacht, dass Humanismus, Aufklärung, Revolution, Demokratisierung, Pädagogisierung, Industrialisierung, Urbanisierung und die Emanzipation der Frau nicht etwa genuine Bewegungen einer kontinuierlichen Modernisierung der Gesellschaft im Zeichen einer wachsenden Einsicht in die Vernunft des Menschen sind, sondern auf die Einführung des Buchdrucks und damit auf massenhaftes Lesen und Schreiben, die Unruhe der öffentlichen Meinung und die Zähmung der daraus resultierenden Dynamisierung der Gesellschaft

---

[50] Ebd., S. 89f.

[51] Theodor W. Adorno, »Über Statik und Dynamik als soziologische Kategorien«, in: ders., *Gesammelte Schriften 8: Soziologische Schriften 1*, Frankfurt am Main 1972, S. 217-237.

[52] Comte, *Die Soziologie*, S. 87.

durch Organisation und Funktionssysteme zurückgeführt werden müssen.

Nicht zu übersehen ist allerdings auch, dass wichtige Themen der aktuellen Gesellschaft, etwa Erfahrungen der Kontingenz, der Komplexität, der Intransparenz, der überraschenden Wechselwirkung, der Möglichkeit einer fatalen, wenn nicht sogar katastrophalen Varianz, spätestens seit Johann Gottfried Herders Kulturtheorie, der romantischen Naturphilosophie und Kunsttheorie sowie Hegels Dialektik diskutiert werden. Schelling formuliert die Herausforderung einer Elektrizitätslehre, grundsätzlich keine positive Kraft ohne eine ihr entgegenstehende und sie so ergänzende negative Kraft denken zu können: ohne dieses Wechselverhältnis verschwindet das elektrische Phänomen.[53] Friedrich Schlegel hat ein Formverständnis, das nicht nur prozessual, sondern überdies medial und reflexiv ist und somit präzise dem entspricht, was man für die aktuelle Netzwerkgesellschaft als Paradigma ineinander verwickelter Unterscheidungsverfahren beschreiben kann.[54] Bedeutet das, dass die Soziologie 3.0 mit der Moralistik eher endete als begann und wir es seit Ende des 18. Jahrhunderts bereits mit einer Soziologie 4.0 zu tun haben, die bei Auguste Comte, Gabriel Tarde, Georg Simmel, Talcott Parsons und Niklas Luhmann ausgeprägt ist und dennoch ihren Weg von der soziologischen Theorie zur Fachsoziologie immer noch erst noch finden muss? Ist die Soziologie der Digitalisierung nichts anderes als die empirische Einlösung dessen, was die bürgerliche Soziologie der Industriegesellschaft

---

[53] Friedrich Wilhelm Josef Schelling, *Von der Weltseele: Eine Hypothese der höheren Physik zur Erklärung des allgemeinen Organismus,* 1798, in: ders., *Sämtliche Werke*, Stuttgart 1856, S. 528.

[54] Siehe Rüdiger Campe, »Das Argument der Form in Schlegels *Gespräch über die Poesie*. Eine Wende im Wissen der Literatur«, in: *Merkur* 68, Heft 777 (2014), S. 110-121.

längst ist?[55] Möglicherweise haben wir es mit einer mehrdeutigen, mindestens jedoch beweglichen Epochenschwelle zu tun, die sich strukturell, kulturell und intellektuell auf je andere Zeitpunkte fixieren lässt. Wenn der Epochenbruch im Auftreten der Elektrizität zu vermuten ist, deutet sich die wissenssoziologische Herausforderung bereits Ende des 18. Jahrhunderts an und sind sowohl die Elektrisierung der Städte und Industrien ab Ende des 19. Jahrhunderts als auch die Einführung des Computers und seiner Netzwerke, Speicher und Algorithmen im 20. Jahrhundert Formen der strukturellen Ausbeutung und Zähmung dessen, was das neue Paradigma ermöglicht.

Das Problem, das mit elektronischen und digitalen Medien auftritt, ist nicht mehr das des Referenzüberschusses durch Sprache, des Symbolüberschusses durch Schrift und des Kritiküberschusses durch Buchdruck, sondern, wiederum auf einen verkürzenden Nenner gebracht, das des Kontrollüberschusses durch die Speicher, Netzwerke und Algorithmen des Computers. Kommunikation ist jetzt nicht mehr nur durch die Möglichkeit der Lüge, die Möglichkeit der Erinnerung und Planung, die die Gegenwart einengt, zum »Schicksal« werden lässt, und nicht mehr nur durch die Vielfalt der von Lesern unüberprüft übernommenen Meinungen überfordert, sondern zusätzlich durch die Beteiligung von »unsichtbaren Maschinen« (Luhmann), deren Errechnungsmodus von Beiträgen unklar, Schnelligkeit der Verknüpfung überfordernd und Reichweite des Gedächtnisses bedrohlich ist.

Zwar kann man in einer weiteren Formulierung des soziologischen Grundgedankens feststellen, dass Kommunikation es im Zeichen einer doppelten Kontingenz der beteiligten Partner immer schon mit einer Differenz von Wissen (um Partner, Themen, Situationen) und Nichtwissen (um Motive, Absichten und

---

55 Siehe auch Maren Lehmann, »Das ›Altwerden der funktionalen Differenzierung‹ und die ›nächste Gesellschaft‹«, *Soziale Systeme* 20 (2015), S. 308-336.

Interessen) zu tun hatte, in die in der tribalen Gesellschaft unsichtbare Geister und Götter, in der antiken Hochkultur eine unsichtbare Vergangenheit (Ödipus!) und Zukunft (Odysseus!) und in der modernen Gesellschaft undurchschaubare, weil »freie« Individuen eingetragen werden konnten. Aber all das konnte sich an eben diesen Adressen doch einigermaßen verlässlich orientieren, so unberechenbar ein magisches Universum, ein schicksalhafter Kosmos und der freie Wille der Mitmenschen auch sein mochten. Auch hier war es nicht wirklich erforderlich, den Gegenstandsbereich zu verlassen und Probleme der »Kommunikation« als solche in den Blick zu nehmen.

Und dabei bleibt es. Der Begriff der Kommunikation wurde zwar inzwischen formuliert; er wurde mit beeindruckender Schärfe als eine nur statistisch zu bestimmende Selektion von Nachrichten aus einem Auswahlbereich formuliert;[56] und er hat hinreichenden Eingang in das Selbstverständnis der Gesellschaft gefunden. Man denke nur an Friedrich Schleiermachers Empfehlung einer Kombination von Elastizität und Undurchdringlichkeit in einer diesen Namen verdienenden »geselligen« Gesprächsführung.[57] Aber auch die aktuelle Gesellschaft beobachtet nicht Kommunikation, sondern Information, Interfaces, Effizienz- und Sucheffekte, Bewegungen des Protests und Bewegungen der Überwachung, wenn es um die Kommunikation mit Computern geht. Nach wie vor muss man sich auf den soziologischen Grundgedanken einlassen, wenn man Probleme und ihre Lösungen der Ausdifferenzierung und Reproduktion von Gesellschaft auch unter den Bedingungen digitaler Medien

---

[56] Claude E. Shannon und Warren Weaver, *Mathematical Theory of Communication*, Urbana, IL 1949

[57] Friedrich, Schleiermacher, »Versuch einer Theorie des geselligen Betragens«, 1798, in: ders., *Texte zur Pädagogik*, Frankfurt am Main 2000, S. 15-35.

beschreiben will. Börsenhändler, die man an ihren Terminals zu den Pionieren des Umgangs mit der Komplexität von Computerprogrammen, unübersichtlichen Bildschirmen, unautorisierten Quellen von Information und Nachrichten sowie nicht zuletzt im Hintergrund protokollierter Kommunikation zählen darf, sind ein gutes Beispiel. Wenn man sie fragt, wie sie die Probleme dieses Umgangs bewältigen, antworten sie, man käme damit nur zurecht, wenn man sich in den »Flow« begäbe.[58] Das ist nicht nur eine kalifornische Redensart, sondern benennt jene Kombination von temporalisiertem Fokus und vager, aber wacher Umsicht, die man erwarten muss, wenn sich Computer an Kommunikation beteiligen. Kursorische, aber sich verdichtende Beobachtungen des alltäglichen Umgangs mit den Displays von Smartphones und Tablets bestätigen die Hypothese eines Kommunikationsmodus, der mit jedem post, like und swipe Annahme und Ablehnung, Fokussierung und Wechsel, Rezeption und Vergessen, Bindung und Loslassen zugleich betätigt.[59]

Es ist wie immer paradox. Je genauer es dereinst gelingt, die Kommunikation mit Maschinen – und möglicherweise auch: unter den Maschinen – begrifflich zu formulieren und empirisch zu untersuchen, umso unabweislicher werden sich gewisse Déjà-Vu-Eindrücke einstellen. Ist die Gesellschaft nicht artifiziell technisch, seit Menschen ihre Produktionsmittel herstellen, ihre Lebensmittel produzieren, künstliche Materialien wie Keramik und Metall herstellen und schließlich Städte bauen, fragt Heinrich Popitz.[60] Formuliert man dies aus und berücksichtigt man

---

58 Karin Knorr Cetina und Urs Bruegger, »Traders' Engagement with Markets: A Postsocial Relationship«, *Theory, Culture & Society* 19 (2002), S. 161-185. »Postsozial« soll heißen, dass auch nichtmenschliche Objekte mit Menschen (dann doch vermutlich:) »soziale« Beziehungen eingehen können.

59 Daniel Miller et al., *How the World Changed Social Media*, London 2016.

60 Heinrich Popitz, *Der Aufbruch zur artifiziellen Gesellschaft: Zur*

dabei die Freiheitsgrade nicht nur im Design von Technologien, sondern auch in ihrer Verwendung, stellt man fest, dass ein technikfreies Sozialverhalten schlechterdings historisch und empirisch unbekannt ist. Man kann einen Begriff wie »Technopoiesis« einführen, um darauf aufmerksam zu machen, dass unterstützende, verstetigende, legitimierende, der Rückfrage, vielfach auch der Reflexion entzogene technische Momente in jedem Sozialverhalten eine Rolle spielen. Technopoiesis heißt, dass die Selektion von Handlung, Erleben und Kommunikation zwischen den Polen der Körperlichkeit, des Bewusstseins, der Gesellschaft, der Kultur und der Technik rotiert, um sich auf eines oder mehrere dieser Elemente zu verlassen, während eines oder mehrere andere dieser Elemente variiert werden. Das gilt für häusliches, städtisches, betriebliches und sonstiges Verhalten.

Aus dieser Perspektive müsste man formulieren, dass ein Sozialverhalten im Medium elektronischer und digitaler Medien ähnliche Freiheitsgrade der Gestaltung auf der Ebene der Programme wie der Verwendung wiedergewinnt, wie wir es bislang allenfalls im Medium der Magie gekannt haben. Auch deswegen macht die Erinnerung an den Schamanen Sinn. Nur kurz war die Phase, als die Menschen sich die Herren ihrer Welt dünkten und von Humanisten und Aufklärern beraten ihrem Bewusstsein – ausgerechnet – die Kontrolle über die Welt zuschrieben. Entsprechend kurz war ebenfalls die Phase, in der es möglich schien, die moderne Gesellschaft nach dem Schema von Arbeitsteilung vernünftig, nämlich funktional differenziert einzurichten, zwischen Organisation und Gesellschaft zu unterscheiden, Natur und Technik auseinanderzuhalten und Kultur allen Ernstes für eine vernachlässigbare Variable zu halten. In Wirklichkeit waren wir nie modern (Latour). Wir hatten es immer schon mit Netzwerken zu tun, in denen manifeste und latente Elemente gleichermaßen eine Rolle spielen und diese sich ohne

---

Anthropologie der Technik, Tübingen 1995, S. 131.

asymmetrische Vorentscheidungen auf materielle und semantische, narrative und ideologische, physische und psychische, künstliche und natürliche Träger verteilen. Eine Soziologie 4.0 ist eine Soziologie, die Trajektorien im Netzwerk folgt und ein intensives Interesse daran entwickelt, wie Elemente heterogener Art, vermittelt über Schnittstellen digitaler und analoger Art, unwahrscheinliche Muster, Geschichten und Modelle bildet, an denen sich Operationen orientieren, die im nächsten Moment zu Operanden werden.[61] Deswegen wird das Netzwerk zur Leitmetapher der nächsten Gesellschaft. Das Netzwerk gibt weniger darüber Auskunft, welche Muster der Ausdifferenzierung und Wiedereinbettung sich typischerweise einstellen, als darüber, wie schnell diese Muster gestört werden und sich neu formieren können. Netzwerke sind, wie gesagt, Ungewissheitskalküle. Wenn man am Grundgedanken der Soziologie festhält, Abhängigkeiten zwischen unabhängigen Einheiten beobachten zu können, dann läuft eine Soziologie unter Bedingungen der Digitalisierung darauf hinaus, auch Maschinen zu diesen unabhängigen Einheiten zählen zu können und mit Blick auf die Programme und Algorithmen dieser Maschinen keinerlei Vorentscheidung über mögliche Asymmetrien treffen zu wollen, die eine »vernünftige« Ordnung in die zirkuläre Kontrollbeziehung zwischen Mensch, Maschine und Gesellschaft bringen könnte.

Eine Soziologie 4.0 ist dann formulierbar, wenn man das Wissen um eine Kommunikation ins Zentrum sowohl der Theorie als auch der empirischen Sozialforschung stellt, die oszillations- und erinnerungsfähig ist und in dieser Form jenes Mindestmaß an Kontrolle von Komplexität mobilisieren kann,[62] das an Göttern, Zeiten und Individuen eingeübt werden konnte und sich jetzt, wer

---

61 Barney G. Glaser, Anselm L. Strauss, *The Discovery of Grounded Theory: Strategies for Qualitative Research*, New Brunswick, NJ 1967.

62 Siehe W. Ross Ashby, »Requisite Variety and Its Implications for the Control of Complex Systems«, *Cybernetica* 1 (1958), S. 83-99.

weiß, im Umgang mit Maschinen bewährt, die ihre triviale Berechenbarkeit verlieren und sich nicht-trivial, das heißt unvorhersehbar, an Kommunikation beteiligen. Da dieser Kommunikationsbegriff dank seiner prozessualen Reflexivität und Rekursivität und seiner Einbindung in das Ungewissheitskalkül von Netzwerken eine Tiefenschärfe erlangt hat, die der Handlungsbegriff vor Parsons in seiner Bindung an individuelle Intentionalität, physische Evidenz und situative Präsenz nicht haben konnte, steht einer Bewährung der Soziologie in einer Gesellschaft gesteigerter Granularität streng genommen nichts mehr im Wege.

ARBEITSDEFINITION: DIGITALISIERUNG

Digitalisierung wird hier und im Folgenden als ein gesellschaftlicher Prozess verstanden. Digitalisierung im engeren Sinne des Wortes ist die Umwandlung analoger Werte in digitale Formate, die von Rechnern gelesen und weiter verarbeitet werden können.[63] Digitalisierung im weiteren Sinne des Wortes – Digitalisierung der Gesellschaft durch die Gesellschaft – ist die Erarbeitung und Erprobung abzählbarer und berechenbarer Daten im Medium analoger Widersprüchlichkeit für die Zwecke der Kommunikation von und mit Maschinen.

Digitalisierung vollzieht sich in zwei Schritten, deren Wechselwirkung für jede der daran anschließenden algorithmischen Funktionen bedeutsam bleibt.[64] Der erste Schritt codiert analog

---

[63] de.wikipedia.org/wiki/Digitalisierung.

[64] Siehe dazu John von Neumann, *The Computer and the Brain*, New Haven, CN 1958. Und vgl. Claus Pias, »Analog, Digital, and the Cybernetic Illusion«, *Kybernetes* 34 (2005), S. 543-550; Wolfgang Coy, Christoph Tholen und Martin Warnke (Hrsg.), *HyperKult II: Zur Ortsbestimmung analoger und digitaler Medien*, Bielefeld 2005; Jens Schröter und Alexander Böhnke (Hrsg.), *Analog/Digital – Opposition oder Kontinuum: Zur Theorie und Geschichte einer Unterscheidung*, Bielefeld 2004.

vorliegende Elemente gemäß einer arbiträr gesetzten binären Unterscheidung (0/1; Ja/Nein). Der zweite Schritt erprobt die sich daraus ergebenden Daten und Listen im lesenden und schreibenden, rechnenden und verknüpfenden, sensorischen und motorischen Kontakt mit einer nach wie vor analog, das heißt widersprüchlich vorliegenden Wirklichkeit. Die digitale Syntax organisiert sich mithilfe der Negation (entweder-oder, wenn-dann, wenn nicht-dann nicht…), die analoge, das heißt mit Ähnlichkeit arbeitende Relation organisiert sich auf der Grundlage von Widersprüchlichkeit (Interpretation im uneindeutig vorliegenden semantischen Material: dies, aber nicht das).[65] Komplexität ergibt sich aus den Rückkopplungen zwischen Codierung und Erprobung unter Rückgriff auf ein Gedächtnis, das im Rahmen interner und/oder externer Vorgaben Ergebnisse bewertet, Programme ändert oder beibehält und Aufgabenstellungen beginnt und beendet.

Digitalisierung im engeren Sinne ist auf der Grundlage der Entwicklung binärer Code, die Frequenzen abtasten, die Lösung des Problems der Steuerung von Telegraphen- und Telefonleitungen, im weiteren Sinne die Erprobung der Möglichkeiten des Einbaus von Siliziumchips und deren algorithmischer Steuerung in kommunizierende Maschinen.

In der Notation von George Spencer-Browns Formkalkül:

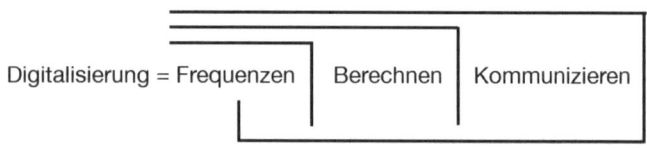

Digitalisierung = Frequenzen | Berechnen | Kommunizieren

65 So Paul Watzlawick, Janet H. Beavin und Don D. Jackson, *Menschliche Kommunikation: Formen, Störungen, Paradoxien*, Bern 1969, S. 61ff. Und vgl. Anthony Wilden, *System and Structure: Essays in Communication and Exchange*, London 1972, insbes. S. 161ff.; Terry Winograd und Fernando Flores, *Erkenntnis Maschinen Verstehen: Zur Neugestaltung von Computersystemen*, 1986, dt. Berlin 1989.

Die Problemstellung ist eine dreifache: Welche Frequenzen sind für wen interessant? Mithilfe welcher Codierung kann man sie berechnen? Und an wen oder was kann man die Rechenergebnisse kommunizieren? Digitalisierung im weiteren Sinne ist die Veränderung gesellschaftlicher Frequenzen durch die Kommunikation der Ergebnisse der Berechnung von Frequenzen. Die sogenannte digitale Transformation (der Gesellschaft) ist rekursiv und nicht-trivial. Sie verändert die Voraussetzungen, unter denen sie stattfindet, und damit auch die Ziele, die sie verfolgt.

3. KOMPLEXITÄT, WEDER KAUSALITÄT NOCH ZUFALL

Die Kulturform der nächsten Gesellschaft ist nicht mehr das Gleichgewicht, das Telos oder die Grenze, sondern die Komplexität. Identitäten werden nicht mehr daraus gewonnen, dass Störungen sich auspendeln, auf das korrekte Maß reduziert werden oder in ihre Schranken verwiesen werden, sondern daraus, dass Abweichungen verstärkt und zur Nische ausgebaut werden. Gleichgewichte sind leere Zustände; sie warten auf die nächste Störung. Komplexe Identitäten sind von sich aus unruhig; sie verschwinden, wenn sie keinen Anschluss finden.

Die Stärke und Herausforderung elektronischer Medien in Gestalt der Kombination von Datenbanken, Algorithmen und digitalen Plattformen liegt im Aufspüren und Ausnutzen von Korrelationen zwischen Ereignissen und Aktivitäten, die entweder keine oder eine komplexe, nicht auf wiederholbare Ursachen und Wirkungen zu reduzierende Kausalität voraussetzen. Diese Korrelationen liegen im blinden Fleck der modernen Unterscheidung von Kausalität und Zufall. Sie sind weder das eine noch das andere. Die Kategorie des Netzwerks ist auch hier die passende, denn Netzwerke verknüpfen Elemente weder kausal noch zufällig, sondern gemäß einer von den Elementen selbst zu entscheidenden Attraktivität der Nachbarschaft. Erfolgsmedien wie Macht und Geld, Liebe und Wahrheit, Glaube und Kunst sind Versuche, im Netzwerk die Attraktivität bestimmter Verknüpfungen sicherzustellen oder zu steigern. Diese Versuche ändern jedoch nichts an der Autonomie der Elemente, eine Autonomie nicht im Sinne einer absoluten (losgelösten) Freiheit, die gibt es nicht, sondern eine Autonomie im Sinne eines Spielraums der Möglichkeit, eigenen (autós) Gesetzen (nómos) zu folgen. Diese Gesetze reichen exakt so weit, wie sie dazu taugen, nach Verbindungen zu suchen und sie zu pflegen beziehungsweise bei Bedarf abzubrechen.

Der Begriff der Kommunikation beschreibt Verknüpfungen dieses Typs. Unabhängige Elemente lassen sich auf Beziehungen der Abhängigkeit ein und entdecken, dass ihre Unabhängigkeit davon abhängig ist, welche Abhängigkeiten sie akzeptieren. Die Abhängigkeit schließt die Unabhängigkeit nicht aus, und ebenso wenig umgekehrt, sondern beide stehen in einem wechselseitigen Verhältnis der Steigerung. Dieses Paradox der Kommunikation beherrscht bereits die moderne Gesellschaft. Bereits die moderne Gesellschaft hat mit Ideen wie jenen der Individualisierung des Individuums, der prinzipiellen Unbekanntheit der Zukunft und der ökologischen Komplexität der Dinge Denkfiguren der Kombination von Abhängigkeit und Unabhängigkeit entwickelt, ohne die eine auch nur halbwegs voraussetzungsreiche Kommunikation, nämlich jene, die parallel zu ihren Festlegungen auch dafür sorgt, dass sie offen bleibt, nicht möglich wäre. Das Geld wird dafür immer wieder als Paradigma genannt. Eine Geldsumme ist in ihrer Höhe bestimmt und in ihrer Verwendung unbestimmt. Andere Institutionen sind jedoch mindestens ebenso wichtig. Ein Individuum kann sich entscheiden, wie es will, muss sich aber irgendwann entscheiden. Eine Information ist in ihrem Inhalt (je nach Perspektive) bestimmt, in ihrem Nutzen oder ihrer Verwendung unbestimmt. Eine Theorie beansprucht wissenschaftliche, methodisch und empirisch prüfbare und ablehnbare

Wahrheit; ob sie deswegen auch in Handlungsprämissen übernommen wird, bleibt offen. Eine Organisation ist nichts anderes
als eine Festlegung von Entscheidungsabläufen; aber indem sie
Entscheidungen trifft, ruft sie die Möglichkeit von Alternativen auf
den Plan. All dies sind Dynamiken, die sich dem Paradox der
Kommunikation verdanken. Sie sind weder kausal noch zufällig
bestimmt, sondern durch ihre eigene Struktur determiniert.

Der springende Punkt ist, dass sich diese Dynamik perfekt in
das Muster statistischer Korrelationen fügt und dass elektronische Medien dieses Muster perfekt zu bedienen und auszunut-
zen verstehen. Das gilt nicht nur für den Computer und alles, was
an Hardware und Software mit ihm zusammenhängt. Das gilt
bereits für das Fernsehen, den Rundfunk und das Kino, die allesamt einer strukturellen Logik folgen, die man im Buchdruck
zuvor allenfalls aus dem Essay kannte. Der Essay, kultiviert von
Montaigne und theoretisch bestimmt als kritische Form schlechthin,[66] orientiert sich an einer Idee der Wechselwirkung, so
Adorno, die kein vorgängiges Ganzes, keine vorgängigen Elemente, keinen vorgängigen Anfang und kein vorgängiges Ende
kennt. Er operiert im Medium der Differenziertheit, entdeckt Kultur in der Natur und Natur in der Kultur. Wie will man im Fernsehen eine noch so eindringliche Wahrnehmung von Realität von
deren selektivem Zuschnitt trennen? Wie kann man im Radio
eine noch so prägnante Stimme vom Mikrofon trennen, vor dem
sie sich inszeniert? Was ist das Kino anderes als eine Technik
des Schnitts, die den Schnitt vergessen macht? Aber man
braucht den literarischen, den literarisierenden Abstand, um das
jeweils zu erkennen. Nur wer den Essay kennt und reflektiert,
erkennt die abenteuerliche Freizügigkeit der elektronischen Medien. Es ist daher wohl kaum ein Zufall, dass die nachmoderne
Medienkritik – nicht nur in Deutschland, aber dort hat es Georg

---

66 Theodor W. Adorno, »Der Essay als Form«, in: ders., *Noten zur Lite-
    ratur I*, Frankfurt am Main 1958, S. 9-49.

Stanitzek nachgewiesen[67] – ausgerechnet im Medium des Essays startet, bevor sie irgendwann auch die Medienwissenschaften erreicht.

Ich frage nach der Kulturform der nächsten Gesellschaft. Das Konzept der Kulturform hat Niklas Luhmann nicht ohne ironische Absicht eingeführt.[68] Luhmann glaubte nicht an die Möglichkeit einer begrifflich notwendig vage operierenden Kulturtheorie, hat jedoch mit dem Begriff der Kulturform nicht etwa ein Oxymoron auf den Punkt gebracht, sondern einen entscheidenden Schritt zur Kombination von begrifflicher Präzision und empirischer Vagheit, empirischer Eindeutigkeit und begrifflicher Offenheit, fast könnte man sagen: zur Entwicklung essayistischer Strenge, vorgeschlagen. Der Formbegriff stammt von George Spencer-Brown und formuliert exakt das, was wir hier brauchen:[69] den Zusammenhang des Unterschiedenen, den Einschluss des Ausgeschlossenen, die Unterscheidung zwischen Bestimmtheit und mitlaufender Unbestimmtheit, die Möglichkeit der Wiedereinführung des Unterschieds in das Unterschiedene und mit all dem die zwangsläufig unbestimmte Rolle eines sich dennoch zwangsläufig selbst bestimmenden Beobachters. Eine Kulturform ist die Verdichtung eines Sinnüberschusses in eine Denkfigur, eine Idee, eine Vorstellung, die eine ganze Gesellschaft zu kultivieren vermag, weil sie einen Zusammenhang stiftet, der sich auflöst, sobald man genauer hinschaut. Wenn es gelänge, eine Kulturtheorie der Gesellschaft zu formulieren, so müsste sie, so Luhmann, auf die Bestimmung der Kulturform einer Gesellschaft hinauslaufen. Die Ironie dieses Vorschlags hat Luhmann markiert, indem er dieses eine Mal in seinem gesamten Werk große

---

[67] Georg Stanitzek, *Essay – BRD*, Berlin, 2011; siehe auch Jan-Frederik Bandel, Annette Gilbert und Tania Prill (Hrsg.), *Unter dem Radar: Underground- und Selbstpublikationen 1965-1975*, Leipzig, 2017.

[68] Luhmann, *Die Gesellschaft der Gesellschaft*, Abschnitt 2. XIV.

[69] Spencer-Brown, *Laws of Form*.

Autoren für die Formulierung evolutionärer Errungenschaften verantwortlich macht. Große Autoren unterliegen in allen anderen Zusammenhängen dem Verdacht, vom sozial brauchbaren Mainstream allzu sehr abzuweichen. Eben darin liegt ihre Größe. Und eben deswegen sind sie zum Verständnis dessen, was der Alltag einer Gesellschaft leistet und benötigt, nicht brauchbar. Im zitierten Abschnitt jedoch zögert Luhmann nicht, Aristoteles die Formulierung der Kulturform der antiken Schriftkultur und Descartes die Formulierung der Kulturform der modernen Buchdruckgesellschaft zuzuschreiben. Auf Spekulationen zur Kulturform der tribalen Gesellschaft verzichtet Luhmann. Naturgemäß würde es hier schwerfallen, einen Autor zu nennen, doch wenn man sich überlegt, welche Idee zuverlässig den Referenzüberschuss der Sprache »vergleichend unter Kontrolle« bringt, so Luhmanns Formulierung für die Kulturform im Allgemeinen, so kommt wohl am ehesten die Grenze in Frage. Denn die Grenze zwischen Dorf, Garten und Urwald, zwischen den Häusern der Ältesten und den Häusern des Volks, zwischen den Plätzen der Männer und den Plätzen der Frauen, ist es am ehesten, die die Stammesgesellschaft in jenem Sinne kultiviert, dass sie dazu einlädt, immer beide Seiten zu bedenken und aufeinander zu beziehen. Man müsste die ethnologische Forschung ausgiebiger zu Rate ziehen, doch ist das hier nicht das Thema.

Eine Kulturform ist die Verdichtung des Sinnüberschusses eines neu auftretenden Verbreitungsmediums auf eine bestimmte wiedererkennbare Einheit des Sinns aller gesellschaftlichen Mögllchkeiten des Handelns und Erlebens. Luhmann spricht auch von einem »Kondensat« des tatsächlichen und möglichen Gebrauchs *aller* Medien der jeweiligen Gesellschaft im Spiegel des katastrophal neu auftretenden Mediums. Und er spielt diese Idee an den drei letzten Medienepochen durch.

Aristoteles setzt der Explosion der Zeithorizonte und Symbole im Medium der Schrift die Idee des Telos entgegen.[70] Telos ist Ziel und Grenze, aber vor allem angemessener Platz. In dieser Idee kommt eine kosmologische, im besten Sinne auch ökonomische, das Haus ordnende, Vorstellung zum Abschluss, der gemäß Psyche, Oikos, Polis und Kosmos inmitten einer korrupten Welt Perfektionszustände erreichen können, in denen seinen Platz findet, was, gemessen an Herkunft, Ehre und Geschick, seinen Platz verdient. Diese Kulturform der Gesellschaft wird parallel zur Strukturform der Ständegesellschaft entwickelt, erprobt und bewährt und erfüllt den doppelten Zweck, den Gebrauch der Schrift sowohl zu beschränken als auch zu ermöglichen. Die Strukturform sichert die Verbreitung, die Kulturform die Eingrenzung des neuen Mediums im Kontext aller anderen gesellschaftlichen Möglichkeiten der Kommunikation.

Analog verweist Luhmann auf Descartes, dessen Philosophie einer unruhigen Selbstreferenz des Bewusstseins für die moderne Buchdruckgesellschaft eine Kulturform bereithält, die nicht mehr von Perfektion, sondern von Perfektibilität spricht, und die nicht mehr den angemessenen Platz im Leben, Denken und Sein anstrebt, sondern die Aufrechterhaltung einer prekären Balance, so wie sie der lesende und Texte vergleichende Montaigne am Beispiel seiner wankelmütigen Meinungen bereits beobachtet hat.[71] Das unruhige und selbstreferentielle Gleichgewicht wird, so Luhmann, zur Kulturform der Moderne. Es spiegelt alle Medien des Erfolgs wie der Verbreitung, der Mündlichkeit, Bildlichkeit, Schriftlichkeit und Musik in der Erfahrung eines Buchdrucks, der, wie gezeigt, nicht nur zum kritischen Vergleich, sondern auch zur Bestimmung der je individuellen Perspektive

---

[70] Aristoteles, *Metaphysik*, 994b.

[71] René Descartes, *Meditationen über die Erste Philosophie*, 1641, dt. Stuttgart 1986; und vgl. Michel Montaigne, »Apologie für Raimond Sebond«, in: *Essais*, 1580, dt. Frankfurt am Main 1998, S. 217-300.

zwingt. In dieser Form informiert die Idee des unruhigen und selbstreferentiellen Gleichgewichts nicht nur das Individuum, sondern auch die Funktionssystems und Organisationen der modernen Gesellschaft. Politikwissenschaftler sprechen vom Gleichgewicht der Kräfte, Ökonomen vom Gleichgewicht von Angebot und Nachfrage nicht etwa, weil sie an die Existenz von Gleichgewichtspunkten glauben, sondern weil sie beobachten, dass Gleichgewichte rein theoretisch (a) die Dinge extrem störanfällig machen, da ein Gleichgewicht durch kleinste Bewegungen aus der Balance zu bringen ist, jedoch (b) die Dinge auch robust machen, da es nach jeder Störung Tendenzen gibt, das Gleichgewicht wieder zu erreichen. Die Systeme der Politik, der Wirtschaft, aber auch des individuellen Bewusstseins und wo auch immer solche Ideen erfolgreich eingeführt werden können, werden fehlerfreundlich: Sie machen Fehler und sie überleben Fehler. Die Zustände der Welt sind nicht mehr nach korrupt und perfekt zu unterscheiden, sondern irgendwo dazwischen, prinzipiell korrumpierbar und perfektibel. So lässt sich die Moderne aushalten.

Luhmann hat im zitierten Abschnitt auch bereits Überlegungen zur Kulturform der nächsten Gesellschaft (er verwendet diesen Terminus nicht) angestellt. Den durch die Einführung und Durchsetzung elektronischer Medien im Allgemeinen und des Computers im Besonderen produzierten Sinnüberschuss bringt er auf den Begriff der »Beschleunigung von Kontrolloperationen« und, an anderer Stelle, der gesteigerten Konnektivität. Das gilt, wenn es gilt, das heißt gelingt, auf beiden Seiten, auf Seiten der Computer und auf Seiten der ihre Verwendung akzeptierenden, verbreitenden Gesellschaft. Luhmann bringt hier keinen dritten Autor ins Spiel, aber er formuliert einen Kandidaten für eine mögliche Kulturform. Denkbar sei in einer Gesellschaft, die auf elektronische Medien reagiert wie zuvor die moderne Gesellschaft auf den Buchdruck, eine »bessere und raschere Organisation von Komplexität«. Welchen »großen Autoren« könnte man diese

Idee zuschreiben? Claude E. Shannon hat die Idee formuliert, dass eine Information nur relational (nicht substantiell) bestimmt werden kann: als Verhältnis einer Nachricht zu einem Auswahlbereich möglicher Nachrichten.[72] Dieser Auswahlbereich ist im Fall des technischen Signalaustauschs, von dem Shannon handelte, durch eine Alphabet verwendbarer Zeichen bestimmt, im Fall sozialer Kommunikation, für den man die Theorie Shannons verallgemeinern kann,[73] jedoch unbestimmt und nur kontextuell, situativ, konstruktiv und kontingent bestimmbar. John von Neumann hat mit seiner Automatentheorie die Idee einer zuverlässigen Systembildung aus unzuverlässigen Komponenten formuliert.[74] Gregory Bateson hat sowohl die Information als Unterschied, der einen Unterschied macht, als auch das Spiel als Wiedereinführung des Unterschieds in den durch den Unterschied bestimmten Raum formuliert.[75] George Spencer-Brown käme mit seinem Konzept der Form in Frage, ebenso Heinz von Foerster mit seiner Einladung, bei allen Aussagen den Beobachter zu berücksichtigen, der sie trifft, wie auch seiner Anregung, soziale Interaktion auf der Ebene der Beobachtung zweiter Ordnung zu formulieren.[76] Gotthard Günthers Arbeit an einer ebenso mehrwertigen wie operationsfähigen Dialektik der Annahme, Ablehnung und des Austausches von Werten[77] wäre ebenso zu

---

[72] Shannon/Weaver, *Mathematical Theory of Communication*.

[73] Siehe Dirk Baecker, *Form und Formen der Kommunikation*, Frankfurt am Main 2005.

[74] John von Neumann, »Probabilistic Logics and the Synthesis of Reliable Organisms from Unreliable Components«, in: Claude E. Shannon und John McCarthy (Hrsg.), *Automata Studies*, Princeton, NJ 1956, S. 43-98.

[75] Gregory Bateson, *Steps to an Ecology of Mind*, New York 1972.

[76] Heinz von Foerster, *Wissen und Gewissen: Versuch einer Brücke*, dt. Frankfurt am Main 1993.

[77] Gotthard Günther, *Beiträge zur Grundlegung einer operationsfähigen Dialektik*, 3 Bde., Hamburg 1976, 1979, 1980.

berücksichtigen wie Humberto R. Maturanas und Francisco J. Varelas Werben für die Idee der operationalen Geschlossenheit von Systemen, die sich im Netzwerk ihrer Elemente autopoietisch reproduzieren.[78] Und nicht zuletzt käme Niklas Luhmann selbst in Frage, dessen Idee temporalisierter selbstreferentieller Systeme wie keine andere in der Lage ist, zu beschreiben, wie sowohl die moderne Gesellschaft als auch jene, die auf sie folgt, ihre Komplexität organisieren.

So oder so kann man festhalten: Komplexität bedeutet Selektivität; Komplexität formatiert Unzuverlässigkeit; Komplexität verknüpft Unterschiede, die Unterschiede machen; Komplexität hat die Form des Einschlusses des Ausgeschlossenen, des Zusammenhangs des Unterschiedenen; Komplexität unterstützt die operationale Mehrwertigkeit der wechselseitigen Annahme und Ablehnung von Operationen der Verknüpfung; Komplexität hat Raum für Systeme ebenso wie für Netzwerke; und Komplexität zwingt zu einer Art Selbstreferenz, die darin besteht, dass Systeme sich nur ausdifferenzieren und reproduzieren können, wenn sie immer wieder auch auf sich selbst zurückkommen, was immer das heißt (ich komme darauf zurück). Wem gebührt die Palme des Autors einer Kulturform der nächsten Gesellschaft?[79] Ich will das nicht entscheiden, möchte jedoch dafür plädieren, in der Nachfolge von Telos und Gleichgewicht die Idee der Komplexität als Kulturform der nächsten Gesellschaft zu erproben.

Die Idee der Komplexität passt zur Paradoxie der Kommunikation der wechselseitigen Steigerung von Abhängigkeit und Unabhängigkeit und sie passt zum Erfolg der statistischen Methodologie der Erforschung von Korrelationen im blinden

---

[78] Humberto R. Maturana und Francisco J. Varela, *Autopoiesis and Cognition: The Realization of the Living*, Dordrecht 1980.

[79] Im Aufsatz »Niklas Luhmann in der Gesellschaft der Computer« (*Merkur* 55, Heft 7 (2001), S. 597-609) rege ich ein Preisausschreiben zur Beantwortung dieser Frage an.

Fleck der Unterscheidung von Kausalität und Zufall. Sie passt überdies zur rastlosen Indifferenz und damit Plastizität der elektronischen Medien in Fragen der Erfassung und Verarbeitung von Daten. Vor allem jedoch passt sie zu einem wachsenden Bewusstsein von der Heterogenität der Systemreferenzen, die im Netzwerk der nächsten Gesellschaft zu je individuellen Ereignissen, Aktivitäten und Profilen kombiniert werden. Mit einer vermutlich nur geringfügigen Übertreibung könnte man sagen, dass die nächste Gesellschaft kulturell dort ganz bei sich selbst ist, wo sie Dinge, Personen, Momente miteinander kombiniert, die nichts miteinander zu tun haben, soll heißen: die sich aus einer weitgehenden Unabhängigkeit heraus auf Beziehungen der Abhängigkeit einlassen. Gegenläufig zum Netzwerk läuft Komplexität, verstanden als kulturelle Form, darauf hinaus, die Faktizität und Möglichkeit einer Verknüpfung körperlicher, mentaler, sozialer und technischer Operationen als solche und als Überraschung oder uralte Bestätigung zu feiern: Einheit einer Vielfalt, Vielfalt von Einheit.[80]

Eine Kulturform arbeitet so ähnlich wie ein Wirtschaftsstil, wie ihn Bertram Schefold aus Studien einer Kulturwissenschaft rekonstruiert, die sich im 19. Jahrhundert und frühen 20. Jahrhundert noch für Zusammenhänge von Wirtschaft, Kultur und Gesellschaft interessierte und gegenwärtig in Arbeiten von Birger P. Priddat, Michael Hutter, Joseph Vogl und anderen wieder eine Renaissance erlebt.[81] Stil heißt, dass bestimmte körperliche

---

[80] Siehe auch Paul Cilliers, *Complexity and Postmodernism: Understanding Complex Systems*, London 1998.

[81] Bertram Schefold, *Wirtschaftsstile, Bd. 1: Studien zum Verhältnis von Ökonomie und Kultur* und *Bd. 2: Studien zur ökonomischen Theorie und zur Zukunft der Technik*, Frankfurt am Main 1994 und 1995. Und vgl. Birger P. Priddat, *Economics of Persuasion: Ökonomie zwischen Markt, Kommunikation und Überredung*, Marburg 2015; Michael Hutter, *Ernste Spiele: Geschichten vom Aufstieg des Ästhetischen Kapitalismus*, München 2015; Joseph Vogl, *Der*

Geschicklichkeiten, mentale Dispositionen, soziale Gelegenheitsstrukturen und technische Ressourcen auf eine historisch und regional unverwechselbare Weise zusammentreffen und gemeinsam kultiviert werden. Stil heißt auch, das macht das Konzept so fruchtbar und zugleich kulturaffin, dass dafür keinerlei Notwendigkeit besteht. Stile sind so kontingent wie Kulturformen und bewähren sich nur, wenn sie sich bewähren. Werner Sombart hat in diesem Sinne verschiedene Wirtschaftsstile von Unternehmern und Gründern, Ketzern und Fremden, Abenteurern und Ingenieuren identifiziert, die für den Aufstieg des Kapitalismus erfolgreich waren.[82] Max Weber hat in seinen religionswissenschaftlichen Studien den Beitrag von Religionen zur Prämierung bestimmter Optionen wirtschaftlichen Verhaltens beschrieben und dabei insbesondere den Zusammenhang von Protestantismus, Bereitschaft zum Aufschub und Präferenz für akkumulierendes Wirtschaften betont.[83] Von Otto Brunner stammt eine noch heute maßgebende Beschreibung der Hauswirtschaft.[84] Alfred Müller-Armack verstand die Soziale Marktwirtschaft als Wirtschaftsstil eigenen Rechts, nachdem sich seine Erwartungen an den Nationalsozialismus, Wirtschaft staatlich zu ordnen, nicht erfüllt hatten.[85] Und noch Joseph Alois Schumpeter bestimmt die »schöpferische Zerstörung« nicht nur als hinzunehmendes Ergebnis marktwirtschaftlicher Konkurrenz,

---

Souveränitätseffekt, Berlin 2015.

[82] Werner Sombart, *Der moderne Kapitalismus: Historisch-systematische Darstellung des gesamteuropäischen Wirtschaftslebens von seinen Anfängen bis zur Gegenwart*, 3 Bde., 1916–1927, München 1987.

[83] Max Weber, *Gesammelte Aufsätze zur Religionssoziologie*, 3 Bde., 1921, Tübingen 1988.

[84] Otto Brunner, »Das ›ganze Haus‹ und die alteuropäische ›Ökonomik‹«, in: ders., *Neue Wege der Verfassungs- und Sozialgeschichte*, 2. Aufl., Göttingen 1968, S. 103-127.

[85] Alfred Müller-Armack, *Studien zur sozialen Marktwirtschaft*, Köln 1960.

sondern zugleich als unternehmerische Disposition, sozial legiti-
mierte Form und Ergebnis technischen Fortschritts.[86] Die Komplexität liegt darin, dass hier zusammenkommt, was nicht
zusammen kommen muss.

Komplexität dieser Art ist demnach nicht neu, sondern ganz
im Gegenteil eine beschreibbare Eigenschaft jeder Gesellschaft
und ihrer wirtschaftlichen und sonstigen (politischen, familiären,
religiösen, künstlerischen etc.) Formationen und Institutionen,
doch in der nächsten Gesellschaft wird sie zur reflektierten und
praktizierten Kulturform der Auseinandersetzung mit elektronischen Medien. Die Idee der Komplexität wird stark gemacht, weil
sie es ermöglicht, sich eine Kontrolle der Kontrolle unter Bedingungen der Unmöglichkeit von Kontrolle vorzustellen. Komplexität ist überall dort der Fall, wo Freiheitsgrade nicht etwa in Kauf
genommen, sondern eingebaut und gefördert werden, um
Abhängigkeiten kultivieren zu können. Ergebnisse einer Such-
recherche werden akzeptiert, weil sie als Auswahl aus einer tendenziell endlosen Reihe weiterer Ergebnisse präsentiert werden.
Die Timeline eines Accounts in einem digitalen Netzwerk ist
attraktiv, weil und solange sie überrascht und auf Weiteres, inklusive der Prinzipien der Auswahl, neugierig macht. Videospiele
sind in der Hinsicht komplex, dass sie ein Spiel mit seinen Aufgaben ebenso wie mit seiner Grafik, seinen Programmen und
weiteren Mitspielern sind. Jede Datenbank ist gewollt oder unge-
wollt komplex, weil man sich bei jeder Abfrage fragen kann, wer
welche Daten aus welchen Gründen in welchem Format dort eingetragen hat. Die Kontrollbildschirme in Börsen, Industrieanla-
gen, Kraftwerken, militärischen Einsatzzentralen und so weiter
sind komplex, weil sie mit Maschinen vernetzt sind, die Information verarbeiten und deren Sensoren man so wenig durchschaut
wie ihre Programme. Und dennoch muss man sich auf sie

---

[86] Joseph Alois Schumpeter, *Kapitalismus, Sozialismus und Demokratie*, 1942, dt. Tübingen 1987, S. 134ff.

verlassen. Eine digitale Plattform ist komplex, weil sie Schnittstelle und Nutzer, System und Programm, Bühne und Regelwerk, Standard und Abweichung, Zentrum und Peripherie zugleich ist.[87] Komplexität ist in allen diesen und weiteren Fällen kein hinzunehmendes Ergebnis technischer Einfälle, sondern eine kultivierte und kultivierende Betriebsbedingung. Der Nutzer lässt sich kontrollieren, weil er selbst Kontrollmöglichkeiten hat. Auf beiden Seiten ist eine eindeutige und zuverlässige, Ursache und Wirkung bestimmende Kontrolle unmöglich. Und genau das, so meine These, ist nicht nur die kulturelle Bedingung des Umgangs mit elektronischen Medien, sondern wird zum kulturellen Merkmal der nächsten Gesellschaft schlechthin stilisiert.

Komplexität wird zur Kulturform der nächsten Gesellschaft auch deswegen, weil sie die Faszination der Phänomene bündelt, für die man sich gegenwärtig am meisten interessiert. Nicht nur die unsichtbaren Maschinen und ihre Algorithmen, sondern auch Gehirn, Bewusstsein und Körper der Menschen, Interaktion, Organisation und Gesellschaft faszinieren, weil sie komplex sind und weil diese Komplexität nicht etwa beherrscht werden muss, sondern weil sie als Komplexität vorausgesetzt werden darf, ja muss, will man auch nur die einfachste Schnittstelle zwischen diesen Phänomenen verstehen. Kulturell hat sich die nächste Gesellschaft auf Entdeckungen eingelassen, die für jede frühere Gesellschaft vielleicht vorstellbar, aber nicht belegbar gewesen wären. Es ist kein Zufall, dass ausgerechnet im Rahmen des Interesses an, ja des Respekts vor Komplexität alte Weisheitslehren der Chinesen, Indianer oder Kirchenväter wieder ausgegraben werden, die bereits davon handelten, wie mit dem Unverfügbaren, Unkontrollierbaren umzugehen ist.[88] Dennoch, der neurowissenschaftliche Beleg der operationalen

---

87 Benjamin H. Bratton, *The Stack: On Software and Sovereignty*, Cambridge, MA 2015, S. 41ff.

88 Siehe nur François Jullien, *Über die Wirksamkeit*, 1996, dt. Berlin 1999.

Geschlossenheit des Gehirns, erstmals von Johannes Müller formuliert, die psychoanalytische Entdeckung des Unbewussten, von Sigmund Freud ausgearbeitet, die Bindung der körperlichen Anpassungsfähigkeit des Menschen an die Aufrechterhaltung innerer, nicht etwa äußerer Gleichgewichte, von Walter B. Cannon beschrieben (»bodies made of extraordinarily unstable material«), und nicht zuletzt die Entdeckung eines Typs sozialer Korrelation, der ohne Negativität auskommt, wie sie Gilbert Simondon für technische Objekte formuliert hat, sind ebenso viele Entdeckungen von Komplexität, die nicht mehr als Einschränkung, sondern als Voraussetzung eines wählbaren und gestaltenden Umgangs mit der Welt gelten.[89]

Nach wie vor gilt, dass Komplexität im Sinne der scholastischen Tradition als Einheit einer Vielfalt ebenso wie Vielfalt einer Einheit definiert werden kann. Luhmann hat immer wieder darauf hingewiesen, dass dies eine Menge von Elementen voraussetzt, deren Zahl und unterschiedliche sowie veränderbare Verbindungen untereinander ausschließen, dass jedes Element mit jedem anderen Element verknüpft werden kann. Damit werden Selektivität der Verknüpfung (inklusive der Identitätsfindung jedes einzelnen Elements), Kontingenz und Risiko endemisch.[90] Angeblich hatte die hellenistische Mathematik eines Diophantus bereits Ähnliches im Sinn, als man Zahlenpaare entdeckte, in denen zwei Zahlen aufeinander angewiesen sind, aber nicht aufeinander reduziert werden können.[91] Komplexe Zahlen umfassen neben den reellen auch die imaginären, etwa $i = -1 = 1$. Komplexität ist

---

[89] Siehe Johannes Müller, *Handbuch der Physiologie des Menschen*, Coblenz 1833; Sigmund Freud, *Traumdeutung*, 1900, Frankfurt am Main 1991; Walter B. Cannon, *The Wisdom of the Body*, New York 1932, Zitat S. 19; Gilbert Simondon, *Die Existenzweise technischer Objekte*, 1958, dt. Zürich 2012.

[90] Niklas Luhmann, *Soziale Systeme: Grundriß einer allgemeinen Theorie*, Frankfurt am Main 1984, S. 47.

[91] John Stillwell, *Mathematics and Its History*, New York 2002, S. 383f.

demnach mathematisch ohne Oszillation nicht zu haben. Diese Idee wird zur Kulturform der nächsten Gesellschaft, das eine nie ohne ein anderes zu denken, das mitläuft, widerspricht und ergänzt. Für elektronische Medien – man kann es nicht häufig genug sagen: angefangen mit Kino, Radio und Fernsehen – ist das das ideale Terrain.

Hat Luhmann die Idee der Kulturform nicht ohne ironische Distanz entwickelt, so steht er umso überzeugter zur Idee einer Form der Differenzierung oder Strukturform der Gesellschaft, die ebenfalls eine Form der Bewältigung des Überschusssinns der Kommunikation aus neu eingeführten Verbreitungsmedien der Kommunikation ist. Das Skelett der sich daraus ergebenden Medientheorie der Gesellschaft lässt sich tabellarisch wie folgt darstellen:

	tribale Gesellschaft	antike Gesellschaft	moderne Gesellschaft	nächste Gesellschaft
Überschusssinn	Referenzüberschuss der Sprache	Symbolüberschuss der Schrift	Kritiküberschuss des Buchdrucks	Kontrollüberschuss der elektronischen Medien
Strukturform	Stamm	Schicht	Funktionssysteme	Netzwerk
Kulturform	Grenze	Telos	Gleichgewicht	Komplexität

Jede der folgenden Thesen erweitert die Tabelle um eine Zeile. Die gesamte tabellarische Übersicht findet sich im Anhang zu diesem Buch.

4. ZEIT, ZERFALL UND WIEDERAUFBAU

Die Zeit der nächsten Gesellschaft ist nicht mehr die der ewigen Wiederkehr noch die eines sich erfüllenden Schicksals oder gar des Fortschritts. Stattdessen handelt es sich um eine Zeit des Zerfalls, der Entropie, als Voraussetzung des Aufbaus einer vorübergehenden Ordnung, einer Negentropie.

Jede Medienepoche hat ihre mediale Urszene. Diese mediale Urszene ist so etwas wie die Einheit der Differenz von Strukturform und Kulturform der Gesellschaft. Sie ruft das Ganze der Gesellschaft auf, um es lokal, situativ und individuell zu bewähren, und erprobt lokal, situativ und individuell eine Form, die für das Ganze der Gesellschaft stehen kann. Gemäß Parsons' AGIL-Formel ist die Urszene Anpassung an die Herausforderungen der Umwelt, Bestätigung der teleonomischen Struktur aller Beteiligten, integrativer Verweis auf den Rest der Gesellschaft und Vergewisserung eines verteidigungsfähigen Wertes zugleich. In der Stammesgesellschaft ist dies die Floskel, die Formel, das Mantra, das wiederholbare, mit ritueller Kraft ausgestattete Wort. Man spürt das noch heute. Die im richtigen Moment ausgesprochene Floskel der Beruhigung oder Bestätigung, der Aufforderung oder Verweigerung, der Erinnerung oder Rückfrage, des Trosts oder der Kriegserklärung ergreift Körper und Geist, klärt eine Situation und orientiert über alles Folgende. Die Floskel ist keine Floskel. Sie schafft und ist ihre eigene Wirklichkeit. Daran orientieren sich Gestik, Mimik und alle anderen im Verhältnis dazu eher unwahrscheinlichen Sätze, die an der Situation und in der Situation arbeiten, Abweichungen aufgreifen und berücksichtigen und sich in der Floskel wieder beruhigen.

In der Schriftgesellschaft ist diese Urszene der verbreitete Eindruck, dass das dauernde Abschreiben der alten Schriften diese verdirbt, weil jede Kopie mehr Fehler enthält als die vorherige. Wer wirklich wissen will, was gemeint ist, muss zurück an den Ursprung und die Originale zur Hand nehmen. In der modernen Buchdruckgesellschaft dreht sich dieser Eindruck um, prominent geworden in der Querelle des Anciens et des Modernes Ende des 18. Jahrhunderts an der Académie française. Man hält die neuen Texte für besser als die alten, weil mehr und mehr Fehler durch den kritischen Vergleich der Texte und Ausgaben korrigiert werden konnten. In der Schriftgesellschaft kann ein gelungenes Buch nur eine Erinnerung an die verlorenen Wahrheiten der Alten sein, in der Buchdruckgesellschaft ist ein gelungenes Buch ein Fortschritt gegenüber allen anderen.

Ein möglicher Kandidat für die mediale Urszene der nächsten Gesellschaft ist die Bildsequenz oder Bildwiederholrate, mit der die Punkte (Pixel) auf einem Bildschirm aufgebaut und wieder abgebaut werden. Besonders eindrucksvoll sieht man das auf einem Radardisplay, auf dem die sich drehende Antenne in eine sich auf dem Bildschirm drehende Linie (sweep) übersetzt wird, die die gefundenen Objekte anzeigt und bis zur nächsten Drehung wieder dunkel werden lässt, abhängig von einer einstellbaren Nachleuchtdauer. Aber auch die Kinoleinwand, der Radiosender, der Fernseher und die Hardware des Computers arbeiten nach diesem Prinzip des Aufbaus, Zerfalls und Wiederaufbaus nicht nur der Bildschirme oder sonstigen Ausgabegeräte, sondern aller elektronischen Bauteile. Wenn der Fluss der Elektrizität nicht für eine dauernde Reaktivierung der Impulse sorgt, ist die Sache vorbei. Doch für die Reaktivierung braucht es das Verklingen. Man muss sich eine Turing-Maschine vorstellen, die nicht nur liest, löscht und schreibt, sondern nur lesen, löschen und schreiben kann, weil das Band sich dauernd auflöst und sich nur durch das Lesen, Löschen und Schreiben erhalten kann. Das ist John von Neumanns Automat in einer nicht nur unzuverlässigen, sondern zuverlässig zerstörerischen Umgebung. Kein dauernder Anfang ohne ein dauerndes Ende. Für das Kino ist dies nicht zuletzt von Jean-Luc Godard oder Alexander Kluge vielfach reflektiert worden,[92] die beide versucht haben, den Schnitt zwischen den Bildern als schwarzen Balken so sichtbar zu machen wie die Bilder selbst.

Diese Urszenen haben allesamt einen deutlichen Bezug zur Zeit. Deswegen habe ich sie hier aufgelistet. Die Urszene der tribalen Gesellschaft lebt von der ewigen Wiederkehr desselben. Die Floskel bestätigt, was immer schon gesagt worden ist, jetzt gesagt werden kann und immer wieder gesagt werden wird. Was könnte wirklicher sein? Was wäre zum einen mit dem Lauf der Sonne besser abgestimmt und zum anderen besser vorbereitet auf die vielen Störungen, die ausgependelt werden müssen und können? In der Floskel, und sei es ein einfaches Nicken, findet die Stammesgesellschaft die Einheit ihres zeitlichen Ablaufs. In der Schriftgesellschaft hat man es mit der Zeit von Vergangenheit, Gegenwart und Zukunft zu tun. Die tägliche Erfahrung der Korruption der Verhältnisse steht hier gegen die Behauptung der Herrschaftsordnung einer sozialen Schichtung, die ihre familiären, dynastischen Ursprünge hat und in alle Zukunft erhalten bleiben soll. Die Gegenwart steht im Dienst einer Zukunft, die einer Vergangenheit verpflichtet ist. In diesen schicksalhaften Lauf der Zeit wird eine Geschichte eingebettet, die im Gegensatz zur Wiederkehr desselben mit Veränderung rechnet, die Veränderung jedoch mit immer neuen Ursprungserzählungen wieder einholt in die mehr oder minder göttliche Ordnung. Und in der Buchdruckgesellschaft ist die Vorstellung der immer besseren Bücher eingebunden in einen Zeitpfeil, der eindeutig in Richtung Zukunft zeigt und jede Unvollkommenheit der Gegenwart nicht nur auszuhalten erlaubt, sondern die aufgeklärtere, die gerechtere, die effektivere und effizientere Gestaltung der Verhältnisse

---

[92] Siehe Jean-Luc Godard, *Einführung in eine wahre Geschichte des Kinos*, 1980, dt. Frankfurt am Main 1984; und Alexander Kluge, *Bestandsaufnahme: Utopie Film. Zwanzig Jahre neuer deutscher Film/Mitte 1983*, Frankfurt am Main 1983.

täglich einfordert. Vom Aufklärer über den Wohlfahrtspolitiker bis zum Betriebswirt hat diese Moderne ihre Figuren gefunden, die jeden denkbaren Zustand als suboptimal im Vergleich mit einem besseren Zustand beschreiben und, was sein muss, muss sein, behandeln können.

Die Zeitvorstellung der nächsten Gesellschaft ist der laufende Zerfall als Voraussetzung für alles andere. Das ist nicht so neu, wie es sich anhört. Eine nur im Medium der Mündlichkeit operierende Gesellschaft kennt das Verklingen der Worte, kaum geäußert. Die im Medium der Schrift operierende Gesellschaft kennt den Verderb der Originale. Und die im Medium des Buchdrucks operierende Gesellschaft arbeitet selbst daran, das Gegenwärtige mit Blick auf eine mögliche Zukunft für schlecht zu halten und auf seinen Untergang vorzubereiten. Oft genug übersieht man dabei jene Logik des Sinns, die Gilles Deleuze in einem Buch gleichen Titels auf den Begriff der Paradoxie der beiden Sinn-Richtungen gebracht hat.[93] Wer etwas zu verbessern beabsichtigt, erklärt es für schlecht. Wer etwas vermehrt, verringert es im Verhältnis zu dem, was es sein wird. Wer altert, wird immer jünger, soll heißen: blickt auf immer mehr Jahre zurück, in denen er jünger war. Eine Wachstumsgesellschaft macht sich selbst ärmer. Und so weiter. Die moderne Gesellschaft kennt den Zerfall, den sie als Rückstoß ihrer Fortschrittsideologie selbst produziert und in den alle Unfälle, Katastrophen, Kriege, die sie erlebt, problemlos eingebettet werden können. Jeder historische Schrecken bestätigt, was man immer schon wusste: Es muss besser werden und es kann besser werden.

Der Zerfall als Zeitvorstellung der nächsten Gesellschaft hat jedoch eine weitere und andere Dimension. In der nächsten Gesellschaft ist der Zerfall die der Strukturform des Netzwerks und der Kulturform der Komplexität angemessene Zeitvorstellung.

---

[93] Gilles Deleuze, *Logik des Sinns*, 1969, dt. Frankfurt am Main 1993, S. 15ff.

Der Zerfall ist das Gesetz des Netzwerks, wenn dieses mit Harrison C. White als Ungewissheitskalkül verstanden wird. Der Zerfall ist die Koordinate des Komplexen, wenn dies weder kausal noch durch Zufallsvertrauen gebunden werden kann. Und beides bestätigt eine medientheoretische Perspektive, da der Zerfall das Material bereitstellt, aus dem neue Formen gewonnen werden können, die ihrerseits gleich wieder zerfallen.

EXKURS: DIE ZEIT DER SYSTEME

Die Zeit der nächsten Gesellschaft erweist sich als Zeit der Systeme. Denn ein System ist die Ausdifferenzierung und Reproduktion eines Sachverhalts, der sich in einem Netzwerk gegen das strukturell Äquivalente und angesichts komplexer Zusammenhänge als kontingente Korrelation, weder notwendig noch zufällig, behauptet. Im Sachverhalt, so Ludwig Wittgenstein, ist die Form der Selbständigkeit aller Dinge, die in ihm vorkommen können (weil der Sachverhalt schon in ihnen liegt, Satz 2.0121), eine Form der Unselbständigkeit.[94] Bei Wittgenstein spielt der Zerfall trotz einer Welt, die »alles (ist), was der Fall ist« (Satz 1), noch keine Rolle, doch bei Luhmann gewinnt er äußerste Prägnanz: »Handlungssysteme benutzen die Zeit, um ihre kontinuierliche Selbstauflösung zu erzwingen; sie erzwingen ihre kontinuierliche Selbstauflösung, um die Selektivität aller Selbsterneuerung sicherzustellen; und sie benutzen diese Selektivität, um die Selbsterneuerung selbst zu ermöglichen in einer Umwelt, die kontinuierlich schwankende Anforderungen stellt.«[95] Das ist noch nicht mit Blick auf die nächste Gesellschaft formuliert, aber es lässt sich für deren Bedarf adaptieren, wenn man das System noch etwas heterogener denkt, als es Luhmann

---

[94] Ludwig Wittgenstein, *Tractatus logico-philosophicus*, 1921, Frankfurt am Main 1963, Satz 2.0122.

[95] Luhmann, *Soziale Systeme*, S. 394

so oder so bereits tut. »Jeder Kontakt wird als System begriffen«,[96] heißt es bei Luhmann und könnte es auch bei Parsons heißen. Bei Luhmann werden die Systeme dann jedoch zu Interaktions-, Organisations-, Funktionssystemen und Protestbewegungen geordnet und das entspricht eher Vorstellungen einer rationalen Moderne als der Netzwerkwirklichkeit der nächsten Gesellschaft. Parsons war in dieser Hinsicht offener. Was immer sich zu A, G, I und L ordnen lässt, das heißt alle vier funktionalen Aspekte der adaptation, des goal-attainment, der integration und der latent pattern-maintenance erfüllt, verdient, als System betrachtet zu werden.

Parsons wiederum hat den Gedanken der Temporalisierung der Systeme noch nicht so stark gemacht wie Luhmann, der jedes Element eines sozialen Systems als ein Ereignis denkt, das auftaucht, wieder verschwindet und durch ein neues Ereignis ersetzt werden muss, soll sich das System reproduzieren. Dieses neue Ereignis unterliegt besonderen Anforderungen. Es muss einerseits im informationstheoretischen Sinne neu sein, das heißt im Verhältnis zum Bisherigen *überraschen*. Unter Verweis auf bestimmte strukturelle Ähnlichkeiten zwischen der Thermodynamik und der Informationstheorie spricht man auch von einer negentropischen Qualität dieses neuen Ereignisses. Und es muss andererseits auf das System verweisen beziehungsweise vom System als Verweis auf das System rekrutiert werden können (das eine ist nicht identisch mit dem anderen, eben davon handelt Wittgensteins Satz 2.01), das es reproduzieren können soll. Die zweite Bedingung läuft unter dem anspruchsvollen Namen der Selbstreferenz. Die Selbstreferenz ist der Joker im Spiel. Luhmann hat an anderer Stelle vom Vorliegen von Selbstreferenz immer dann gesprochen, wenn ein Ereignis sich »auf einen (...) Kontext hin versteht und diesen für sich

---

[96] Ebd., S. 33.

aktiviert.«[97] Das kommt unserem Gedanken einer kontextuellen Berechenbarkeit (s.o.) sehr nahe und ist hinreichend weit von der Forderung entfernt, dass ein Selbst sich auch als Selbst artikulieren können müsse.[98] Letztere Bedingung schränkt die Rede von selbstreferentiellen Systemen entweder auf sprachfähige Teilnehmer ein, die dann jedoch in die unangenehme Lage kommen, sich, ihren Kontakt oder ihre Situation als System behaupten zu müssen, oder führt zu Mystifikationen, die dort zum System substantivieren, wo allenfalls bestimmte Aktivitäten in den Augen eines Beobachters darauf hindeuten, dass ein Zusammenhang besteht. Eine rein kontextuelle Selbstreferenz hat die Offenheit für die strukturelle Äquivalenz des Netzwerks, die Unwahrscheinlichkeit der Komplexität und den Zerfallszwang, die wir für die Zeitform der nächsten Gesellschaft brauchen. In Parsons' Systembegriff ist jeder funktionale Aspekt einer Handlung Kontext für alle anderen und stehen alle vier funktionalen Aspekte gemeinsam im Kontext einer variierenden Umwelt.

Die Zeit des Systems ist die Zeit eines kontextuellen Zusammenhangs, den man mit Parsons auf Handlung oder mit Luhmann auf Kommunikation herunterbuchstabieren kann. Die Zeit des Systems ist ferner wieder streng nach Luhmann die Zeit einer nicht nur strukturellen, sondern überdies funktionalen Äquivalenz. Funktionale Äquivalenz heißt, dass alle Aspekte oder Elemente eines Systems zueinander im Verhältnis von Problem und Problemlösung stehen und dementsprechend ausgetauscht werden können, wenn attraktivere Lösungen oder Probleme auftauchen. Die Funktionalität erlaubt die Formulierung eines

---

[97] Niklas Luhmann, »Ideengeschichten in soziologischer Perspektive«, in: Joachim Matthes (Hrsg.), *Lebenswelt und soziale Probleme: Verhandlungen des 20. Deutschen Soziologentages zu Bremen 1980*, Frankfurt am Main, 1981, S. 49-61, hier: S. 52 (wiederabgedruckt in ders., *Ideenevolution – Beiträge zur Wissenssoziologie*, Berlin, 2008).

[98] So zuletzt etwa Klaus Krippendorff, »Monologic versus Dialogic Distinctions of Selves«, *Constructivist Foundations* 13 (2017), S. 18-21.

Zusammenhangs, der weder kausal noch zufällig, sondern in jeder Hinsicht von prinzipiell unabhängigen (Wittgenstein: selbständigen) Elementen als Form ihrer Abhängigkeit (Wittgenstein: Unselbständigkeit) gewählt wird.

Erst unter dieser Voraussetzung lassen sich komplexe Formen denken. Komplexe Formen setzen sich aus Schnittstellen zusammen, die heterogene Systeme zu einem heterogenen System integrieren. Wieder geht es um eine Form der Selbstähnlichkeit. Komplexe Formen sind nicht zwangsläufig Fraktale, insofern sie nicht zwangsläufig dieselbe Heterogenität auf der Systemebene und der Elementebene realisieren. Aber sie setzen keinerlei Homogenität auf welcher Ebene auch immer voraus, um ihre Form der Heterogenität zu realisieren. Diese Form der Heterogenität zwischen organischen, neuronalen, mentalen, sozialen und technischen Vorgängen erzwingt eine Zeitform, in der der Zerfall und Wiederaufbau aller beteiligten Elemente die einzig mögliche Form der Synchronisation ist. Das System integriert hochgradig zeitdiverse, heterochronotopische Sachverhalte. Nur im Moment der eigenen Unmöglichkeit reflektieren diese Sachverhalte eine kontextuelle Bedingtheit, die sie sich als Element eines Systems realisieren lässt.

Resonanz ist dabei vorauszusetzen,[99] doch sie genügt nicht. Resonanz liegt auf der Ebene einer Weltbeziehung, die darüber Auskunft gibt, dass man eine Welt teilt. Darüber hinaus unterstellt sie auf fast aristotelische Weise die Möglichkeit eines, wenn auch »momenthaften (,) Dreiklangs von Leib, Geist und erfahrbarer Welt.«[100] Resonanz genügt nicht für eine Systembeziehung, in der es auf die Kommunikation und Komplexität von Abhängigkeit und Unabhängigkeit, genauer: auf die laufende Moderation, das Management dieser Kommunikation und Komplexität

---

[99] Hartmut Rosa, *Resonanz: Eine Soziologie der Weltbeziehung*, Berlin 2016.
[100] Ebd., S. 290.

ankommt. Hier sprechen alle Beteiligten nicht, wie bei Hartmut Rosa, mit ihrer »eigenen Stimme«, sondern sie erwerben diese Stimme allererst, in einem alles andere als schmerzfreien, möglicherweise auch lustvollen Prozess. Die Zeitform des Zerfalls ist die Form, in der höchst unterschiedliche Zeiten aller beteiligten Elemente für einen Moment, der seinerseits sofort wieder zerfällt, synchronisiert werden können. Für elektronische Medien ist das ideal. Sie können ihre Schnelligkeitsvorteile ausnutzen, um an jeder Schnittstelle genau die Zerfallsfrequenzen anzubieten, die ein Körper, ein Gehirn, eine Interaktion je unterschiedlich zu attrahieren und für den Moment zu binden vermag. Ich überblicke die Forschung nicht, die beispielsweise im Bereich des Affective Computing mit dem Design von Schnittstellen experimentiert.[101] Aber ich bin sicher, dass Formen der Zeit hier eine große Rolle spielen.

Im Anschluss daran fragt sich, was aus den traditionellen Formen der Zeit wird. Die ewige Wiederkehr hängt wie ein großer Mythos, eine Art Damoklesschwert auch über der nächsten Gesellschaft. Nichts schließt aus, dass man nach wie vor in den bewährten Zeithorizonten der Vergangenheit, Gegenwart und Zukunft chronologisiert, erzählt und prognostiziert. Und auch Zeitpfeile zugunsten von Erwartungen sei es des Fortschritts oder der Dekadenz dürfen nach wie vor unterstellt werden, obwohl sie eher über den Beobachter als über die wachsende Ungleichzeitigkeit der Weltverhältnisse Auskunft geben. Andere vermuten, dass von den Zeithorizonten der Antike und Moderne nur die Gegenwart ihre Prägnanz behält, sei es in der Form, dass sie breit und breiter wird, also nicht zu enden scheint,[102] sei es in der Form, was auf dasselbe hinausläuft, dass sie vergessen wird, weil sie keinen Unterschied zu Vergangenheit und Zukunft

---

[101] Siehe Rosalind W. Picard, *Affective Computing*, Cambridge, MA 1997.

[102] Hans Ulrich Gumbrecht, *Unsere breite Gegenwart*, Frankfurt am Main 2010.

mehr macht.[103] Aber was heißt das? Beide Formen scheinen auf die Paradoxie der elektronischen Medien hinzuweisen, die in Lichtgeschwindigkeit eine in Ort, Zeit und Adressaten extrem auseinandergezogene Kommunikation und Komplexität generieren und ausbeuten.

Die Menschen werden derweil immer ungeduldiger. Sie erwarten die blitzartige Schnelligkeit digitaler Verbindungen (solange man die richtigen Internetanschlüsse hat) auch von jeder anderen Materie, mit der sie es zu tun haben. Das immerhin war in der Moderne noch anders, von der Antike zu schweigen. Hier war es nicht der momenthafte Zerfall, sondern die Verfügbarkeit von Leerzeiten (aus heutiger Sicht gesehen), die jeglicher Synchronisation von Körper, Geist und Gesellschaft zugrunde lag. Man konnte warten, bis das eine zum anderen kam. Für dieses Warten geht jeder Sinn verloren. Es bedarf einer eigenen bewussten Anstrengung, eines Trainings, notfalls einer Therapie, um wieder zu Atem zu kommen. Vielleicht ist es jedoch auch nur ein Problem der Bildschirme. Sollte das Internet der Dinge sich so schnell weiterentwickeln, wie dies zuweilen erwartet wird,[104] verschwinden die Computer weitgehend aus dem menschlichen Feld der Wahrnehmung und zwingen nicht mehr uns, sondern sich selbst zur Anpassung. Dann verliert die Bildwiederholfrequenz ihren Urszenencharakter und wir bewegen uns im Paradies einer vollständig auf uns eingestellten, technisch gesteuerten und, ja, überwachten Umwelt. Für die Zeitform der nächsten Gesellschaft, wenn das dann nicht bereits die übernächste ist, kann das nur bedeuten, dass es der Fortschritt der wissenschaftlichen Erkenntnis erlaubt, die Anpassungszeiten an Körper, Gehirn und Interaktion weitgehend zu standardisieren

---

[103] Wolfgang Hagen, *Gegenwartsvergessenheit: Lazarsfeld – Adorno – Innis – Luhmann*, Berlin 2003.

[104] Siehe Mercedes Bunz und Graham Meikle, *The Internet of Things*, Cambridge 2017.

(inklusive kulturell zu differenzieren). Die Dynamik der Netzwerke wird für ihre je eigenen Ansprüche an den Umgang mit der Zeit verantwortlich. Das heißt nicht, dass jedem Netzwerk seine eigene Zeit zukommt. Jedes spezifische Netzwerk ist nur ein Fraktal des generischen Netzwerks der Gesellschaft. Dessen Zerfallszeit wird dominieren, welche Zeit wir für welche Ereignisse und Aktivitäten zur Verfügung haben.

5. INTEGRATION DURCH EINE UNBEKANNTE ZUKUNFT

Die Integrationsform der nächsten Gesellschaft ist nicht mehr der Tausch als Form einer immer wieder neu auszuhandelnden Reziprozität, das Schicksal als eine Erinnerung der Handelnden an die Ordnung, in der sie stehen, oder die Geschichte in ihrer Gegenwart als Fortschritt oder Dekadenz, sondern die unbekannte Zukunft in ihrer Gegenwart als Krise. Solange man nicht weiß, wie es weitergeht, vergewissert man sich eines Stands der Dinge, auf den kein Verlass ist.

Niemand weiß, ob wir, die Menschen, sie, oder sie, die Maschinen, uns kontrollieren. Dieses Nichtwissen, diese Unentschiedenheit und, zumindest zum gegenwärtigen Zeitpunkt, Unentscheidbarkeit ist ein wichtiges Moment im Umgang mit den elektronischen und allen anderen Medien. Es nimmt ihnen ihre instrumentelle Eindeutigkeit und garantiert ihnen ihre evolutionäre Offenheit. Niemand weiß, wie intelligent Maschinen, die lernen, eines Tages sein werden.[105] Niemand weiß, was unter der Intelligenz der Maschinen verstanden werden kann. Geht es darum, verborgene Korrelationen zu entdecken, neue Ressourcen geschickter einzusetzen, sich Ziele setzen zu können und

---

[105] Nick Bostrom, *Superintelligenz: Szenarien einer kommenden Revolution*, dt. Berlin 2016.

sie gegen feindselige Gegenmaßnahmen schützen zu können? Geht es darum, im Schach, beim Go-Spiel, im architektonischen Design, bei politischen und militärischen Strategiespielen oder im Börsenhandel Züge zu entwickeln, die selbst von Experten unter den Menschen nicht mehr verstanden werden? Geht es um einen Typ von Intelligenz, der weder mit der neuronalen noch mentalen, noch sozialen oder emotionalen Intelligenz der Menschen verglichen werden kann, so wenig man, je mehr man forscht, von letzteren Typen versteht? Intelligenz, so definierte W. Ross Ashby,[106] ist die Fähigkeit zur angemessenen Selektion (»power of appropriate selection«) der möglichen Lösung eines Problems. Der Teufel steckt im Detail der Angemessenheit und der Selektion. Zu fragen wäre: wieviel Information aus welchem Auswahlbereich? Und dann hat man das Problem noch nicht gestellt und keine Erfahrung, wie die Lösung von der Nichtlösung zu unterscheiden ist.

Diese Unentschiedenheit und, wer weiß, Unentscheidbarkeit ist gesellschaftlich von größter Bedeutung. Sie schafft Spielräume, die man angesichts instrumenteller Eindeutigkeit nicht hätte. Sie ist nichts Neues, schon Nadel, Messer, Hammer und Feuerzeug weisen diese Unentschiedenheit auf. Man übersieht sie zu leicht, da alle Gesellschaften sich im Gegenzug immer schon bemüht haben, technische Eindeutigkeiten zu schaffen, um den Mediengebrauch entsprechend einschränken zu können, und darin, in der Schaffung vermeintlicher Eindeutigkeit, vielfach erfolgreicher sind als in der Betonung der zugrundeliegenden Uneindeutigkeit und daher auch Unentschiedenheit.

Aber auch Medien haben ihre Zwei-Seiten-Form im Sinne George Spencer-Browns. Sie markieren auf der Innenseite ihrer Form bestimmte Formen des Gebrauchs und schließen auf der Außenseite nicht nur andere Formen des Gebrauchs, sondern auch den Nichtgebrauch aus. Wer reden kann, sollte nicht

---

[106] W. Ross Ashby, *Mechanisms of Intelligence*, Seaside, CA 1981, S. 295ff.

schweigen. Wie immer bei Zwei-Seiten-Formen informiert jedoch die Außenseite die Innenseite, wie man spätestens dann erkennt, wenn man die Unterscheidung in ihre Form wieder einführt (Spencer-Browns »re-entry«) und die Unterscheidung im Raum ihrer Möglichkeiten zu oszillieren beginnt.

Elektronische Medien verbreiten seit Kino, Rundfunk und Fernsehen eine Wirklichkeit, die so dramatisch, bunt und laut jede wirkliche Wirklichkeit übertrifft. Man könnte von einer Superwirklichkeit sprechen. Aber wie wirklich ist diese Wirklichkeit? Computer und Internet versorgen uns mit einer Fülle von Nachrichten privater, beruflicher und unterhaltsamer Natur. Doch wie verlässlich sind diese Nachrichten? Evolutionäre Algorithmen errechnen ungeahnte Lösungen, doch für welche Probleme? Digitale Plattformen definieren Themen, Beiträge und Agenden, doch mit welcher Bedeutung für wen? Die Oszillation ist nicht zu verkennen. Mit einem Bein steht man im jeweiligen Medium, mit dem anderen draußen. Mit einem Click ist man schon wieder woanders. Aus den Augenwinkeln behält man im Auge, was drumherum passiert. Karin Knorr Cetina und Urs Bruegger konnten zeigen, dass Börsenhändler den Informationen ihrer Bloomberg-Terminals nur vertrauen, wenn sie auf ihrem Trading Floor akustisch, über die Stellwände ihrer Boxen hinweg, die Vorgänge auf allen anderen Märkten »im Blick« behalten können. Nur dann, so ihre Auskunft, befinden sie sich in jenem »Flow«, der ihnen Sicherheit der Entscheidung im Medium einer nicht ausgeschlossenen, sondern mitlaufenden Komplexität gibt.[107] Der eigene Markt wird im Spiegel aller anderen Märkte, die anderen Märkte werden im Spiegel des eigenen Markts bewertet.

Gegenüber jedem Medium wahrt die Gesellschaft ihren Abstand, so wie jedes Individuum körperlich und geistig gegenüber der Gesellschaft einen Abstand wahrt. Soziale Akzeptanz erfährt nur die Oszillation, nicht die Eindeutigkeit. Das Reden

---

[107] Knorr Cetina/Bruegger, »Traders' Engagement with Markets«.

wird als Rede, zugleich jedoch aus der Sicht des Schweigens beurteilt. Wer sich an die Schriften der Vergangenheit hält, muss sich fragen lassen, wie er es mit dem Handeln zugunsten einer Gegenwart und Zukunft hält. Immer schon hat die Gesellschaft die Poeten ebenso (wenn auch in verschiedenen Währungen) gepflegt wie die Politiker. Wer im Medium des Buchdrucks den kritischen Vergleich übt, muss sich daraufhin beobachten lassen, wie konform er oder sie in allen anderen Hinsichten lebt. Die dazu passende Sozialfigur ist der Philister.[108] Wer sich fasziniert von den Bildschirmen der Videospiele, Computer, Tablets und Smartphones nicht mehr lösen kann, wird medizinisch vermutlich zurecht auf Suchtgefahren hingewiesen. Die Gesellschaft wahrt Distanz. Sie kann gar nicht anders, weil Medien im Verbund auftreten und neben dem einen Medium auch andere Medien Aufmerksamkeit (Verbreitung) erwarten. Erneut ist Switching das Gesetz der Dinge. Tue das eine nur, wenn du auch das andere tun kannst. Und wahre selbst gegenüber dem Switching deine Distanz. Finde deine eigene Zeit.

Formen der Institutionalisierung dieser Distanz im Medium der Oszillation kann man als Integrationsform einer Gesellschaft bezeichnen.[109] Denn integriert ist eine Gesellschaft dann, wenn sie das eine mit dem anderen vereinbaren kann, ohne eines von beidem zu kurz kommen zu lassen. Das ist mit dem Verlust von Freiheitsgraden verbunden, wie man nicht nur aus der ethnologischen Forschung weiß,[110] aber der wichtigste Freiheitsgrad, der

---

[108] Vgl. zum hundertjährigen Geburtstag des Buches von Clemens Brentano, *Der Philister vor, in und nach der Geschichte: Scherzhafte Abhandlung*, Berlin 1811: Remigius Bunia, Till Dembeck und Georg Stanitzek (Hrsg.), *Philister: Problemgeschichte einer Sozialfigur der neueren deutschen Literatur*, Berlin 2011

[109] Siehe auch Dirk Baecker, Oszillation 4.0: Zur Kulturform der nächsten Gesellschaft, *soziopolis*, 9. März 2016, www.soziopolis.de/beobachten/gesellschaft/artikel/ oszillation-40/.

[110] Robert Anderson, »Reduction of Variants as a Measure of Cultural

dabei verloren wird, ist derjenige, der darin bestünde, auf diese Integration und auf die damit vorausgesetzte Oszillation zu verzichten. Keine Freiheit für ihren Ausschluss! Die Gesellschaft zwingt zur Unentschiedenheit. Das muss man aushalten. Alles andere sind politische Abenteuer, die sich früher oder später rächen.

Die Integrationsform der Stammesgesellschaft ist der Tausch, dessen Dynamik niemand besser beschrieben hat als Bronislaw Malinowski in seinem bereits zitierten Buch über die Trobriander.[111] Der Tausch, dessen Kalkül in mental nicht überschaubaren, endlosen Ketten von Reziprozitätsverpflichtungen, aber auch Herausforderungen durch Großzügigkeit und Verweigerungen von Anerkennung mit der gesamten Gesellschaft, ihren Dingen, Orten und Zeiten, verwoben ist, betrifft auch den Unterschied zwischen Reden und Schweigen. Auch Worte werden getauscht; auch das Schweigen wird getauscht. Die Sprache integriert die Stammesgesellschaft, indem man sich merkt, wer was wann zu wem gesagt hat und wer wann gegenüber wem geschwiegen hat. Sie integriert sie auch insofern, als dieses Kalkül von Momenten, Situationen und Orten begleitet wird, in denen es auf dieses Kalkül scheinbar nicht ankommt. Doch auch dann bleibt es bei der Zwei-Seiten-Form. Ein »falsches« Wort kann zeigen, dass sehr wohl von allen Beteiligten in aller Strenge »mitgerechnet« wird. Wie gesagt, die Komplexität dieser Vorgänge ist mental nicht nachvollziehbar; sie überfordert die Kapazität des menschlichen Bewusstseins. Aber das ändert nichts daran, dass im Verbund mit einer topischen Mnemotechnik, einer mehr oder minder ausgeprägten und emotional nicht nur variierbaren, sondern verankerbaren Personenkenntnis und vor allem einem

Integration«, in: Gertrude E. Dole und Robert L. Carneiro (Hrsg.), *Essays in the Science of Culture in Honor of Leslie A. White*, New York 1960, S. 50-62.

[111] Malinowski, *Die Argonauten des westlichen Pazifik*. Und im Anschluss Marcel Mauss, *Die Gabe*, 1923/24, dt. Frankfurt am Main 1990.

nicht zu leugnenden, wenn auch dunklen Gefühl der Verpflichtung, der unausgesprochenen Erwartung alle Beteiligten kein Problem damit haben mitzurechnen. Vielleicht werden »Idioten«, allzu Private, auch deswegen geschätzt, weil ihre Entlastung vom Kalkül alle anderen auch ein wenig entlastet. Auch hier oszilliert es. Idioten sind auch von der Pflicht zur Rivalität ausgenommen, obwohl diese für alle anderen gilt. Die Rivalität verwandelt den Tausch in ein offenes Kalkül seiner selbst; sie integriert die Gesellschaft mit sich selbst, indem sie sie zum einen in ihren je aktuellen Formen stabilisiert und zum anderen zur Veränderung befähigt, wenn Gelegenheiten auftauchen, die ein Rivale besser zu ergreifen versteht als derjenige, der aktuell die Macht hat.

Die Integrationsform der Schriftgesellschaft ist das Schicksal. Ihm wird mit List begegnet. Im Schicksal erfüllt sich, was auf ungenannten Wänden geschrieben steht und vom Orakel verkündet wird. Die List lässt sich von der Schrift nicht beeindrucken, sondern rechnet selbst mit Vergangenheit, Gegenwart und Zukunft. »Die Welt des Odysseus«, mit einem Buchtitel von Moses I. Finley,[112] vertraut der Schrift und hält Abstand zur Schrift. Die platonische Akademie, so Eric A. Havelock,[113] vertraut exoterischen Schriften die Botschaft an, dass das wahre Wissen nur mündlich, esoterisch gelehrt werden kann. Bis heute streitet man darüber, ob dies die List war, die exoterische als eigentlich esoterische Lehre an den Mann (die Jünglinge der Aristokratie) zu bringen.[114] Wichtiger ist, dass in der Denkfigur des Schicksals und der List Notwendigkeiten der Erinnerung und des Handelns nicht nur aufeinander bezogen, sondern auseinanderdividiert werden, so dass beidem Rechnung getragen werden kann. Schriftgesellschaften sind zu komplex, um sich an ihr eigenes

---

[112] Moses I. Finley, *Die Welt des Odysseus*, 1978, dt. München 1979.

[113] Eric A. Havelock, *Preface to Plato*, Oxford 1963.

[114] Klaus Oehler, »Der entmythologisierte Platon«, in: ders., *Antike Philosophie und byzantinisches Mittelalter*, München 1969, S. 393-420.

Gedächtnis binden zu lassen, aber auch durch ihre soziale Schichtung zu geordnet, um das Handeln lokal, individuell und situativ freigeben zu können. Nicht umsonst taucht bei Platon wie Aristoteles der Topos der »gerechten Stadt« auf, weil die Kaufleute, die im Fernhandel zu Vermögen kommen, eine städtische Ordnung sprengen, in der Vermögen in dieser Höhe nur den Patriziern zusteht. Wen erreicht welches Schicksal? Das kann man sich laufend fragen, ohne eine andere als orakelhafte Antwort zu erhalten. So wird die Distanz zur Schrift gehalten und der Blick für die Gelegenheiten der Welt bewahrt.

Die Integrationsform der Buchdruckgesellschaft ist die Geschichte. Sie hat ihre narrative, als Fortschrittsgeschichte vielleicht sogar rationale Ordnung und bietet Raum für Überraschungen. Im Unterschied zum Schicksal kann sie die Handelnden nicht binden. Geschichte wird gemacht, so heißt es seit Giambattista Vico,[115] und von anderen erlitten. Aber dass sich in ihr ein Schicksal erfüllt, das in einer göttlichen Ökonomie beschlossen wäre, ist so sehr eine Denkfigur, die an die vorherige Medienepoche anschließt, wie deren Idee einer göttlichen Ökonomie einen Abglanz der Reziprozitätskalküle der Stammesgesellschaft darstellt. Wie hält man Distanz zum Buchdruck? Welche Unentschiedenheit ist ihm gegenüber möglich? Was integriert den Buchdruck mit allen anderen Medien der modernen Gesellschaft? Es ist die Geschichte, insofern sie eine Geschichte auch der Konflikte ist und insofern der Konflikt auch und nicht zuletzt der Geschichte gelten kann. Im Buchdruck kann beides ausgetragen werden, die Geschichte wie der Konflikt. Der Buchdruck ist schneller als die Papyrusrollen und Folianten der Schriftgesellschaft. Die beweglichen Lettern zeichnen vor, wie schnell in diesem Medium aufgelöst und neu kombiniert werden kann. Dem Buchdruck ist damit jedoch die Distanz zu sich selbst

---

[115] Giambattista Vico, *Die neue Wissenschaft über die gemeinschaftliche Natur der Völker*, 1744, dt. Berlin 2000, S. 74ff.

bereits eingeschrieben, ähnlich wie es zuvor nur die Schrift-gelehrten auch von der Schrift bereits wussten. Die Geschichte ereignet sich schneller und langsamer, als es im Buchdruck fest-gehalten werden kann. Die Konflikte halten sich nicht an die Linien, die in den Büchern stehen. Die Geschichte und ihre Kon-flikte integrieren eine Gesellschaft, die nur noch dynamisch, als Geschichte, als modifizierbarer Modus ihrer selbst zu fassen ist. Vergangenheit, Gegenwart und Zukunft werden zu Zeithorizon-ten, deren Varianten ihrer rekursiven Verschachtelung die Kom-plexität der Gesellschaft steigern und nur im Einzelfall, Variante für Variante, reduzieren.

Erst die nächste Gesellschaft, diese These wäre zu prüfen, stellt sich einer unbekannten Zukunft. Die Schriftgesellschaft wusste um die Dekadenz, zu überwinden nur durch die Erlösung, die moderne Gesellschaft um den Fortschritt, verankert in der Eindeutigkeit technischer Innovation. Erst die nächste Gesell-schaft zieht die Konsequenz aus den modernen Errungenschaf-ten, die die Unbekanntheit der Zukunft bereits zum Prinzip gemacht haben. Das moderne Individuum ist frei in seinen Ent-scheidungen. Der göttliche Ratschluss ist unentzifferbar. Die Wiederwahl des demokratisch gewählten Politikers steht in den Sternen. Der Erfolg des marktwirtschaftlichen Unternehmens liegt in den Händen des Kunden. Die Wissenschaft weiß theore-tisch und empirisch nicht, was sie erst noch entdecken wird. Die Künste müssen mit jedem einzelnen Kunstwerk etwas Neues, so noch nicht Dagewesenes, in die Welt setzen – und doch wieder-erkennbar Künste bleiben. Man hielt all dies für eine Randbe-dingung der rationalen Kalküle, ein Produkt dieser Kalküle, keine Voraussetzung. Erst jetzt erkennt man, dass die Unbekanntheit der Zukunft die Kalküle wesentlich informiert. Der Gläubige muss sein eigenes Gewissen prüfen, weil er nicht weiß, ob er Gottes Gnade erfahren wird oder nicht. Das Individuum steht vor sich selbst als einziger Quelle seiner Entscheidungen. Der Politiker muss Konkurrenten wie Wähler im Auge behalten, weil deren

Alternativen und Wünsche determinieren, wie überzeugend er sich zur Wahl stellen kann. Der Unternehmer muss mit der Konkurrenz rechnen, die erfolgreicher als er die Wünsche des Kunden definieren. Die Wissenschaft kann forschen, ohne bereits wissen zu müssen, was sie herausfindet: die Legitimität der Neuzeit ist eine Legitimität der Neugier.[116] Die Kunst kann sich auf das Abenteuer von Werken einlassen, die weder mimetisch noch repräsentativ an Vorliegendes oder Vorheriges gebunden sind. Doch nicht nur in den Künsten, sondern allerorten kommt die Kunst anzufangen, zu sich selbst, wie sehr dies auch schon sehr viel früher ein Topos im Umgang mit Instabilitätserfahrungen gewesen ist.[117] Jetzt wird diese Kunst notwendig. Man kann nur anfangen, wenn keine Zukunft definiert, auf welche Vergangenheit Bezug zu nehmen wäre. Aber nur dann muss man auch laufend anfangen.

Die Unbekanntheit der Zukunft, erfahren und bewältigt als Krise, ist die Integrationsform der nächsten Gesellschaft. Das passt zur Unentschiedenheit im Umgang mit den elektronischen Medien. Das passt zum Ungewissheitskalkül des Netzwerks. Das passt zu jeder nur erdenklichen komplexen Form im Medium der Schnittstellen zwischen Körper, Geist und Gesellschaft. Und das passt zur Vorstellung, dass nur die Innovation eine Aussicht darauf enthält, einer zukünftigen Gegenwart gewachsen zu sein. Doch auch die Innovation ist nur eine Wette auf diese Zukunft. Will man ihren Erfolg sicherstellen, was nicht geht, muss man sich auf das Netzwerk einlassen, in dem sie Attraktivität gewinnen kann.

---

[116] Hans Blumenberg, *Der Prozeß der theoretischen Neugierde*, Frankfurt am Main 1966.

[117] Siehe Gerhart Schröder, *Die Kunst, anzufangen: Philosophie und Literatur in der Frühen Neuzeit*, München 2013.

Die Politik der nächsten Gesellschaft ist militärisch, ökonomisch und ökologisch konservativ. Die Macht, die ihr bleibt, ergibt sich aus der Überzeugungskraft des Status Quo. Sie liefert die Adressen, an die man sich wendet, wenn man einen Überblick behalten möchte, der nicht mehr möglich ist.

Der Einfluss der elektronischen Medien auf die Menge, und umgekehrt, ist paradox. Einerseits ist die Menge für jede Art der ästhetischen Reinszenierung empfänglich, die das Versprechen enthält, die im Kino durch das »Dynamit der Zehntelsekunden« gesprengte gewohnte Wahrnehmungswelt wieder zu einer einheitlichen Erzählung zu bündeln,[118] andererseits agiert sie wie ein schwarzes Loch, das jede auch nur denkbare Botschaft sang- und klanglos verschluckt.[119] Dem Schrecken Carl Schmitts, dass nun jeder sich bemüßigt fühlt zu schreiben,[120] steht die Hoffnung Bertolt Brechts gegenüber, dass es das Radio ermöglicht, jedem ein Mikrofon in die Hand zu drücken.[121] Tatsächlich bekommt jeder es mit den Lautsprechern zu tun, die Straßen und Wohnungen beschallen, mit Bildschirmen, die die Welt in jede Stube bringen, und neuerdings mit Mikrophonen, die gewollte und ungewollte Wünsche erlauschen.

---

[118] Walter Benjamin, »Das Kunstwerk im Zeitalter seiner technischen Reproduzierbarkeit«, 1935, in: ders., *Gesammelte Schriften*, Bd. 1, Frankfurt am Main 1974, S. 471-508, Zitat S. 499.

[119] Jean Baudrillard, *Im Schatten der schweigenden Mehrheiten oder das Ende des Sozialen*, 1978, dt. Berlin 2010.

[120] Carl Schmitt, »Die Buribunken«, in: *Summa* 1 (1917/18), S. 89-106.

[121] Bertolt Brecht, »Der Rundfunk als Kommunikationsapparat: Rede über die Funktion des Rundfunks«, 1932, in: ders., *Gesammelte Schriften*, Bd. 18, Frankfurt am Main 1967, S. 259-263.

Zwar gilt der Satz von Marshall McLuhan, das Medium sei die Botschaft,[122] für jedes Medium, aber erst die elektronischen Medien führen das ganze Dilemma, nicht zu wissen, worin diese Botschaft besteht, vor Augen. Zwar ist genau das der Inhalt der Medienwissenschaften, die zu entziffern versuchen, was die Sprache, die Schrift, der Buchdruck, die elektronischen Medien und alle anderen uns zu sagen versuchen. Aber das ist einfacher gefragt als getan. Die Sprache teilt einen Referenzüberschuss, die Schrift einen Symbolüberschuss, der Buchdruck einen Kritiküberschuss und die elektronischen Medien einen Kontrollüberschuss mit, so die vorliegende These. Aber der Aufwand, den man treiben muss, um die Medientheorie so in eine Gesellschaftstheorie einzubetten, dass diese Botschaft verständlich wird, ist seinerseits nicht unerheblich.

Spätestens dann, wenn konkrete Phänomene wie etwa die Politik der Gesellschaft zum Thema werden, lohnt sich dieser Aufwand. Benjamin zögerte nicht, den Bedarf an Ästhetisierung, den die Montagetechniken des Films, als deren Außenseite der Form der Zerfall jeder Wirklichkeit eher erahnbar als sichtbar war, auslösten und selbst zu bedienen begannen, mit politischen Tendenzen seiner Gegenwart in Verbindung zu bringen, die im Faschismus wie im Kommunismus große Erzählungen an die Stelle einer chaotischen Wirklichkeit setzten. Und Benjamin wusste aus den Manifesten der Futuristen, dass die neuen Formen der Politik darin gefährlich sind, dass sie nicht etwa die neuen Medien mit passenden Inhalten beliefern, sondern deren mediale Struktur selbst aufgreifen und ausspielen. Filippo Tommaso Marinetti hatte in zwei Manifesten 1909 und 1913 auf die Veränderung der »Psyche« (Mensch und Gesellschaft) durch die neuen Informations-, Verkehrs- und Kommunikationstechnologien (»Telefon, Grammophon, Eisenbahn, Fahrrad, Motorrad, Ozeandampfer, Luftschiff, Flugzeug, Kinematograph und die

---

[122] McLuhan, *Die magischen Kanäle*, S. 21.

großen Tageszeitungen«) aufmerksam gemacht und dazu aufgerufen, der beschleunigten Welt »die angriffslustige Bewegung, die fiebrige Schlaflosigkeit, den Laufschritt, den Salto mortale, die Ohrfeige und den Faustschlag« entgegenzusetzen.[123] Die Politik der nächsten Gesellschaft nutzt nicht nur neben vielen anderen auch die neuen elektronischen Medien, sondern sie medialisiert sich selbst, wenn man so sagen darf. Sie stellt sich um auf eine Reformatierung ihrer Möglichkeiten im Medium des Zerfalls und Wiederaufbaus jeder Art von Wirklichkeit. Sie stellt sich um auf Netzwerkkalküle der Ungewissheit. Und sie rechnet mit der Komplexität von Formen im heterogenen Feld von Körpern, Bewusstsein, Technik und Gesellschaft. Und wenn sie es nicht tut, dann tut es ihr Publikum. Politik ist nicht nur das, was Politiker tun. Politik ist auch das, was das Publikum von der Politik erwartet. Politik ist jeder Hinweis auf eine Entscheidung zwischen Krieg und Frieden, die ein Gemeinwesen zur Ordnung seiner Verhältnisse zu treffen hat.

Politik ist Kommunikation. An dieser Kommunikation ist eine Bevölkerung beteiligt. Im Rahmen einer ewigen Wiederkehr ist Politik etwas anderes als im Rahmen einer dynastischen Herrschaft oder im Rahmen eines Funktionssystems, das seine eigene Rationalität der Produktion kollektiv verbindlicher Entscheidungen erfüllt und mehr oder minder turbulent (mit einer Vielzahl selbst ausgelöster Rückkopplungen) mit den Wirklichkeiten anderer Funktionssysteme rechnet beziehungsweise vielfach nicht rechnet. Ein zwischen Reden und Schweigen oszillierender Stamm oder Clan, eine in Generationen rechnende und schreibende Dynastie, ein kritisch diskutierendes bürgerliches Publikum stellen eine jeweils andere Bevölkerung dar als eine durch die elektronischen Medien zerstreute und fallweise gebündelte Masse, die durch die Massenmedien (eine der Erfolgsgeschichten des 20. Jahrhunderts) einigermaßen in der Spur verlässlicher

---

123 Beide Zitate nach kunstzitate.de.

Nachrichten, vertrauter Unterhaltung und der unvermeidbaren Werbung gehalten wird. Jedes Medium reformatiert Wahrnehmung und Komplexität. Die Sprache macht Abwesendes adressierbar, die Schrift beleuchtet die Gegenwart aus der Sicht von Vergangenheit und Zukunft, der Buchdruck zwingt zu einem kritischen Bewusstsein, eingeschränkt durch den täglichen Konformismus, und die elektronischen Medien konfrontieren mit einer Wahrnehmung, die im Sekunden-, Stunden- und Tagestakt den Zerfall produziert, aus dem der Wiederaufbau gewonnen wird.

Die Politik der nächsten Gesellschaft rekurriert auf die Entscheidung zwischen Krieg und Frieden. Sie kann gar nicht anders, so sehr sich alle Beteiligten anderes wünschen mögen. Sie gewinnt ihre Macht ausschließlich daraus, gegen die Möglichkeit des Krieges den Frieden zu wahren und damit mitten im Frieden auch den Krieg für möglich zu halten. Politik ist deswegen immer auch militärisch, so sehr dies in den wenigen Jahren einer im Westen erfolgreichen Wohlfahrtspolitik in den Hintergrund treten konnte. Das Kino, der Rundfunk und das Fernsehen bringen den Alltag des Krieges täglich auf unsere Bildschirme. Tatsächlich hat die Zahl der Kriege und der Toten in den vergangenen Jahrzehnten dramatisch abgenommen, aber das ändert nichts an der Präsenz des Krieges. Die vernetzten Computer, die schnellen Algorithmen, die sensorische Erfassung noch des letzten Winkels der Erde mit Satelliten und Drohnen (die Gegner reagieren mit dem Bau von Attrappen), der mit wachsender künstlicher Intelligenz ausgestattete Kampfroboter kompensieren durch ihre Reichweite die größere statistische Unwahrscheinlichkeit, von einem Krieg in Mitleidenschaft gezogen zu werden.

Nach wie vor gehören ein Territorium, die darauf befindliche Bevölkerung, ein Teil von ihr mit aktivem und passivem Wahlrecht ausgestattet, und der nachbarschaftliche Blick über die Grenzen dieses Territoriums zu den Merkmalen der Definition einer Machtsphäre. Zunehmend scheint jedoch der militärische Faktor, ergänzt durch polizeiliche und geheimdienstliche Operationen, eine größere Rolle zu spielen. Er definiert Reichweiten, die sich nicht an territoriale Grenzen halten. Er markiert einen sogenannten Deep State, der industrielle, ministerielle, parlamentarische, parteiliche und militärische Ressourcen zugunsten der Formatierung eines Netzwerks vereinigt, dessen Allianzen weit in die Bevölkerung hineinreichen. Er ist überdies von Formen einer legalen, Gesetze gebenden und Gesetze erhaltenden Staatlichkeit zunehmend unabhängig und kann nicht nur von privaten Organisationen bedient, sondern auch von lokalen Machthabern (Warlords), terroristischen Gruppen, mafiösen und anderen kriminellen Netzwerken, industriellen und, wer weiß, auch kirchlichen Potentaten in Anspruch genommen werden. Politik ist die Verfügung nicht mehr über den Ausnahmezustand (Carl Schmitt), sondern über digitale Plattformen, die als Rückgrat eines Netzwerks fungieren, das, wie ich vermute, in allen Dimensionen ehemals moderner Wertsphären sein Profil gefunden haben muss. Hackerangriffe gelten nicht Territorien, sondern diesem Rückgrat, wie nah man ihm auch kommen mag. Noch ist diese Form diffus, doch sowohl autoritäre als auch demokratische Tendenzen der Gegenwart weisen darauf hin, dass es darauf ankommt, die kognitiven (emotionalen, mentalen, intellektuellen) Dispositionen einer Bevölkerung mit wirtschaftlichen, religiösen, pädagogischen und ästhetischen Ressourcen abzugleichen, die ein spezifisches Profil aufweisen, das die Identität dieses Netzwerks, wie vage auch immer, zu definieren vermögen. Innerhalb dieses Netzwerks herrscht ein Frieden, der von der Möglichkeit des Krieges weiß.

Macht heißt, Drohungen mobilisieren zu können, die nicht ausgeführt werden müssen, um jemanden zu bestimmten Handlungen zu motivieren.[124] Macht heißt auch, darauf verweist Luhmann,[125] dass auf Seiten des Machthabers wie der Unterworfenen im Moment der Machausübung Willkürchancen entdeckt

---

[124] Niklas Luhmann, *Macht*, Stuttgart 1975.

[125] Luhmann, *Die Gesellschaft der Gesellschaft*, S. 355ff.

werden. Man kann befehlen, muss es aber nicht und sollte es nicht, wenn die Chance des Gehorsams zu gering, die eigenen Machtmittel unzureichend sind. Man kann gehorchen, kann aber auch überprüfen, ob es Rückhalt genug für eine Verweigerung gibt. Freiheit ist eine Entdeckung aus dem Umgang mit den Übungen der Macht, nicht umgekehrt. Wer keine Macht erfährt, wüsste nicht, dass er frei sein könnte. Die Frage der nächsten Gesellschaft lautet, welche Drohungen in der Lage sind, jenen Aufbau von Macht sicherzustellen, ohne den Politik im Sinne der Herstellung von Ordnung welcher Art auch immer nicht möglich ist.

Ich vermute, es sind Drohungen des Ausschlusses aus Netzwerken. Alles Weitere, inklusive der Rolle der Angst, die Heinz Bude beschrieben hat,[126] sind Signale, die es ermöglichen, dieser Drohung eines Ausschlusses zu begegnen. Man begegnet dieser Drohung, indem man das Gefühl nicht der, sondern einer bestimmten Welt zu teilen versucht.[127] Man stimmt seine Bildungsabsichten, seine beruflichen Aussichten, seine familiären Erwartungen, seine persönlichen Launen, seine kommunikativen Gewohnheiten auf Signale ab, die eine aktuelle oder potentielle Netzwerkzugehörigkeit beinhalten. Erneut muss dieses Netzwerk keine bewusste Größe darstellen. Es genügt, dass ich weiß, welche Tonfälle ich meinen Kollegen und Arbeitgebern, meiner Familie und meinen Darstellungen auf digitalen Plattformen schuldig bin. Politik ist, was auf dieser Ebene wirkt, im Privaten wie Öffentlichen, wenn das denn noch zuverlässig unterschieden werden kann.

Die Drohung ist allgegenwärtig. Sie wird von denen aufgenommen und verstärkt, die glauben, es sei besser, selbst zu drohen als bedroht zu werden. Die eigene Drohung verwickelt zuverlässig in dieselbe Form von Macht. Daran ist nichts von

---

[126] Heinz Bude, *Gesellschaft der Angst*, Hamburg 2014.

[127] Heinz Bude, *Das Gefühl der Welt: Über die Macht von Stimmungen*, München 2016.

Übel, wenn es der Erhaltung des Friedens dient. Doch was dient der Erhaltung des Friedens? Sicher nicht die Leugnung der Möglichkeit des Kriegs.

Die Gesellschaft der Angst, das Gefühl der Welt, die Macht von Stimmungen sind schon deswegen wichtige Stichworte, weil sie nicht nur über jene Sensorik Auskunft geben, die unser Tun und Handeln, Erleben und Erwarten meist unterhalb der Schwelle unseres Bewusstseins in unsere Netzwerke einbetten, sondern weil sie von den Maschinen, die wir bedienen, während sie uns bedienen, mit wachsender Zuverlässigkeit registriert, protokolliert und bei Bedarf auch stimuliert werden können. Dass diese Maschinen immer auch vom und für das Militär mitentwickelt werden, ist gar nicht mein Punkt, obwohl es durchaus notiert werden darf. Um an der Politik der nächsten Gesellschaft teilzunehmen, genügt es vollkommen, sich im Einflussbereich einer alles andere als diffusen Macht zu bewegen, die wir einsetzen, um unsere Partner zu evaluieren, und die unsere Partner ebenso wie ungenannte Agenturen einsetzen, um uns zu evaluieren. Vor diesem Hintergrund ist einzuschätzen, wer welche politischen Maßnahmen vorschlägt oder ablehnt. Es geht vielleicht nicht um Freund und Feind, obwohl diese Unterscheidung immer noch in dem Maße brauchbar ist, in dem der Freund von heute als möglicher Feind von morgen und umgekehrt der Feind von heute als möglicher Freund von morgen gelten darf und somit jede absolute Freundschaft ebenso ausgeschlossen ist wie die absolute und deswegen vernichtende Feindschaft.[128] Aber es geht in jedem Fall um Inklusion und Exklusion. Bruno Latour hat den Vorschlag gemacht, die Politik als jenen Diskurs zu begreifen, der laufend überprüft, ob Entscheidungen über Inklusion und Exklusion noch Gültigkeit haben sollten.[129] Das ändert nichts

---

[128] Carl Schmitt, *Der Begriff des Politischen*, 1932, Berlin 2002.

[129] Bruno Latour, *Das Parlament der Dinge: Für eine politische Ökologie*, 1999, dt. Frankfurt am Main 2001.

daran, dass genau diese Entscheidung als Entscheidung – nicht etwa als Natur des Sachverhalts – laufend nötig ist. Selbst die Demokratie ist als Herrschaft nicht über ein Ethnos, einen Stamm, sondern als Herrschaft über ein Demos definiert, über Bürger, die sich selbst zu Wahlbürgern machen. Das ist die elementare politische Entscheidung, die mit denen rechnen muss, die diese Entscheidung anfechten.

Pankaj Mishra hat gezeigt,[130] dass schon die Politik der Moderne zuverlässig von einer Bereitschaft zum Ressentiment seitens jener begleitet wird, die sich angesichts unübersehbarer Tendenzen zur Individualisierung, Industrialisierung und Urbanisierung keine andere kritische Folie der Kulturkritik vorstellen können als einen aristokratischen Aristotelismus, der der Unruhe der Perfektibilität eine illusionäre Vorstellung der Perfektion und umso wütendere Beobachtungen jeglicher Form von Korruption gegenüberstellt. Jean-Jacques Rousseau liefert hierfür die Stichworte. Die Wut wird selbst zur politischen Kraft. In der modernen Gesellschaft ist dies eine intellektuelle Bewegung, die Texte produziert, die ihr eigenes Milieu generieren, moderiert durch die Notwendigkeiten des Tagesgeschäfts. In der nächsten Gesellschaft verselbständigt sich die Wut. Sie verbündet sich mit jener Moral Economy, die Edward P. Thompson beschrieben hat und die zunächst nur auf die Ungerechtigkeit der Verteilung wirtschaftlicher Ressourcen mit Rebellion und Revolte reagiert hatte, orientiert an unmerklichen Schwellen, an denen das Maß des Zumutbaren überschritten wird.[131] Aktuell reagiert die Wut auf jeden Versuch, der unruhigen Realität der Gegenwart mit Maßnahmen gerecht zu werden, die alternativlos scheinen (sei es der Ausbau eines städtischen Bahnhofs, sei es eine humanitäre Form der

---

130 Pankaj Mishra, *Das Zeitalter des Zorns*, 2017, dt. Frankfurt am Main 2017.

131 Edward P. Thompson, *Plebeische Kultur und moralische Ökonomie*, dt. Frankfurt am Main 1980.

Flüchtlingspolitik), mit der Sensibilität derer, die nur noch und höchst prekär die Orientierung an bedrohten, vielleicht überkommenen Formen des gesellschaftlichen Zusammenhalts kennen.

Diese Wut wäre in jeder früheren Politik von der Weisheit der Ältesten, der Herrschaft der Kirche und des Adels oder einem populistischen Manöver demokratischer Politiker ausgebremst worden, achtet man nicht auf jene zahlreichen Fälle, in denen sie von denselben Instanzen für Beute-, Kreuz- und Kriegszüge ausgebeutet wurde. Man hätte sie um jeden Preis im Auge behalten. Nur die Moderne unterschätzt eine auch politische Geometrie der Gefühle, wie sie von Aristoteles in seiner *Rhetorik* so präzise beschrieben wurde wie von Baruch Spinoza in seiner *Ethik*.[132] Unbestechlich verrechnet diese Geometrie Erfahrungen mit Erwartungen und Beobachtungen mit Enttäuschungen. Ihr Maßstab sind der Vergleich und die Erinnerung so unnachgiebig wie es die Reziprozitätskalküle der Stammesgesellschaft waren. Die Politik der nächsten Gesellschaft kann es sich nicht mehr leisten, die Dynamik der Affekte zu vernachlässigen. Sie wird von den elektronischen Medien nicht nur registriert und protokolliert, sondern auch amplifiziert. Sie schafft Orientierung, und das nicht etwa deswegen, weil es sich um bloß diffuse Gefühle handelt, die es nicht so genau wissen müssen, sondern deswegen, weil diese Gefühle höchst präzise in Netzwerkrealitäten verankert sind, die die elektronischen Medien schneller entdecken und ausbeuten (man denke an die Serien des Fernsehens ebenso wie an die mood control devices von Unterhaltungsplattformen und Überwachungsprogrammen), als ihnen die Wissenschaft auf die Spur kommt. Die nächste Politik weiß um die trügerische Steigerbarkeit dieser Gefühle wie um deren Berechtigung.

Die politische Geometrie der Gefühle spielt in der Unterscheidung von Demokratie, Autokratie und Technokratie eine wichtige

---

[132] Aristoteles, *Rhetorik*, dt. Stuttgart 1999; Baruch Spinoza, 1677, *Die Ethik*, lat./dt. Stuttgart 2007.

Rolle. Je mehr Prozesse einer ungewissen Globalisierung und prekären Regionalisierung in Frage stellen, wo die Grenzen einer politischen Gemeinschaft, die Grenzen der Selbstverwaltung, der Verteidigung und der Verhandlung von Außenbeziehungen jeder Art, sinnvoll zu ziehen sind, desto kritischer wird die Frage nach dem Demos, den (aktiven und passiven) Wahlbürgern, im Unterschied zum Ethnos, den qua Geburt, Sprache, Religion und Kultur einem bestimmten Territorium zuzuordnenden Volk. Die Demokratie legt den Akzent auf einen ersten, die Politik schlechthin konstituierenden Akt, in dem entschieden wird, wer wählen und wer gewählt werden darf. Dieser Akt ist kein Ursprungsakt im zeitlichen Sinne. Er muss nicht in grauer Vorzeit getroffen worden sein. Er kann immer wieder neu vollzogen werden und infiziert so die Politik mit jenem Maß an Unbestimmtheit und daran ansetzender Bestimmbarkeit, das den Namen einer Politik erst verdient. Die Unsicherheit, die damit einhergeht, kann im Ethnos nicht aufgefangen werden, so sehr sich dies die Berufung auf ein Volk wünschen mag. Die Unsicherheit muss demokratisch fruchtbar gemacht werden, indem nach der Balance gesucht wird, die lokale, regionale, nationale und übernationale Entscheidungsprozesse subsidiär möglich macht.

Weicht man dieser Unbestimmtheit aus, landet man zwangsläufig in einer Autokratie, in der Führer und Volk sich wechselseitig der Zugehörigkeit zu einer korporativen Einheit versichern, mag diese staatlich, militärisch, industriell oder kirchlich begründet sein. Die Autokratie ersetzt das Gefühl der Stärke, das aus einer Vielzahl diverser und komplexer Beziehungen zu benachbarten politischen Gemeinschaften entsteht, durch ein Gefühl der Angst, das darauf drängt, die Risiken des eigenen Überlebens zu kollektivieren. Im strategischen Spiel der Unterwerfung gegen die Garantie der Sicherheit, das Thomas Hobbes beschrieben hat,[133]

---

133 Thomas Hobbes, *Leviathan oder Stoff, Form und Gewalt eines kirchlichen und bürgerlichen Staates*, 1651, dt. Frankfurt am Main o. J.,

steht der autokratische Führer an der Stelle, an der in einer Demokratie individuelle Erfahrungen der Möglichkeit eines erfolgreichen Handelns stehen.

Will man weder das eine noch das andere, bleibt nur die Technokratie, die Herrschaft der Experten,[134] die sich an das Gefühl wendet, mit Gefühlen nicht weiterzukommen. Das scheint jedoch nur entweder seinerseits autokratisch oder dann möglich zu sein, wenn man bisherige Politikmuster zugunsten ihrer Fortsetzung, ein Gesetz der Trägheit ausnutzend, extrapolieren kann. Auch in der Demokratie können technokratische Fragestellungen ausgewiesen und angedockt werden, doch spätestens dann, wenn die Zukunft als unbekannt entdeckt wird, bricht dieses labile Gleichgewicht auseinander. Die Autokratie kontrolliert die Teilnahme, die Technokratie die Zugänge, und die Demokratie den Einschluss des Ausgeschlossenen.

In allen drei Formen einer politischen Verfassung spielt die unbekannte Zukunft eine entscheidende Rolle. Sie prägt die Gemeinschaft, die gesucht wird, wenn es möglich ist, den Begriff der Gemeinschaft nicht mehr auf Herkunft, sondern auf Zukunft zu beziehen. Eine Gemeinschaft bilden diejenigen, die einen verwandten Bezug zur Zukunft pflegen.[135] Wer keine Zukunft zu haben glaubt, schließt sich anders zusammen als diejenigen, die an ihre Zukunft glauben. Auch das ist ein Element der Geometrie der Gefühle. Die Bedeutung elektronischer Medien und digitaler Plattformen kann daran unterschieden werden, welchen Bezug zur Zukunft sie pflegen. Je größer der Anteil des Imaginären im Bild von der eigenen Zukunft, desto unbeweglicher die Gemeinschaft und desto starrer die Gefühle.

Kap. 17 und 18.

[134] Siehe Helmut Willke, *Demokratie in Zeiten der Konfusion*, Berlin 2014.

[135] Giorgio Agamben, *Die kommende Gemeinschaft*, 1990, dt. Berlin 2003.

7. Bewirtschaftung durch Kapitalisierung

Die Wirtschaft der nächsten Gesellschaft jagt von Asymmetrie zu Asymmetrie. Es geht darum, Zeit zu gewinnen. Wirtschaften heißt, seinem Kapital einen Schritt voraus zu sein.

Das Kapital der Stammesgesellschaft besteht im Wissen um Jagdgründe, die Wanderungen des Wilds, die Kunst des Gartenbaus, die Bedeutung der Rituale, die Launen der Geister und in jenem Wissen, das im Werkzeug, in den Waffen, in den Kochgeräten und in den rituellen Gegenständen verkörpert ist. Mit einigen dieser Dinge dürfen Kinder spielen, den Gebrauch anderer müssen sie ab einem bestimmten Alter üben und wieder andere sind ihnen verboten. Einige dieser Dinge werden von den Frauen gehandhabt, andere nur von Männern. Um die Bedeutung der heiligen Dinge weiß nur der Schamane, alle anderen müssen nur wissen, dass sie heilig sind. Die Stammesgesellschaft ist ein erster Fall einer Wissensgesellschaft, und weitere Fälle werden ihr bis in die Gegenwart folgen. Ein Kapital ist dieses in Erfahrungen, Erzählungen, Gegenständen und Praktiken, nicht zu vergessen die Kleidung, die Talismane und Zauberbeutel, verkörperte Wissen, weil es zum einen akkumuliert ist, ein Erbe der Alten, zum anderen in jeder Gegenwart neu angewandt und erprobt wird, ein Gegenstand der Übung, und in alle Zukunft, der ewigen Wiederkehr sei Dank, die Existenz des Stammes sichert. Kapital bindet Zeit, Dinge und Menschen. Es ist eine dynamische Größe, dem Verbrauch, Vergessen und Verfall ebenso ausgesetzt wie der Ergänzung, Ersetzung und Erweiterung. Eigentumsrechte, nicht notwendig privatisierende, sind erforderlich, um die Allokation sicherzustellen, das heißt zu regeln, wer wann was tun und anderen den Zugriff verwehren kann. Eigentumsrechte können ausgenutzt werden, um zu häufen und zu horten, aber selbst die sprichwörtlichen Truhen, in denen die Aussteuer der Kinder aufbewahrt wird, bleiben den Blicken aller anderen nicht verborgen.

Mit einem »deep desire to possess« sind bereits die frühesten Gesellschaften vertraut,[136] immerhin ein Zeichen ihres Wissens um die Kapitalfunktion der Dinge, ihrer Fähigkeit, ebenso ehrgeizig wie auftrumpfend den Vergleich untereinander zu suchen, und ihrer Reflexion der relationalen Identität des Gegenstands ebenso wie des Ichs. Und dass es dieses »desire« gibt, heißt nicht, dass dies nicht bereits dem Verdacht unterliegt, da wolle jemand Kapital, das auch andere nutzen könnten, der Gemeinschaft entziehen. Die Großzügigkeit der Gabe wird ebenso sehr geschätzt, wie die Fähigkeit, die Dinge beieinander halten zu können, auch wenn Marcel Mauss zu seinem Kummer entdecken musste, dass die Großzügigkeit, ja die Verschwendung in Formen des Potlatch, so kalkuliert ist wie der Besitz.[137] Die Gabe verpflichtet. Sie akkumuliert und testet Sozialkapital.

Aber immerhin, im Kapital erhält das flüchtige Wort ein materielles Gegengewicht, materiell auch dann, wenn es nur um ein Wissen geht. Denn das Wissen gäbe es ohne seine Verkörperung in Topographien, Konventionen und Praktiken nicht. Die Rituale der Verschwendung, die Georges Bataille im Anschluss an Mauss wieder aufgreift,[138] sind nicht nur Gesten des Triumphs (über andere), sondern auch Versuche, den Ballast wieder loszuwerden, der die nicht nur physische, sondern auch strukturelle und kulturelle Beweglichkeit des Stammes behindert.

Das Kapital der antiken Hochkultur umfasst neben dem genannten der Stammesgesellschaft zusätzlich das Wissen und die Geräte des Handwerks, des Gewerbes, des Handels und der Paläste. Die Vorratswirtschaft wird ausgebaut. Sie bindet nicht

---

[136] Bronislaw Malinowski, *Argonauts of the Western Pacific: An Account of Native Enterprise and Adventure in the Archipelagoes of Melanesian New Guinea*, New York 1922, Reprint 1984, S. 510.

[137] Mauss, *Die Gabe*.

[138] Georges Bataille, »Der verfemte Teil«, 1949, dt. in: ders., *Die Aufhebung der Ökonomie*, München 1975, S. 33-234.

nur noch mehr Kapital, sondern sorgt überdies für ein Interesse an Herrschaft (auf beiden Seiten). Das Interesse an Schrift ist zunächst ein Interesse an Buchhaltung.[139] Doch die Bücher, die geführt werden, registrieren wechselseitige Verpflichtungen, keine Bestände oder gar Zahlungen. Das homerische Wort für Zahlungen jeglicher Art, zwischen Händlern ebenso wie zwischen Volk und Fürst, ist immer nur »Geschenk«,[140] was sicherlich niemanden daran gehindert hat, streng mitzurechnen. Das Kapital auch der Schriftgesellschaft ist eingebettet in dingliche, persönliche und soziale Beziehungen und kann nur in dieser Gemengelage eine Gegenwart binden, um auf eine Vergangenheit zurückzugreifen, die eine bestimmte Zukunft erwartbar macht. Xenophon hat eines der ersten Bücher über Fragen wirtschaftlichen Handelns, sein Buch *Oikonomikos*,[141] vollständig der Frage gewidmet, welche Art von sanfter, von den Beherrschten selbst gewollter Herrschaft über einen Oikos, einen Haushalt, den Haushalt eines Aristokraten, ausgeübt werden muss, damit Haus und Garten, Vieh und Gerätschaften, Ehefrau, Kinder und Gesinde ein ihnen angemessenes Leben führen können. Die zwei entscheidenden Gelenkstellen sind zum einen die Anleitung der (jungen) Ehefrau durch den Herrn, damit diese alle anderen ähnlich behandelt, und zum anderen die Bereitschaft zum Verzicht jetzt, um die umso größeren Früchte dieses Verzichts morgen genießen zu können. Das Geheimnis einer Herrschaft über die, die sich willig beherrschen lassen, ist Sophrosyne, Selbstbeherrschung. Dass diese Selbstbeherrschung im Verein mit einem standesgemäßen Erbe, einer geübten Geschicklichkeit im Umgang mit den Dingen und Klugheit im Umgang mit den Menschen Kapital

---

[139] Pierre Amiet, »Il y a cinq mille ans les Elamites inventaient l'écriture«, *Archeologia* 12 (1966), S. 16-23.

[140] Finley, *Die Welt des Odysseus*, S. 66ff.

[141] Xenophon, Oikonomikos: »Die Hauswirtschaftslehre, um 350 v. Chr.«, dt. in ders., *Die sokratischen Schriften*, Stuttgart 1956, S. 235-302.

binden und bilden kann, das eine wiederum standesgemäße, die Dinge und die Menschen ehrende Lebensführung ermöglicht, hat die Griechen ebenso wie die Römer beeindruckt und noch Leo Strauss dazu angeregt, dem *Oikonomikos* einen ausführlichen Kommentar zu widmen.[142]

Zum Kapital der modernen Gesellschaft hat Karl Marx alles Erforderliche gesagt.[143] Er war der erste, der den »Fetischismus« eines nur instrumentellen Verständnisses des Kapitals aufdeckte und in den Operationen des Kapitals die Gesellschaft lesbar machte. Er war aber auch der erste, der das Interesse am Fetisch als ein zumindest für die bürgerliche Gesellschaft wesentliches Moment der Operationen des Kapitals beschrieb und damit, geschult an seiner Kritik der »Vulgärökonomie«, die Geste des Theoretisierens für mindestens so problematisch hielt wie die Operation der Kapitalakkumulation.[144] Im Kapital steckt ein Interesse daran, sich partiell unsichtbar zu machen. Was man sehen soll, ist das fixe Kapital, das in Gebäuden, Geräten und Maschinen steckt. Was man nicht sehen soll, das hat der heute so genannte Goodwill-Firmenwert eines Konzerns mit der Aussteuertruhe der bäuerlichen Gesellschaft gemein, ist das Ausmaß, in dem dieses fixes Kapital in der Lage ist, variables Kapital zu dirigieren und auszubeuten. Was man nicht sehen soll, ist die Verschuldung eines Kapitals gegenüber einer Gesellschaft, die den Wert des Kapitals erst sichert, indem sie es einsetzbar macht. Das soll nicht heißen, dass das eigentliche Kapital die Gesellschaft selbst ist. Mit einer solchen Annahme würde man die im Kapital zum Ausdruck kommende Distanz der

---

[142] Leo Strauss, *Xenophon's Socratic Discourse: An Interpretation of the Oeconomicus*, Ithaca, NY 1970.

[143] Karl Marx, *Das Kapital: Kritik der politischen Ökonomie*, Bd. 1, 1867, Berlin 1980.

[144] Vgl. Louis Althusser, Étienne Balibar, Roger Establet, Pierre Macherey und Jacques Rancière, *Das Kapital lesen*, 1965, dt. Münster 2015.

Gesellschaft gegenüber sich selbst und damit jeden Ansatzpunkt eines Kapitalkalküls unterschätzen. Das Kapital der modernen Buchdruckgesellschaft lebt so sehr vom kritischen Vergleichswissen wie alles andere in dieser Gesellschaft auch. Das aber heißt, dass es die Gesellschaft zwar totalisiert, wie Althusser schreibt, aber eben nicht nur zur Aktualität ihrer selbst, sondern zugleich zum Potential ihrer selbst, einem Potential, das, so totalisierend es auch ist, zugleich hochgradig perspektivisch ist. Man braucht nur Max Webers Wirtschaftsgeschichte zu lesen,[145] um einen Sinn dafür zu bekommen, wie diese perspektivische Totalisierung seit jeher so disruptiv wie konstruktiv mit Sach-, Sozial- und Zeitverhalten der Gesellschaft umgeht. Der Fernhandel, die Versicherungswirtschaft, das Bankenwesen, die Zünfte, das Verlagswesen, die Manufaktur, das Unternehmen, der Konzern, die Sklavenarbeit und die freie Arbeit, das Zinsverbot und der Wucherzins, die doppelte Buchführung und die Arbeitsorganisation sind je für sich Manöver einer Kapitalisierung, die mit Dingen, Menschen und Zeiten je unterschiedlich rechnet, aber immer: rechnet. Das Kapital ist immanent kritisch, weil ihm nur so das Binden von Dingen, Menschen und Zeiten gelingt. Die Theorie des Kapitals müsste als Netzwerktheorie komplexer Operationen entfaltet werden.

An diesem Kapitalverständnis ändern die elektronischen Medien erst einmal nichts. Sie fügen sich den Ansprüchen des Kalküls, sie erhöhen sowohl die Granularität als auch die Konnektivität der Erfassung von Zahlungsströmen und sie beschleunigen komplexe Operationen. Aber was heißt das? Man vermutet ein gestiegenes Bewusstsein für die Möglichkeit des Scheiterns,[146] inklusive der Erfahrung, dass das Scheitern anders

---

145 Max Weber, *Wirtschaftsgeschichte: Abriß der universalen Sozial und Wirtschaftsgeschichte*, Berlin 1923.

146 So Anatole Kaletsky, *Capitalism 4.0: The Birth of a New Economy in the Aftermath of Crisis*, London 2010 (hier ist 1.0 die Epoche der Industrialisierung, 2.0 die Epoche des New Deals, 3.0 die Epoche der

nicht verfügbare Ressourcen des Neuanfangs freisetzt, also letztlich selbst scheitert.[147] Das passt zu der Annahme, dass das Kapital Mittel und Wege gefunden hat, seine Einbindung in ungewisse Netzwerke und unzuverlässige Systeme einzupreisen. Das passt auch dazu, dass die Datenökonomie der nächsten Gesellschaft die Gesellschaft nicht etwa komplett digitalisiert im Sinne ihrer Transformation in Zählbarkeit und Verknüpfbarkeit, sondern ganz im Gegenteil jedes Datum als ein sozial, temporal und ökologisch unsicheres Faktum zu interpretieren gelernt hat. Die Datenökonomie rechnet mit Daten, deren Netzwerktauglichkeit und systemische Anschlussfähigkeit sich schon deswegen in jeder Situation erst noch herausstellen müssen, weil man längst damit zu rechnen gelernt hat, inmitten von Operationen der Absicherung auf neue Chancen einer andersartigen Potentialisierung zu stoßen. Wenn man so will, wird das Kapital seinerseits zugunsten der Kapitalisierung von Chancen der perspektivischen Totalisierung generalisiert. Das ist spätestens in der doppelten Buchführung bereits angelegt, wie Werner Sombart gezeigt hat,[148] aber es wird jetzt über die Verbuchung von Zahlungen auf unterschiedliche Konten hinaus generalisiert, so dass materielle wie immaterielle Daten wie Konten ihrer selbst betrachtet werden können.

Das Kapital der nächsten Gesellschaft gibt Anlass, den Marktbegriff wesentlich breiter zu denken, als dies in der Moderne der Fall war. Der Markt ist eine Form der »Landnahme«.[149]

Deregulierung und 4.0 die Epoche des Lernens und Nichtlernens aus der Finanzkrise 2007/08).

[147] So Jens Bergmann, Matthias Hahn, Antonia Langhof und Gabriele Wagner (Hrsg.), *Scheitern – Organisations- und wirtschaftssoziologische Analysen*, Wiesbaden 2014.

[148] Sombart, *Der moderne Kapitalismus*, Bd. II, S. 110ff.

[149] So Philipp Hessinger, *Märkte und »common ground«: Arbeit, gesundheitliche Versorgung, Finanzen*, Wiesbaden 2018, im Anschluss an Burkart Lutz, *Der kurze Traum immerwährender Prosperität: Eine*

Zum einen erobert das Kapital auf der Spur der in elektronischen Medien generierbaren Daten immer neue Felder der produktiven Ausbeutung, zum anderen stößt es jedoch auch immer wieder auf neue Grenzen. Man denke nur an die Suche der Pharmaindustrie nach neuen Wirkstoffen, an die Verwandlung des Individuums in eine sich selbst kapitalisierende Maschine der Selbstoptimierung, an das Erproben immer neuer strukturierter Finanzierungsinstrumente zur Ausbeutung von Zinsspannen, Risikodifferentialen und Zeitvorsprüngen. Auf den Märkten, aus denen sich das nächste Kapital gewinnt, begegnen sich nicht nur Anbieter und Nachfrager, sondern werden immer auch Daten generiert, die für Dritte ungeahnte Geschäftschancen bieten. Auch das ist nichts prinzipiell Neues. Bereits in der modernen Gesellschaft war die Vernetzung der Märkte, nicht zuletzt innerhalb der Industrie, mindestens ebenso sehr eine Wachstumsquelle wie der steigende Endabnehmerkonsum. Noch nicht einmal die Gefahr ist neu, dass mit vielen neuen Chancen alteingeführte Arbeitsplätze bedroht werden. Die Automatisierung, deren Rückschläge, da lehrreich, für ihren Fortschritt wichtiger sind als ihre Versprechen,[150] wiederholt, was mit der Mechanisierung bereits erfahren werden musste. Mit dem Stichwort der Datenökonomie ist vielmehr die Beobachtung verbunden, dass die besten Kapitalisierungschancen dort zu vermuten sind, wo sich die strukturellen Äquivalenz eines Netzwerks und die funktionale Äquivalenz eines Systems wechselseitig beschränken. Man tauscht Netzwerkelemente aus, um Chancen der Ausdifferenzierung und Reproduktion zu testen, und variiert umgekehrt Systemgrenzen,

---

Neuinterpretation der industriell-kapitalistischen Entwicklung im Europa des 20. Jahrhunderts, Frankfurt am Main 1989.

[150] Siehe Peter Brödner, »Die dritte Welle der ›automatischen Fabrik‹ – Mythos und Realität semiotischer Maschinen«, in: Gerhard Banse, Ulrich Busch und Michael Thomas (Hrsg.), *Digitalisierung und Transformation: Industrie 4.0 und digitalisierte Gesellschaft*, Berlin 2017, S. 165-184.

um neue Netzwerkpotentiale zu finden. Der Phantasie, um welche Elemente und Grenzen es sich dabei handelt, sind in diesem Suchprozess keine Schranken gesetzt. Materielle und immaterielle Elemente kommen ebenso in Frage wie personale, soziale, technische und kulturelle. Und jede Systemgrenze kann verschoben werden, wenn man Problemperspektiven und Lösungsaspekte variiert. Wichtig ist nur, dass Elemente und Grenzen einen Markt finden, auf dem sie sich behaupten können, das heißt auf weitere unabhängige Elemente stoßen, die sich mit Chancen auf Ausdifferenzierung und Reproduktion zu Korrelationen der Abhängigkeit bereitfinden.

Das Kalkül einer zwar unbekannten, aber möglichen Zukunft bietet im Spiegel der Datenmengen, die über heterogene Sachverhalte heute abrufbar sind, Kapitalisierungschancen, die keinen Stein auf dem anderen lassen. Möglicherweise wird das Geld, so wie man es kennt, dabei überflüssig.[151] Wirtschaft wird zur Bewirtschaftung von Knappheit ebenso wie Überschuss, weil die Knappheit einen Überschuss an Nachfrage und der Überschuss eine Knappheit an Nachfrage signalisiert. An beidem kann man ansetzen. Noch ist die entscheidende Größe in der Wahrnehmung von Kapitalisierungschancen jenes Humankapital, das selbst aus einer in Familie, Bildung und Beruf geschulten, wenn man so will: unternehmerischen, Distanz gegenüber der Gesellschaft resultiert. Man braucht den Abstand, um sich von der Fülle der bereits gezogenen Verbindungen nicht blenden zu lassen. Man braucht den Abstand, um strukturelle und funktionale Äquivalenzen entdecken zu können. Möglicherweise resultiert das Kapital der nächsten Gesellschaft auch aus einer Überbewertung unbestimmter Chancen der Disruption. Dann braucht man erst recht den Abstand.

---

[151] Siehe Stefan Heidenreich, ~~Geld~~: Für eine non-monetäre Ökonomie, Berlin 2017.

Talcott Parsons und Neil J. Smelser hatten die Kapitalfunktion an der Grenze der ökonomischen und der politischen Funktion der Gesellschaft angesiedelt.[152] Im Kapital wird das von der Politik generierte Vertrauen in die Zukunft der Gesellschaft gegen die Ressourcen ausgetauscht, die die Wirtschaft der Gesellschaft zur Vorsorge für ihre Zukunft bereitstellt. Man kann diesen Gedanken generalisieren und landet damit wieder bei Karl Marx, aber auch bei Gary S. Becker:[153] Kapital entsteht genau dort, wo Ressourcen eines Bereichs für die Reproduktion eines anderen Bereichs in Anspruch genommen werden. Im Humankapital geschieht das wechselseitig. Bildung ermöglicht Arbeit und reflektierte Arbeit Bildung. Mengen von Daten über chemische Prozesse, physikalische Vorgänge, medizinische Zusammenhänge, menschliches Verhalten, soziale Dynamiken und kulturelle Muster sind nicht per se bereits Kapital. Aber sie können dazu werden, sobald sie andernorts, und sei es zurückgespielt in den Bereich ihrer Herkunft, Verwendung für eine Problemstellung oder Problemlösung finden. Die Gesellschaft, die im Kapital das Kapital zum Kapital macht, spielt sich nicht mehr nur zwischen Menschen, sondern zwischen Mensch, Natur und Maschine ab, wobei jedes der Elemente plastischer, allerdings auch abgründiger ist, als man es zuweilen erwartet hat.

---

[152] Talcott Parsons und Neil J. Smelser, *Economy and Society: A Study in the Integration of Economic and Social Theory,* London 1956, Nachdruck 1984, S. 161ff.

[153] Gary S. Becker, *Human Capital: A Theoretical and Empirical Analysis with Special Reference to Education*, Chicago 1964.

8. Konsum mit Stil[*]

Die Form des Konsums ist in der nächsten Gesellschaft nicht mehr die Reziprozität, die Tugend oder die Konformität, sondern der Stil. Er setzt die wiederholbare Konsumentscheidung eines Individuums in Relation zu ihrer digitalen Berechenbarkeit und analogen Unberechenbarkeit, zu einer Konformität, die ihre Protokolle ausreizt, und zu einer Devianz, die fragile Idiosynkrasien testet.

Im Jahr 1965 publizierte Gary S. Becker ein Modell der Produktionsfunktion des Konsums, das auf seine Forschung zur Abhängigkeit des Humankapitals von Bildung und zur Abhängigkeit individuellen Verhaltens nicht von rationalen Entscheidungen, sondern von Gelegenheiten und Restriktionen zurückgreift und gleich zwei entscheidende Erkenntnisse vertritt: Erstens ist Konsum das Ergebnis aktiver Entscheidungen und nicht passiver Hinnahme sei es der eigenen Bedürfnisse, sei es der Angebote auf dem Markt; und zweitens besteht der zu optimierende beziehungsweise zu erfüllende Nutzen des Konsums nicht nur im Gebrauchs- und Distinktionswert der konsumierten Güter und Dienstleistungen, sondern darüber hinaus in der Zeit, die für den Konsum aufgewendet oder für anderes eingespart wird, im Maß an Bildung, Erfahrung und Umweltzugriffen, die der Konsum erfordert und ermöglicht, und im sozialen Umfeld, in dem der Konsum möglich ist beziehungsweise zu dem der Konsum Zugang verschafft.[154]

---

[*] Gekürzt aus *Wirtschaftsdienst* Heft 12 (2015), S. 8-11.

[154] Gary S. Becker, »A Theory of the Allocation of Time«, *Economic Journal* 75 (1965), S. 493-517; vgl. ders., »Irrational Behavior and Economic Theory«, *Journal of Political Economy* 70 (1962), S. 1-13; ders., *Human Capital: A Theoretical and Empirical Analysis with Special Reference to Education*, Chicago, IL 1964.

Die erste Erkenntnis ist die Voraussetzung dafür, Produktionsfunktionen nicht nur des Konsums, sondern auch der Produktion entwerfen zu können, das heißt mit derselben Analysetechnik nicht nur das Verhalten von Individuen und Haushalten, sondern auch von Firmen, Behörden und anderen Organisationen untersuchen zu können. Auf dieser Grundlage kann eine einheitliche Theorie wirtschaftlichen Verhaltens entwickelt werden, die von Akteuren, die ihre Verhältnisse wenn nicht schaffen, so zumindest aktiv reproduzieren, und nicht von Akteuren, die Signale und Anreize hinnehmen und passiv auf sie reagieren, ausgeht. Und die zweite Erkenntnis formuliert ein ökonomisches Modell der Produktion von Konsumentscheidungen, das jenen Anforderungen an die Berücksichtigung der Faktoren Zeit, Sozialisation und Gesellschaft genügt, die von soziologischer Seite an ein ökonomisches Modell herangetragen werden können.

Beckers Modell stieß weder bei Ökonomen noch bei Soziologen auf großes Interesse. Zu ungewöhnlich war ein Ansatz, der eine streng funktionale mathematische Gleichung präsentierte, die gleichwohl die Beschränkung ökonomischer Gleichungen auf numerische Werte sprengte und somit eine ökonometrische Bearbeitung erschwerte, wenn nicht unmöglich machte. Die Rezeption wurde auch dadurch nicht erleichtert, dass Becker wenig später auch den Faktor der sozialen Interaktion, das heißt der Produktion individueller Entscheidungen durch Rollenverteilungen in Haushalten und Firmen in den Blick nahm und zunächst mit George Stigler und dann mit Kevin Murphy die Konsequenz aus seinem Modell zog, die Produktion von Konsumentscheidungen nicht nur für Güter und Dienstleistungen, Bildung und Erziehung, Gattenwahl und Freizeitverhalten, Todeszeitpunkt (durch Investitionen in Lebenswandel, Versicherung und medizinische Vorsorge) und Kriminalitätsbereitschaft,[155] sondern auch für Suchtverhalten

---

[155] Gary S. Becker, »A Theory of Social Interactions«, *Journal of Political Economy* 82 (1974), S. 1063-1093; ders., *Der ökonomische Ansatz*

als rational zu beschreiben.[156] Man stieß sich an der mathematischen Formulierung des Modells und erkannte nicht, dass die Mathematik hier nichts anderes leistet als die doppelte Klärung zu beachtender Faktoren und funktionaler Zusammenhänge.

Beckers Produktionsfunktion des Konsums ist eine Heuristik der Beschreibung von funktionalen Abhängigkeiten einzelner Konsumentscheidungen von Faktoren wie Zeit, Sozialisation, Interaktion und Gesellschaft. Diese Heuristik ist medienarchäologisch zu verwenden. Es genügt, die Funktionsgleichung um den Faktor Netzwerk in Abhängigkeit von der medienhistorischen Formation der betrachteten Gesellschaft zu ergänzen.

Individuelle Konsumentscheidungen sind so arbiträr oder träge, wie man mag, doch die soziale Formation dieser Entscheidung ist in keiner Gesellschaft dem Zufall überlassen. Individuelle Entscheidungen müssen sich an der sozialen Situation, in der sich das Individuum befindet, orientieren, wenn das Individuum sicherstellen will, auch weiterhin partizipieren zu können. Das schließt Komplexität und Ambivalenz, wie die Soziologie zeigen konnte, nicht aus, sondern ein.

Beckers Ausgangsannahme lautet:

$U_i = U_i (Z_1, ..., Z_m)$.

Der Gesamtnutzen U, den ein Individuum i durch seine Entscheidungen produziert, setzt sich aus der Summe oder dem Verhältnis (Kommata sind in funktionalen Gleichungen dieser Art

zur Erklärung menschlichen Verhaltens, 1976, dt. Tübingen 1982.

[156] George J. Stigler und Gary S. Becker, »De Gustibus Non Est Disputandum«, American Economic Review 67 (1977), 2, S. 76-90; Gary S. Becker und Kevin M. Murphy (1988): »A Theory of Rational Addiction«, Journal of Political Economy 96, 4, S. 675-700. Und siehe mit einem Verweis auf Charles Baudelaire, Die künstlichen Paradiese: Die Dichtung vom Haschisch, 1860, dt. Zürich 1994, auch Dirk Baecker, »Artificial Paradise Revisited«, in: Stephan A. Jansen, Eckhard Schröter und Nico Stehr (Hrsg.), Fragile Stabilität – stabile Fragilität, Wiesbaden 2013, S. 25-39.

schwer zu interpretieren) der Bedürfnisbündel Z_1 bis Z_m zusammen.

Jedes einzelne dieser Bedürfnisbündel, Z_j, (bestehend aus Bedürfnis, Gütern, Leistungen, Situationen) ist in seiner Nutzeneinschätzung eine Funktion f der konsumierten Menge x, der aufzuwendenden beziehungsweise eingesparten Zeit t, der investierten beziehungsweise gewonnenen Erziehung, Erfahrung und weiterer Umweltfaktoren (environment) E, der Charakteristik der Personen R^1 bis R^r, mit denen das seinen Konsum produzierende Individuum in Berührung kommt beziehungsweise denen es dank seines Konsums aus dem Weg gehen kann, und eines Netzwerkfaktors N, in dem die Struktur und Kultur der jeweiligen Gesellschaftsformation S (für society) abgebildet wird. Faktor N ist meine Ergänzung der von Becker formulierten Produktionsfunktion des Konsums:

$$Z_j = f^i{}_j \, (x_j, \, t_j, \, E^i, \, R^1{}_j, \, \ldots, \, R^r{}_j, \, N_S).$$

Ein mögliches Programm zur Erforschung digitalisierter Usancen des Konsums besteht aus zwei Teilen. Erstens kann die Form des Konsums für jede bisherige Medienepoche des Netzwerks N_S, also für die tribale Gesellschaft N_{tribal}, die antike Gesellschaft N_{antik} und die moderne Gesellschaft N_{modern}, bestimmt werden. Und zweitens kann man sich anschauen, wie x, t, E und R variiert werden, wenn die nächste Gesellschaft, N_{next}, sich ausdifferenziert und Konsummuster deutlich werden, die sich von denen der früheren Gesellschaft, sie aufnehmend und überlagernd, unterscheiden.

Konsumentscheidungen sind individuell und erratisch. Ihre Festlegung ergibt sich aus Gelegenheiten, Restriktionen und den Launen des Individuums. Wissenschaftliche Modelle des Konsums versuchen daher nicht, einzelne Entscheidungen zu erklären, sondern zielen auf die Frage, ob die Reproduktion dieser Entscheidungen bestimmte Muster aufweist und bestimmten Konditionen gehorcht. Die Annahme eines Homo oeconomicus, mit der die Arbeit von Becker oft assoziiert wird, gilt grundsätzlich nicht auf der individuellen und psychischen Ebene, sondern auf der Ebene der Möglichkeit eines Marktgleichgewichts. Nicht aus eigenen Motiven heraus, sondern dank der Wirkung von Budgetrestriktionen verhalten Individuen sich marktrational. Selbst impulsive Entscheidungen können als impulsiv nur erklärt werden, wenn sie impulsiv wiederholt werden können. Die einzelne, noch nicht wiederholte Entscheidung kann hingegen nur als komplex beschrieben werden, weil in ihr körperliche, psychische, mentale und soziale Determinanten unauflösbar zusammentreffen.

Dreht man die Blickrichtung um, sieht man, dass die Komplexität individueller Konsumentscheidungen das »mikrodiverse« Material ist,[157] in dem die Gesellschaft mit sozialen Determinanten des Konsums experimentieren kann. Die Plastizität des Konsums ergibt sich aus der losen Kopplung zwischen individuellen Entscheidungen und sozialen, psychischen und organischen Konditionen, denen ihre Wiederholung unterliegt.

Fragen wir in diesem Sinne nach Differenz und Wiederholung können wir für die Stammesgesellschaft (N_{tribal}) die Form der Reziprozität, für die antike Gesellschaft (N_{antik}) die Tugend, für die moderne Gesellschaft (N_{modern}) die Konformität und für die nächste Gesellschaft (N_{next}) den Stil als Form der Wiederholung von Konsumentscheidungen identifizieren.

Reziprozität heißt, dass mit jeder Konsumentscheidung eine unbestimmte, aber bestimmbare Verpflichtung eingegangen wird, ähnliche Entscheidungen auch von anderen zu erwarten beziehungsweise anderen einzuräumen: Konsumiert werden darf nur, wenn und was im vergleichbaren sozialen Kreis auch andere konsumieren. Tugend heißt, dass nur solche Entscheidungen wiederholt werden dürfen, die als Ansprüche an die eigene Lebensführung vor der aktuellen Gegenwart, einer erinnerten

---

[157] Niklas Luhmann, »Selbstorganisation und Mikrodiversität: Zur Wissenssoziologie des neuzeitlichen Individualismus«, *Soziale Systeme* 3 (1997), S. 23-32.

Vergangenheit und einer absehbaren Zukunft Bestand haben: Man konsumiert, was man schenken und geschenkt bekommen kann (mit einer großen Brandbreite zwischen Raub, List, Strafe und Fürsorge), nicht das, was man erhandelt.[158] Konformität heißt nicht, dass alle Konsumentscheidungen als konform ausgeflaggt werden, sondern dass sie einem subtilen Spiel der Distinktion, Authentizität, Irrationalität (Verschwendung) und Postrationalisierung in der Auseinandersetzung mit einem zugleich anerkannten und unterlaufenen Massenproduktionsmarkt unterworfen werden:[159] Das Prinzip der rivalisierenden Imitation,[160] das für alle Medienepochen des Konsums gilt, wird hier zu einer doppelten Auseinandersetzung mit Konformität und Devianz.

Für N_{next} wird es interessant, nach der Einbettung von Konsumentscheidungen in eine gesellschaftliche Kommunikation zu fragen, die mit elektronischen Medien, mit unsichtbaren, aber mitkommunizierenden Maschinen, mit Datenspeichern, Real-Time Algorithmen und umfassenden Protokollen aller aufgezeichneten Entscheidungen aufwartet. Unter diesen Bedingungen scheint die Erwartung gerechtfertigt, dass (a) die Menge des Konsums, x, unter Anforderungen der Nachhaltigkeit gestellt wird, der die Lust an nachlässiger Verschwendung als Form einer Art trotzigen Souveränität nach wie vor widersprechen wird, (b) der Faktor Zeit, t, unter dem doppelten Gesichtspunkt digitaler, rechenhafter Schnelligkeit und analoger, menschlicher Widersprüchlichkeit gewichtet wird, (c) Erziehung, Erfahrung und Umwelt, E, gleichermaßen Raum für Intellektualisierung (Wissen) und Emotionalisierung (Intuition) bieten müssen, (d) die Personen, R, mit denen jede Konsumentscheidung interaktiv rechnet, online und offline auf ihre Fähigkeit hin beobachtet werden,

---

[158] Finley, *Die Welt des Odysseus*.

[159] Jean Baudrillard, *Die Konsumgesellschaft: Ihre Mythen, ihre Strukturen*, 1970, dt. Wiesbaden 2015.

[160] René Girard, *Das Heilige und die Gewalt*, 1972, dt. Zürich 1987.

sowohl Gruppennähe als auch Kontakte ins Netz vermitteln zu können, und (e) die Funktion, f, die diese Faktoren zum individuellen Nutzen des Güter-, Dienstleistungs- und Bedürfnisbündels, Z, zusammenrechnet, unter wachsende Ansprüche ihrer Endogenisierung, sprich des Ausstiegs aus einer unkontrollierbaren Wachstumsökonomie auf Basis der Ausbeutung fossiler Energien in eine ökologisch balancierte oder zumindest reflektierte Postwachstumsökonomie, geraten wird.

Die Form des Konsums in der nächsten Gesellschaft ist vermutlich der *Stil*,[161] der die wiederholbare Konsumentscheidung eines Individuums in Relation zu ihrer digitalen Berechenbarkeit und analogen Unberechenbarkeit, zu einer Konformität, die ihre Protokolle ausreizt, und zu einer Devianz, die fragile Idiosynkrasien testet, setzt. Wir bekommen es mit einer Form von Komplexität zu tun, die auch im Konsum auf dieselbe Verschaltung und Vernetzung organischer, psychischer, sozialer, kultureller und technischer Prozesse setzt, die zugleich in ihrer unberechenbaren Eigenständigkeit gepflegt und gefeiert werden.

9. KUNST ALS WAHRNEHMUNGSARBEIT

Die Kunst der nächsten Gesellschaft ist wild und dekorativ. Sie zittert im Netzwerk, vibriert in den Medien, faltet sich in Kontroversen und versagt vor ihrer Notwendigkeit. Wer künstlerisch tätig ist, sucht für seinen Wahn-Sinn ein Publikum. Die Kunst der nächsten Gesellschaft ist leicht und klug, laut und unerträglich. Sie weicht aus und bindet mit Witz; sie bedrängt und verführt. Ihre Bilder, Geschichten und Töne greifen an und sind es nicht gewesen.

Die Institutionen und Funktionen der Gesellschaft verändern sich synchron zum Auftreten neuer Medienepochen nur insofern, als

---

[161] White, *Identity and Control*, S. 166ff.

sie vor- und zurückgreifen, ältere Formen festhalten und neue Formen vorwegnehmen und so die Ungleichzeitigkeit der Gesamtentwicklung eher betonen als verbergen. Das erschwert es Historikern, schlüssige Geschichten zu erzählen, erleichtert es jedoch der Gesellschaft, das Neue im Spiegel des Alten, und umgekehrt, zu beobachten und einzuschätzen zu lernen. Für keine der gesellschaftlichen Institutionen und Funktionen gilt dies mehr als für die Kunst. Wenn ein soziales Feld die Lizenz zur Utopie ebenso wie zur Dystopie, zur Nostalgie ebenso wie zur Avantgarde hat, dann die Kunst. Immerhin ist die Konstitution der menschlichen Wahrnehmung im Feld der gesellschaftlichen Komplexität ihre vornehmste Problemstellung. Diese Wahrnehmung, verankert in Psyche, Körper und Lebenswelt, hat es grundsätzlich mit einer Gesellschaft zu tun, in der alle Medien »zusammenwirken«, wie Luhmann sagt.[162] Was macht die Gesellschaft der Sprache, der Schrift, des Buchdrucks, der elektronischen Medien, ganz zu schweigen von der Gesellschaft der Erfolgsmedien Geld, Macht, Wahrheit, Liebe, Recht, Glaube, aus und mit der Konstitution des Menschen? Die Plastizität des Menschen ist nicht nur in den Neurowissenschaften, sondern auch in der Kulturanthropologie eines Helmut Plessner oder Arnold Gehlen ein wichtiges Thema.[163] Aber um diese zu wissen, ist das

---

[162] Luhmann, *Die Gesellschaft der Gesellschaft*, S. 409.

[163] Siehe Helmut Plessner, *Die Einheit der Sinne: Grundlinien einer Aesthesiologie des Geistes*, Bonn 1923, Nachdruck 1965; und Arnold Gehlen, *Der Mensch, seine Natur und seine Stellung in der Welt*, Bonn 1940, 4. Aufl. 1950. Bereits von Herder stammt das Stichwort des Menschen als »Mängelwesen«, siehe Plessner, *Die Einheit der Sinne*, S. xv. Es geht allerdings weniger um Mängel, Fehler, als vielmehr darum, dass es dem Menschen an schnelleren Beinen, kräftigeren Armen, schärferen Augen, einem wacheren Verstand *mangelt* – und er all dies zu seinem Vorteil durch Werkzeuge, Fahrzeuge, optische Geräte und nicht zuletzt die Gesellschaft (inklusiver gegenläufiger Effekte) kompensiert.

eine, den Zusammenhängen mit den verschiedenen Medien nachzuspüren, etwas anderes. Die Kunst im Singular ihrer Funktion wie die Künste im Plural ihrer institutionellen Vielfalt eilen in dieser Hinsicht einer Medientheorie und erst recht einer gesellschaftstheoretisch reflektierten Medientheorie voraus. Das mag auch daran liegen, dass sich die Künste mit einem Einheit suggerierenden Begriff des Menschen nur selten belastet haben. Sie haben ein grundsätzlich problematisierendes Verhältnis zur Differenz von Körper, Gehirn und Bewusstsein, dem in der Wissenschaft erst jene Theorie nachzuarbeiten vermag, die in der Lage ist, mit einer Differenz von Systemreferenzen zu arbeiten. Die Systemtheorie geht davon aus, dass organische, neuronale und mentale Systeme orthogonal zueinander stehen, das heißt sich wechselseitig fordern, aber nur situativ und kausal komplex zur Einheit zu bringen sind. Die Forschung zum Verhältnis dieser Systeme zueinander zum einen und zu verschiedenen Medien und deren Zusammenwirken zum anderen steckt allenfalls in den Kinderschuhen. Möglicherweise wird die medizinische Forschung im Verbund mit der digitalen Verarbeitung statistischer Daten zur Korrelation von Befindlichkeit, Stimmung, Verhalten und Kommunikation hier alsbald Abhilfe schaffen.

Trotz dieser Verwicklung in die Ungleichzeitigkeit der Verhältnisse liegt die medienepochale Prägung der Künste auf der Hand. Die Höhlenmalerei ist ein Zeugnis jener Reflexion auf Wahrnehmung, die mit der Sprache und ihrer Fähigkeit, das Abwesende anwesend sein zu lassen, erst möglich wird. Szenen der Jagd, Tiere und Waffen, eignen sich dafür ganz besonders, ist die Jagd doch ein ebenso eindrückliches wie außeralltägliches, durch Erinnerung und Erzählung wieder aufzurufendes Wahrnehmungsereignis. Bindet man den Begriff der Kunst an die Funktion der Reflexion von Wahrnehmung, schärfer noch: an die Funktion der Reflexion der (unmöglichen) Kommunikation von Wahrnehmung,[164]

---

[164] Siehe Theodor W. Adorno, *Ästhetische Theorie*, Frankfurt am Main

dann gilt bereits für die tribale Kunst, dass sie Kunst ist. Sie mag neben ihrer ästhetischen auch magische und rituelle Funktionen haben, zugleich ist doch wesentlich, dass sie ihre Gegenstände kommuniziert und damit der Distanz aussetzt. Der gemalte Büffel ist kein Büffel; die gemalten Pfeile sind keine Pfeile. Es gibt einen Abstand zwischen dem Bild und der Referenz des Bildes. Dieser Abstand muss nicht bewusst reflektiert werden, um doch auf neuronaler Ebene Assoziationen auszulösen, die eben nicht in Verhaltensimpulse umgesetzt werden, die in der referierten Wirklichkeit zu erwarten wären. Mit der ästhetischen Funktion wird die Referenz verselbständigt, die Wahrnehmungswirklichkeit zur Wirklichkeit und ihrem Bild verdoppelt und damit ein Abstand geschaffen, der zutiefst verstören müsste, würde nicht im Gegenzug die Wirklichkeitsdifferenz in eine zeitliche und situative Differenz umgesetzt und jegliche restliche Unschärfe in der Bewunderung der handwerklichen Geschicklichkeit des Kunstwerks untergebracht.

Die Photographie erlaubt es, diesem elementaren Ereignis der Wirklichkeitsdifferenz des Bildes noch einmal nachzuspüren. Roland Barthes hat dazu alles Erforderliche gesagt, indem er das »studium« der abgebildeten Wirklichkeit vom »punctum« der uns ereilenden Abwesenheit der abgebildeten Wirklichkeit unterschied.[165]

Die Kunst der antiken Schriftkultur, wenn man an die Griechen und Römer, die Mayas, Chinesen und Japaner denkt, ist hingegen wesentlich ikonisch und mimetisch. Sie nutzt die drei Zeithorizonte, die die Schrift verfügbar macht, um der perfekten Wiederholbarkeit der Vergangenheit und ihrer Zukunft in der

---

1970; Jaques Derrida, *Die Wahrheit in der Malerei*, 1978, dt. Wien 1992; Niklas Luhmann, *Die Kunst der Gesellschaft*, Frankfurt am Main 1995.

[165] Roland Barthes, *Die helle Kammer: Bemerkungen zur Photographie*, 1980, dt. Frankfurt am Main 1985.

Gegenwart so viel Raum zu widmen wie dieser überwältigenden Gegenwart selbst. Die Wiederholung in der Plastik, im Theater, in der Dichtung, in der Musik, soweit man sie kennt, ruft das ästhetische Empfinden eines tribalen Glaubens an die ewige Wiederkehr auf den Plan, nutzt dieses jedoch nur dazu, die Störung der Wiederholung durch die Gegenwart und das schicksalhafte Einholen dieser Störung durch eine Wiederholung, die dadurch zur Geschichte wird, umso wirkungsvoller zu inszenieren. Die Kunst der Hochkultur wiederholt die Wiederholung, weil sie an die Wiederholung schon nicht mehr glaubt. Wie weit das geht, ist abhängig vom Diffusionsgrad der Schrift, auch abhängig davon, ob die Schrift die Tempel bereits verlassen hat oder nicht. In Griechenland wird dieser Unterschied durch den Schritt von der mykenischen Tempelkultur zur athenischen Polis markiert, der die Götter aus dem Arkanum der Tempel befreit und auf der Agora den Blicken aller preisgibt.[166] Die List, der Zorn und die Rache sind zwar ihrerseits hochgradig typisiert, erlauben jedoch eine erste Individualisierung des Umgangs mit der Tragödie oder Komödie der Kommunikation und damit einen differenzierenden Blick auf Körper, Bewusstsein und Gesellschaft. Ist es in der tribalen Gesellschaft der versammelte Stamm, der den Rausch der rituellen Tänzer steigert und mäßigt zugleich, so wird im griechischen Theater der Chor ausdifferenziert, um den Kommentar zum Geschehen, steigernd oder mäßigend, lernfähig oder lernunfähig, auf die Bühne zu holen und seinerseits ästhetisch erfahrbar zu machen. Die Kunst der Antike ist nicht mehr Ritual und damit Garantie der Wiederkehr des Gleichen, sondern eine Form der Unterhaltung, an der man teilnehmen kann, aber nicht muss. Die ästhetische Funktion wird auf Produzenten- wie Rezipientenseite individuell wählbar und gewinnt daraus neue Freiheitsgrade der Gestaltung. Wenn alle drei Zeithorizonte zur

---

[166] Jean-Paul Vernant, *Die Entstehung des griechischen Denkens*, 1962, dt. Frankfurt am Main 1982.

Verfügung stehen, steigert das den kombinatorischen Spielraum der Themen, Motive und Geschichten. Der dramatische Tonfall ist nur einen Szenenwechsel vom komischen entfernt.

Die moderne Kunst profitiert vom kritischen Vergleich, den der Buchdruck erwartbar macht, und versucht sich ihm zugleich zu entziehen. Ist das einzelne Kunstwerk in der Antike möglicherweise perfekt im Sinne der gelungenen Integration der Referenzen auf Vergangenheit, Gegenwart und Zukunft, so ist das moderne Kunstwerk in jedem Falle einzigartig. Es setzt sich dem Vergleich nur aus, um ihm zu trotzen. Der Aufwand, der dafür getrieben werden muss, ist enorm, obwohl die Abkürzung in die individuell-spontane Geste, die ausgestellte Genialität Entlastung bietet.

Aber was heißt modern? Der Schritt von der figurativen zur abstrakten Kunst, der in der Kunstgeschichte zuweilen die moderne von der traditionellen Kunst unterscheidet, wäre in der Zählung der Medienepoche, der ich hier folge, bereits ein Moment der nächsten Kunst. Abstrakt wird die Kunst, wenn der mediale Auflösungsgrad der Wirklichkeit so hoch wird, dass die klassischen Themen der mimetischen und repräsentativen Kunst an Interesse verlieren und stattdessen die Auflösung und die Frage danach, auf welchen Boden sie stößt, wenn überhaupt, an Relevanz gewinnen. Formen verdrängen Figuren. Figuren interessieren allenfalls als Formen, das heißt nicht mehr thematisch, sondern operational. In gewisser Weise gilt dies jedoch bereits für die Kunst der Buchdruckgesellschaft. Schon der kritische Vergleich löst ein ungebrochenes Wirklichkeitsverständnis durch die Multiplikation der Perspektiven auf, so dass die Kunst sich dafür interessiert, wie Perspektiven konstruiert, Illusionen erzeugt und im Umgang mit der Täuschung Wahrheit dennoch festgestellt werden kann. Ihr großes Thema findet diese Kunst in dem Moment, in dem sie die Konstruktion von Wirklichkeit im Bild, in der Musik, in der Plastik, im Roman, in der Dichtung und im Theater auf die Konstruktion von Wirklichkeit beziehen kann, die der Betrachter, Hörer, Leser und Zuschauer leisten muss, wenn er sich mit einem Kunstwerk auseinandersetzt. Die Malerei des 17. Jahrhunderts (Rembrandt van Rijn, Jan Vermeer) und die Romane des 18. Jahrhunderts (Lawrence Sterne, Jean Paul) führen ihre Wirklichkeit einem Betrachter und Leser vor, der sich als Komplize der Konstruktion dieser Wirklichkeit ertappt fühlen muss und genau das intellektuell, aber auch kognitiv, auf der Ebene der Selbstbeobachtung seines Verhaltens als Betrachter und Leser, genießt. Die Kritik ist das Medium dieser Kunst, allerdings eine Kritik im griechischen und kantischen Sinne einer Schulung der Unterscheidungs- und Urteilsfähigkeit. Doch dabei bleibt es nicht. Im Bild wie im Roman, in der Musik wie im Theater entdeckt man, dass die Unterscheidungs- und Urteilsfähigkeit im Sentiment, in der Empfindung zunächst eine Grenze und dann ein unendliches Feld weiterer Übung hat. Man versucht, das Lesen der Romane den Frauen zu überlassen, vergeblich. Spätestens in der Musik und im Theater, deren Aufführungen im Salon sie sich nicht entziehen können, werden auch die Männer von der Empfindsamkeit ereilt. Körper, Bewusstsein und Gesellschaft erweisen sich als komplex verschaltet und verschränkt, auch wenn die feinsten Regungen, die hier zu verzeichnen sind, zunächst nur die Wahrnehmung erreichen, also nicht etwa kommuniziert werden – in dieser Differenz dann aber wiederum Thema von Bild, Roman, Musik und Theater werden. Die Kunst der Buchdruckgesellschaft registriert und protokolliert Regungen und präludiert damit nicht nur den Neurowissenschaften und der Psychoanalyse, sondern auch dem Film sowie den Registern und Protokollen der digitalen Medien.

Die Kunst der nächsten Gesellschaft wird abstrakt und autonom, indem sie nach der Form dieser Regungen fragt. Der Impressionismus und Konstruktivismus in der Malerei, die romantische und später atonale Musik, die symbolistische Lyrik, die kubistische Plastik, das Theater im Banne der Performance sind ebenso viele Versuche, Operationen der Herstellung von

Wirklichkeit in ihren jeweiligen Medien der Farbe und Form, des Klangs und der Töne, der Buchstaben und Wörter, der Bewegung und des Stillstands, der Geste und des Lichts freizulegen und in ihrer Vollkommenheit, »Grausamkeit« (Antonin Artaud) oder Rekombinierbarkeit, je nach Temperament des Künstlers und des Genres, vorzuführen. Form heißt im präzisen Sinne des Formkalküls von George Spencer-Brown, dass künstlerische Arbeiten als Zwei-Seiten-Formen in einem, mindestens, Vier-Werte-Raum reflektiert werden.[167] Das Kunstwerk, der künstlerische Prozess schließt etwas ein (Innenseite der Form), *indem* anderes ausgeschlossen wird (Außenseite der Form). Die Effekte sowohl der Unterscheidung, verstanden als praktisch vorzunehmende Operation, als auch des Ausschlusses werden auf der Innenseite der Form registriert. Es ergibt sich ein Vier-Werte-Raum mit der Innenseite der Unterscheidung (1), der Außenseite der Unterscheidung (2), der Operation der Unterscheidung (3) und dem Raum der Unterscheidung, der von der Unterscheidung hervorgebracht wird und nur dank der Unterscheidung erkundet werden kann (4). Mithilfe dieser Folie lassen sich die Produktionen der Farbe, des Klangs, des Worts, der Geste und so weiter beobachten. Man entdeckt, dass Unterscheidungen an Unterscheidungen gereiht, ineinander verschachtelt und wieder auseinandergezogen werden, so dass rasch ein Mehr-als-Vier-Werte-Raum entsteht, dessen Gesetze jedoch die der Zwei-Seiten-Form bleiben. Mithilfe dieses Formbegriffs kann auch die Kunst früherer Medienepochen untersucht werden, wie auch jegliches Phänomen außerhalb der Kunst, solange dieses Phänomen als konstruktive Operation verstanden wird und es nicht nur darum geht, vorgefundene Objekte zu kategorisieren. Ich greife dennoch spezifisch an dieser Stelle der Beschreibung einer Kunst der nächsten Gesellschaft auf diesen Formbegriff zurück, weil diese Kunst nicht nur Werk und Prozess, sondern immer

---

[167] Siehe Birte Kleine-Benne, *Kunst als Handlungsfeld*, Berlin 2006.

auch Arbeit ist. Sie präsentiert, was sie tut; sie zeigt, was sie macht. Und sie tut alles, um dem Betrachter nicht nur zum Koproduzenten zu machen, sondern sich auch als einen solchen reflektieren zu lassen.

Das hört sich anstrengend an und ist es auch. Die Form der Kunst fängt die Anstrengung zum Teil auf. Auf der Innenseite der Form ist die nächste Kunst ganz bei sich und schenkt sich nichts. Hier muss der Hörer die Musik miterfinden, die er hört, muss der Zuschauer auf die Bühne, verliert sich der Leser ratlos im Labyrinth eines Textes. Auf der Außenseite zieht sie sich zurück auf die Unterhaltung und die Tradition. Hier genügen handwerkliche Virtuosität oder auch nur erleichtertes Wiedererkennen. In der dritten Position, jener der Beobachtung der Operation der Unterscheidung lässt sie die Arbeit zwischen Arbeit und Unterhaltung oszillieren. Ich denke hierbei insbesondere an Formen der elektronischen Musik, die die Arbeit des Geräuschs, die Arbeit der Maschine, die Arbeit der Gesellschaft ästhetisch, das heißt distanziert und reflektiert, greifbar machen. In der vierten Position, jener des durch die Unterscheidung aufgespannten Raums der Unterscheidung geht es schließlich um die Kunst in jeglicher ästhetischen Funktion. Sie wird Design, insofern das Design einer Wahrnehmung im Körper, Gehirn und Bewusstsein entgegenkommt, die die Distanz und Reflexion der Verhältnisse sucht. Sie wird als Design auffällig, was nicht heißt, dass jedes Design auffällig wäre, ganz im Gegenteil. Es gibt auch das die Wahrnehmung unauffällig steuernde Design.

Mit all dem bezieht die Kunst nicht zuletzt eine prekäre fünfte Position. Sie thematisiert ihre eigene Kommunikation als Arbeit. Kaum hat man begriffen, dass Hören, Sehen, Empfinden keine passiven, sondern aktive Vorgänge sind, wird man darauf gestoßen, dass Kunstwerke, Prozesse, Arbeiten, die dies kommunizieren, ihrerseits jede Unwahrscheinlichkeit der Kommunikation auf ihrer Seite haben. Warum soll man auf diese Art und Weise am Hören, Sehen, Empfinden arbeiten? Warum soll der

Künstler sich die Mühe machen, warum der Betrachter? Die Antwort darauf fällt nicht schwer. Nichts Geringeres als die menschliche Wahrnehmung wird in einem Moment zum Thema, in dem die Maschinen sensorisch und motorisch aufrüsten und man nicht nur wissen will, wie das geht, sondern man umgekehrt entdeckt, welche Artifizialität, künstliche Selbstherstellung, bereits im Menschen steckt. Was da als Organismus, Gehirn, Bewusstsein, Technik und Gesellschaft zueinanderkommt, könnte auch ganz anders formatiert sein. Die Maschinen machen es vor. Und die Menschen machen es nach, aber auf beiden Seiten der Grenze, auf der Seite einer technischen Selbstoptimierung und auf der Seite einer Pflege robusten oder auch fragilen Eigensinns.

10. REKURSIVE KOMPLEXITÄT DER WISSENSCHAFT

Die Wissenschaft der nächsten Gesellschaft ist poetisch und mathematisch. Sie entwirft und berechnet das autonome Objekt. Sie allein ist zuständig für das Neue. Ihre Mathematik einer rekursiven Komplexität tritt an die Stelle der Geometrie, des Differentials und Integrals.

Wissenschaft verfährt medial, seit es sie gibt. In der tribalen Gesellschaft ist sie eine Sache der Erfahrung und Erzählung, in der Antike eine Sache der Beobachtung und einer mit der Schrift rechnenden Analyse, in der Moderne eine Sache des Experiments und des kritischen Vergleichs. Zwar ist die Geste der Wissenschaft, von den Sachen selbst zu handeln, immer schon stärker, aber man stelle sich vor, niemand sagt etwas, niemand hat etwas gelesen (schon Aristoteles' Schriften sind Kommentare zu den Schriften anderer) und niemand nimmt Publikationen zur Kenntnis. Es gäbe keine Wissenschaft. Die Pointe daran ist jedoch, dass diese Medien nicht nur willkommene Hilfsmittel sind, die es erlauben, andere in den Prozess des Erkenntnisgewinns miteinzubeziehen, Partner, Kritiker und Förderer, oder die eine Art ausgelagertes Gedächtnis darstellen, das das jeweils aktuelle Bewusstsein entlastet. Medien sind selbst die Bedingungen der empirischen Wahrheit der Wissenschaft. Die Wissenschaft insgesamt, sagt Willard Van Orman Quine,[168] ist die Einheit ihrer empirischen Bedeutung. Ohne die Sprache und alle weiteren Medien gäbe es keine Erfahrung, die Konsequenzen von einer Reichweite hätte, die erst durch die Überprüfung dieser Erfahrung möglich wird.[169] Wissenschaft ist von Anfang an rekursiv und damit auch selbstreferentiell. Sie arbeitet an sich selbst, muss sich selbst voraussetzen, während sie am Gegenstand arbeitet. Und sie arbeitet nur am Gegenstand, weil sie sich, nicht etwa den Gegenstand verändert. Die Veränderung des Gegenstands wird entweder negiert, in Kauf genommen oder technologisch ausgebeutet. Es lohnt sich, dies zu betonen, weil sie, wie gesagt, so gerne als Unternehmen eines objektiven Wissens auftritt, aus dem man das Wissen um das Zustandekommen dieses Wissens gefahrlos streichen kann, weil es am Objekt nichts ändert. Das ist richtig. Falsch ist jedoch, dass das Objekt das Wissen dirigiert. Selbst in der Physik, man lese Stephen Hawking,[170] ist die Arbeit an der Theorie eine Arbeit an den Theorien anderer.

Medientheoretisch ist dies zumal mit dem Auftreten der elektronischen Medien ein aufschlussreicher Befund. Die Medien sind selbst empirische Sachverhalte. Wissenschaft ist bereits wirklich und damit wahr, wenn ein Geometer wie Thales nachts in den trockenen Brunnen klettert, um, nach oben schauend, an dessen

[168] Willard Van Orman Quine, *Von einem logischen Standpunkt: Neun logisch-philosophische Essays*, 1951, dt. Frankfurt am Main 1979.

[169] Vgl. zum Gedächtnis allgemein Elena Esposito, *Soziales Vergessen: Formen und Medien des Gedächtnisses der Gesellschaft*, dt. Frankfurt am Main 2002.

[170] Stephen Hawking, *Eine kurze Geschichte der Zeit: Die Suche nach der Urkraft des Universums*, dt. Reinbek 1988.

Rand die Bewegung der Sterne zu messen,[171] wenn ein Gelehrter sich einen Tisch sucht, um darauf die Folianten auszubreiten, ganz zu schweigen von der Tafel, auf der ein Mathematiker Gleichungen errechnet.[172] Sie ist wahr und wirklich, wenn und weil sie ausgeübt werden kann. Man sieht etwas durch das Mikroskop wie das Teleskop. Man begreift etwas durch das Argument und Gegenargument. Man erzielt Effekte, indem man etwas fallen lässt. Man verändert Stoffe, indem man sie verrührt, verbrennt, vereist, verbiegt. Man generalisiert Beobachtungen, wenn man sieht, dass sich etwas wiederholt. Man kommt auf bessere Ideen, weil man sieht, wie andere sich bemühen. Und so weiter. In den elektronischen Medien bedeutet das, dass man Bewegungsstudien machen kann, weil man das Kino hat, dass man Meinungsforschung betreiben kann, weil es das Telefon gibt, und dass man Diskursanalysen vorlegen kann, weil es die Zeitung, das Radio und das Fernsehen gibt. Und sobald die elektronischen Medien digital werden, kann man dank neuer Datenmengen statistische Korrelationen entdecken, dank evolutionärer Algorithmen spekulative Zusammenhänge testen, im Orbit der Erde wie in den Ozeanen optische und akustische, chemische und biologische Sensoren verteilen und nicht zuletzt in Familie, Betrieb, Büro und Alltag noch den feinsten granularen Spuren menschlichen Verhaltens und wechselseitiger menschlicher Imitation und Ansteckung auf die Spur kommen.[173] Die Wissenschaft erforscht eine Wirklichkeit, in der sie nicht nur selbst medial verankert ist, sondern die sie medial zu der Wirklichkeit erst macht, die sie erforscht.

---

[171] Hans Blumenberg, *Das Lachen der Thrakerin: Eine Urgeschichte der Theorie*, Frankfurt am Main 1987.

[172] Diese und andere Beispiele bei Gloria Meynen, *Büro: Die Erfindung der Schreibfläche*, im Erscheinen.

[173] Siehe neben Kucklick, *Die granulare Gesellschaft*, Alex Pentland, *Social Physics: How Good Ideas Spread – The Lessons from a New Science*, New York 2014.

Diese Rekursivität und Selbstreferenz hat zwei wichtige Konsequenzen. Zum einen muss sie für die Wissenschaft selbst gebrochen werden, um den Anspruch einer Erkenntnis der Wirklichkeit jenseits der selbst geschaffenen Wirklichkeit erfüllen zu können. Und zum anderen wird auch die Einsicht in die Rekursivität und Selbstreferenz verallgemeinert. Die Wissenschaft entdeckt Gegenstände, die ihrerseits rekursiv und selbstreferentiell gebaut sind. Sie entdeckt sie im Medium ihrer eigenen Operationsbedingungen und kann auch dieser Entdeckung nur trauen, wenn sie sie ihrerseits bricht.

Das klassische Instrument, um die Selbstreferenz für eine objektive Erkenntnis fruchtbar zu machen, ist die Doppelung jeder wissenschaftlichen Aussage in die beiden Möglichkeiten einer wahren und einer falschen Aussage.[174] Jede einzelne wissenschaftliche Aussage ist möglicherweise wahr, möglicherweise falsch. Dabei geht es nicht, wie man oft meint, um eine allmähliche Annäherung an die Erkenntnis der Wahrheit. Auch der letzte, »höchste« Satz der Wissenschaft wäre möglicherweise wahr, möglicherweise falsch. Sondern es geht darum, die wissenschaftliche Aussage aus ihrer Selbstmotivation heraus zu lenken und Kriterien zu unterwerfen, die von der Wissenschaft in der Wissenschaft außerhalb der Wissenschaft gefunden werden. Das ist paradox, aber anders geht es nicht. Die Wirklichkeit spricht nicht von sich aus, geschweige denn, dass sie wahr spricht. Deswegen unterwirft sich die Wissenschaft – das heißt, unterwerfen sich Wissenschaftler gegenseitig – theoretischen und methodischen Ansprüchen. Theorien sind Aussagenzusammenhänge, aus denen Aussagen deswegen mit einem ersten Anspruch auf Wahrheit abgeleitet werden können, weil diese Zusammenhänge sich bereits andernorts bewährt haben, also noch nicht widerlegt worden sind. Und Methoden sind Verfahren,

---

[174] Niklas Luhmann, *Die Wissenschaft der Gesellschaft*, Frankfurt am Main 1990.

quantitative und qualitative Daten so zu fabrizieren, dass im Fabrikationsprozess die Wirklichkeit die Möglichkeit zum Einspruch erhält. Historiker wie Reinhart Koselleck sprechen vom Vetorecht der Quellen.

Kausale und statistische Hypothesen kann man durch Experimente überprüfen, die replizierbar sein müssen. Semantische Studien etwa zur Wort- und Begriffsgeschichte können an verschiedenen Textmengen überprüft werden. Und Fallstudien können so in die Auseinandersetzung mit dem Gegenstand eingebettet werden, dass der Gegenstand selbst, wenn er sprachfähig ist, Gelegenheit zum Einspruch, wenn nicht sogar zur Mitentwicklung der Hypothesen und ihrer Überprüfung erhält. Vielleicht der wichtigste Anspruch an eine wissenschaftliche Arbeit besteht darin, sie literarisch so zu gestalten, dass der Leser den Eindruck erhält, er könne im Text oder im präsentierten Material die Annahmen testen, die der Text selbst präsentiert. Je aufgeklärter eine wissenschaftliche Untersuchung über ihr eigenes Vorgehen verfährt, desto schwieriger ist dieser Anspruch zu erfüllen. In manchen postmodernen Texten hat man das registriert und im Gegenzug die Eigenleistung des Autors herausgestellt, um Glaubwürdigkeit zu schaffen. Diese Rechnung ging nicht auf. Klüger ist die Empfehlung des »anything goes« von Paul Feyerabend, weil diese die entscheidende methodologische Konsequenz aus der Komplexität der Phänomene selbst zieht:[175] Komplexe Phänomene erlauben scheinbar beliebige Anfänge und Einstiege, weil sie bereits im nächsten Schritt die Erkenntnis in die Komplexität verwickeln und damit den Einspruch der Wirklichkeit garantieren. Wesentlich ist nur, dass man tatsächlich forscht, das heißt zwischen Ansatz und Gegenstand oszillierend sich auf den Gegenstand einlässt.

---

[175] Paul Feyerabend, *Erkenntnis für freie Menschen*, Frankfurt am Main 1980, S. 97f.

Man kann das am vorliegenden Text prüfen. Dieser genügt nur dort wissenschaftlichen Ansprüchen, wo er ein Material nicht nur sprechen lässt, das kann die gelehrte Abhandlung auch, sondern mitsprechen lässt. Im vorliegenden Fall muss eine noch unklare gesellschaftliche Lage im theoriegeleiteten Zugriff deutlich werden, ohne eine falsche Klarheit zu gewinnen. Deswegen halte ich mich an die Form des Essays, wenn nicht sogar der Glosse, eine Schwierigkeit erläuternd.

Am Text kann man üben, was man für die digitalen Medien braucht. Die digitalen Medien sind so rekursiv und selbstreferentiell wie die Texte, doch an beidem muss der Blick auf das Verhältnis von Selbstreferenz und Fremdreferenz medienkritisch immer wieder neu geschult werden. Die Verwechslung des Wortes mit der Sache, von der es handelt, ist harmlos im Verhältnis zur Verwechslung der Zahl, des Datums und der Korrelation mit der Wirklichkeit, die sie abbilden. Bevor Computer und Computernetzwerke eine Erkenntnis produzieren, müssen Hardware und Software eingerichtet sein, Programme geschrieben und Algorithmen entworfen werden und, Knackpunkt des Ganzen, Sensoren qualitativer Art aufgestellt und eingerichtet worden sein, die in der Lage sind, irgendein Differential der Wirklichkeit in ein Datum = Faktum zu übersetzen. Von Simulationen, die Rekursivität im Umgang mit dem Material auch unabhängig vom Material potenzieren, haben wir noch gar nicht gesprochen.[176]

Wenn »anything goes« in jenem präzisen Sinne gilt, den Feyerabend herausgestellt hat, liegt die möglicherweise verlässlichere Weise der Überprüfung der Wahrheitsansprüche der Wissenschaft in der zweiten, oben angedeuteten Konsequenz aus der Entdeckung von Rekursivität und Selbstreferenz. Wie kann sich rekursive Wissenschaft an rekursiven Gegenständen messen? Ein Teil der Antwort auf diese Frage ergibt sich daraus,

---

[176] Siehe auch Gabriele Gramelsberger, *Computerexperimente: Zum Wandel der Wissenschaft im Zeitalter des Computers*, Bielefeld 2010.

dass die Frage, je fortgeschrittener die digitalen Medien operieren, auch umgekehrt gestellt werden muss. Wie gesagt, in Gesellschaft wird Wirklichkeit nicht nur medial erlebt, sondern auch medial produziert, und ausgerechnet der Wissenschaft, bemäntelt durch ihre objektivistischen Ansprüche, sind chemikalisch, physikalisch, medizinisch-pharmazeutisch, politologisch, ökonomisch, psychoanalytisch, betriebswirtschaftlich und neurowissenschaftlich Eingriffe gelungen, die Trennungen zwischen Subjekt und Objekt der Wissenschaft zunehmend absurd erscheinen lassen. Die Wissenschaft ist selbst ein Medium der technologischen Gestaltung der Wirklichkeit.

Schon Giambattista Vico hat die Wissenschaft, soweit sie sich mit dem Menschen und mit der von Menschen gemachten Geschichte befasst, als »poetisch« beschrieben.[177] Sie bringt zweckgebunden eigene Werke hervor, im Sinne des griechischen Verständnisses von poiesis (im Gegensatz zur prâxis, die sich selbst genügt beziehungsweise im kosmologischen Sinne der Griechen tut, was angemessener Weise zu tun ist; das Tun von Experten), ist also riskant, da niemand weiß, ob die Zwecke sinnvoll gesetzt und die Werke ihnen tatsächlich genügen. Vicos Beispiele sind die Metaphysik und das Eigentum (oder auch die Autorität). Die Metaphysik ist poetisch, sobald sie begreift, dass Schrift und Zahl nicht nur gegenüber jeder Wirklichkeit abstrakt sind, sondern selbst aus sinnlichen Erfahrungen entstehen. McLuhan wird diese elementar medientheoretische Einsicht später ausbuchstabieren.[178] Und das Eigentum ist poetisch, weil es dem Menschen, immer in der Auseinandersetzung mit Gott, eine Autorität über das gibt, was er seinem Willen unterwerfen kann.

In diesem Sinne sind auch die elektronischen und digitalen Medien poetisch. Sie kreieren Objekte in Lichtgeschwindigkeit, stellen auf Bildschirmen, in Protokollen und auf Plattformen

---

[177] Vico, *Die neue Wissenschaft*, S. 145ff.

[178] Siehe McLuhan, *Understanding Media*, Kap. 11, zur Zahl.

Zusammenhänge von Daten, Praktiken und Handlungsperspektiven her, die so zuvor noch niemand gesehen hat, und sie intervenieren mit eigenen Initiativen (Empfehlungen, Korrekturen, Verknüpfungen) in das Handeln und Erleben der Menschen. Die Praxis (im modernen, nicht im griechischen Sinne) dieser Medien ist keine wissenschaftliche, aber die technologischen Grundlagen wären ohne Wissenschaft undenkbar. Die erforderliche Expertise setzt eine wissenschaftliche oder zumindest universitäre Ausbildung voraus (womit der autodidaktische Hacker nicht ausgeschlossen sein soll) und zunehmend liegt auch die Evaluation und Nachjustierung des Designs dieser Medien in den Händen der Forschung, vielfach unter Ausschluss der Öffentlichkeit.

Wissenschaft ist immer schon Gestaltung von Welt. In der tribalen Gesellschaft im Gewand der Magie, aber auch des nüchternen Handwerks, in der antiken Gesellschaft als Metaphysik und Theologie, in der modernen Gesellschaft als naturwissenschaftliche Erschließung von Chemie, Physik und Geographie sowie sozialwissenschaftliche Gestaltung von Staat und Gesellschaft (Merkantilismus, Schulwesen, Arbeiterbewegung, Wohlfahrtsstaat usw.) und in der nächsten Gesellschaft als wissenschaftliche Begleitung der elektronischen und digitalen Durchdringung jeder menschlichen Praxis ist die Wissenschaft ein aktives Element der Gesellschaft.

Der gemeinsame Nenner von Wissenschaft, Natur und Gesellschaft ist die Eigenschaft der rekursiven Komplexität. Alle Phänomene, die in der nächsten Gesellschaft die Wissenschaft faszinieren, Kosmos, Gesellschaft und Gehirn, sind komplex, das heißt mit den Mitteln einer schlichten Kausalität und einer raffinierten Statistik allein nicht zu erfassen. Sie verdanken sich ihrer Fähigkeit, sich selbst zu organisieren.[179] Komplexe Phänomene verfahren selbst kognitiv, epistemisch. Sie »wissen« etwas

---

[179] So Warren Weaver, »Science and Complexity«, *American Scientist* 36 (1948), S. 536-544.

über sich, was die moderne Wissenschaft, die gerade erst alle »Mystik« aus ihrem Feld verbannt hat, nicht weiß. Die nächste Wissenschaft rechnet mit der Selbstorganisation. Sie bezieht ihre Fähigkeit, sich zu organisieren, auf die Fähigkeit ihrer Gegenstände, so sie als komplex gelten dürfen, sich ebenfalls selbst zu organisieren. Diese Art der Komplexität ist eine Entdeckung der Sozialwissenschaften,[180] aber sie wird auch in den Naturwissenschaft in ihrer Praxis, wenn auch nicht unbedingt in ihrer Methodologie ernst genommen. Die nächste Wissenschaft ist primär weder sozial-, noch kultur-, noch naturwissenschaftlich. Sie ist kognitionswissenschaftlich in einem über die Psychologie hinausgehenden Sinne, weil sie komplexe Phänomene in Natur und Gesellschaft als Phänomene begreift, die ihre Existenz kognitiv, das heißt in der Auseinandersetzung mit ihrer Umwelt und in diesem Rahmen im Rückgriff auf sich selbst, hervorbringen. Die Zelle des Organismus ist so autopoietisch[181] wie Wissenschaft und Gesellschaft. Die Rekursivität nimmt jeweils verschiedene Formen an. Sie kann sich auf Enzyme, Gedanken, Handlungen und Kommunikation beziehen; sie kann anhand von Grenzen und Medien auf bestimmte Organe, bestimmte Ideen, Familien, Organisationen, Netzwerke und soziale Bewegungen beschränkt werden. Rekursivität ist die Voraussetzung jeder kontextuellen Berechnung, die die eigenen Ansätze überprüft, indem sie sie im Material überprüft.

Statt an die Unterscheidung von Subjekt und Objekt hält sich die nächste Wissenschaft an die Interaktion mit dem Gegenstand, so methodologisch ungewohnt das klingt. Sie wird partizipativ, auch wenn sie erst noch ausbuchstabieren muss, was das etwa in den Neurowissenschaften heißt. Sie wird zum Ferment der Selbstorganisation ihrer Phänomene, und sei es, dass sie sich als Prothese in deren Konstitution einschmug-

---

[180] Etwa bei Comte, *Die Soziologie*, S. 87ff. und 101ff.

[181] Im Sinne von Maturana und Varela, *Autopoiesis and Cognition*.

gelt.[182] Aufregend ist daran nicht nur die Interaktion, sondern auch der Umstand, dass die Wissenschaft sich in ihrem modernen Habitus geweigert hat, ihre eigene Rolle und Funktion in diesem Sinne anzuerkennen. Interaktion, so weiß man aus der Kybernetik, ist eine Form der Kontrolle.[183] Doch diese Kontrolle ist primär eine Selbstkontrolle, welche Effekte auch immer das im Umgang mit einem komplexen Gegenüber hat. Kontrolle heißt, am Verhalten eines komplexen Phänomens eigene Erwartungen mit eigenen Erwartungen zu vergleichen und zu korrigieren. Das ist mehr als Lernfähigkeit. Hier geht es um Protokolle, die das Material liefern, das kritisch und vergleichend ausgewertet werden kann. Die Wissenschaft wird zu einer Wissenschaft vom Künstlichen im Sinne von Herbert A. Simon.[184] Unerhört für jede moderne Wissenschaftstheorie erforscht sie ihre Gegenstände, *während* sie sie herstellt oder dabei hilft, sie herzustellen. Die Distanz zum Objekt und damit jeder Anspruch auf Objektivität werden eingeklammert (nicht: unmöglich), weil die Wissenschaft künstlich hergestellter Gegenstände immer auch sich selbst erforscht und Schwierigkeiten hat, ihren eigenen Anteil an der Herstellung des Objekts von einer Selbstherstellung des Objekts zu trennen. Die Praxis der Wissenschaften, das war Simons Punkt, gleicht sich der Praxis anspruchsvoller Professionen wie Design, Therapie, Beratung, Architektur, Rechtsprechung, Erziehung an, die ebenfalls keine andere Chance der Erkenntnisgewinnung über ihren Gegenstand als im Modus der Selbsterforschung haben.

Protokolle sind das Medium, in dem digitale Medien am erfolgreichsten sind.[185] Jede Form der künstlichen Intelligenz

---

[182] Siehe Karin Harrasser, *Prothesen: Figuren einer lädierten Moderne*, Berlin 2016.

[183] Ashby, »Requisite Variety and Its Implications for the Control of Complex Systems«.

[184] Simon, *Die Wissenschaften vom Künstlichen*.

[185] Siehe Alexander Galloway, *Protocol: How Control Exists After*

setzt an der Auswertung von Protokollen an und ist deswegen so unvorhersehbar, weil sie diese Protokolle millionenfach produzieren und endlos auswerten kann. Diese Protokolle sind keine passiven Register. Ihnen liegen Entscheidungen und Eingriffe zugrunde. Sie sind das Material rekursiver Rückgriffe. Und erst das definiert den Gegenstand einer nächsten Wissenschaft. Die nächste Wissenschaft wird sich mit der Erforschung komplexer Phänomene und einer künstlichen Intelligenz nicht begnügen können. Sie wird sich im Umgang mit diesen komplexen Phänomenen selbst erforschen müssen, wie es in Critical Studies aller Art schon vielfach der Fall ist, und sie wird untersuchen müssen, welche Restriktionen für die Selbstorganisation komplexer Phänomene Protokolle nicht erst dadurch, dass diesen Protokolle Handlungen zugrunde liegen, sondern bereits dadurch, dass sich ein Verhalten ändert, das darum weiß, dass es protokolliert wird, in die Welt setzen. Die elektronischen und digitalen Medien werden zu Taktgebern einer Wirklichkeit, in der Organismus, Gehirn und Gesellschaft an den Effekten ihrer Überwachung hängen und diese Effekte nur aufgefangen werden können, wenn die Überwachung perspektivisch und partizipativ multipliziert wird. Nur eine Wissenschaft, die mit Netzwerken, Kommunikation und Komplexität quantitativ und qualitativ – das heißt nicht zuletzt: auch begrifflich – rechnen kann, wird gefährlichen Einengungen der Überwachung auf die Spur kommen und kann erforderlichen Multiplikationen auf die Beine helfen.

Chris Anderson hat einer Wissenschaft, die durch digitale Medien mit neuen Mengen und neuen Typen von Daten versorgt wird, unterstellt, ihr Bedarf an Theorie sei minimal, wenn überhaupt vorhanden.[186] Korrelationen ersetzen Modelle. Das mag stimmen. Der neue Datentyp ist primär ökologischer Art, das heißt

Decentralization, Cambridge, MA 2004.

[186] Chris Anderson, »The End of Theory: The Data Deluge Makes the Scientific Method Obsolete«, *Wired Magazine*, June 23, 2008.

er konstruiert Zusammenhänge, die verschiedene Systemreferenzen übergreifen. Medizinische Daten, militärische Daten, ozeanische Daten, selbst literarische Daten[187] sind Daten, die mehr Heterogenität enthalten, als politische, ökonomische oder linguistische Daten, die eher Häufigkeiten als Abhängigkeiten gezählt und gemessen haben, es je für möglich gehalten haben. Aber ist das ein Grund, auf Theorie zu verzichten? Es ist ein Grund, Theorien zu liefern, die zum einen in der Lage sind, diesen Datentyp zu beschreiben, und zum anderen eine gewisse Übersicht darüber behalten, welche Systemreferenzen sich hier wie mit welchen anderen Systemreferenzen verschalten und verkoppeln. Ludwig Wittgenstein hat beklagt, dass es unserer Grammatik, verstanden als pragmatisches Regelsystem der Kombination von Wort, Welt und Handlung, an Übersichtlichkeit fehlt.[188] Textgrammatiken mögen hier Abhilfe schaffen.[189] Unseren ökologischen Zusammenhängen zwischen physikalischen und biologischen Prozessen, sozialen Eingriffen und bewusstem Verstehen fehlt es nur umso mehr an Übersicht. Die medizinische Forschung, ich hatte darauf bereits verwiesen, ist vielleicht die einzige, die hier Abhilfe zu schaffen versucht, indem sie das menschliche Verhalten nahezu unbekümmert in seine physiologischen, psychologischen, kognitiven und sozialen Zusammenhänge einzubetten versucht.[190] Wir werden am Projekt der Theorie festhalten müssen, um Übersicht über diese heterogenen Zusammenhänge zu behalten.

---

[187] Im Sinne von Franco Moretti, *Distant Reading*, dt. Konstanz 2016.

[188] Ludwig Wittgenstein, *Philosophische Untersuchungen*, 1953, Frankfurt am Main 2003, § 122.

[189] Harald Weinrich, *Textgrammatik der deutschen Sprache*, 4. Aufl., Hildesheim 2007.

[190] Siehe Vilayanur S. Ramachandran (Hrsg.), *Encyclopedia of Human Behavior*, 4 Bde., San Diego, CA 2. Aufl. 2012.

11. GOTT IST GROß

Die Religion der nächsten Gesellschaft ist großartig und gnadenlos. Sie berichtet von einer Welt, die umso fremder auf den Menschen zurückschaut, je weiter dieser in sie hineinschaut.

EXKURS: DIE EINMALERFINDUNG

Gesellschaftliche Institutionen und Funktionen sind Einmalerfindungen, insofern sie sich auf die Gesellschaft insgesamt beziehen. Es gibt sie, seit es die Gesellschaft gibt, auch wenn sie mit jeder neuen Medienepoche oder auch anderen Strukturänderungen der Gesellschaft in veränderter Gestalt auftreten. Sie lösen Probleme, die mit der Gesellschaft selbst auftreten, und müssen somit von jeder Gesellschaft gelöst werden, gleichgültig wie sehr sich deren Repertoire an sozialen, technischen und kulturellen Einrichtungen im Übrigen verändert. Schon die Gesellschaft selbst ist solch eine Einmalerfindung, erst recht die Familie als Institution und Funktion der Aufzucht des Nachwuchses, die Politik als Institution und Funktion der Bereitstellung von Macht, die Wirtschaft als Institution und Funktion der aktuellen Vorsorge für künftige Möglichkeiten der Bedürfnisbefriedigung, und so weiter. Diese These stammt mehr oder minder von Bronislaw Malinowski, der sie aufgestellt hat, um die Fülle der ethnologischen und anthropologischen Literatur zu ordnen und mit Fragestellungen zu versorgen, die den Vergleich ermöglichen und aus dem Vergleich zu lernen vermögen.[191] Malinowski hat sie nur für Stammesgesellschaften entwickelt, mit dem Stichwort der »Kultur« jedoch weitergehende Ambitionen angekündigt. Diskutiert worden ist das bisher, soweit ich weiß, nicht; stattdessen hat man sich kritisch auf Andeutungen einer biologischen Teleologie bei Malinowski

---

[191] Bronislaw Malinowski, *Eine wissenschaftliche Theorie der Kultur und andere Aufsätze*, 1944, dt. Frankfurt am Main 2005.

konzentriert und, wie so oft in den Sozialwissenschaften, das Kind mit dem Bade ausgeschüttet. Schon der Begriff der Funktion, den Malinowski verwendet, vermag hermeneutisch gestimmte Sozialwissenschaftler in die Flucht zu schlagen. Gesellschaftliche Institutionen und Funktionen dienen, so Malinowski, dem Erhalt der Menschengattung. Das mag in der Tat theoretisch unzureichend sein, aber dann besteht die Aufgabe darin, ein funktionales Äquivalent für diese Problemstellung zu finden, die keine gattungsspezifische Teleologie unterstellt, sondern die Gesellschaft selbst und immanent beim Wort nimmt. Indem Gesellschaft sich ausdifferenziert und reproduziert, entstehen Probleme und werden Probleme gepflegt, die von Institutionen und Funktionen gelöst werden, die in jeder Gesellschaft erneut benötigt werden.

Als Einmalerfindungen liegt die Gesellschaft auf derselben Ebene wie das Leben, das Gehirn, das Bewusstsein, vielleicht auch die Welt. Es gibt sie, man kann sie beobachten und beschreiben, aber man kann sie nicht erklären. Sie verdanken sich Symmetriebrüchen, wie man in der Physik formuliert,[192] das heißt, sie lassen sich nicht auseinander ableiten und auch nicht aufeinander reduzieren. Man kann allenfalls versuchen, sie ihrerseits zu differenzieren, und landet dann bei weiteren Einmalerfindungen wie dem Auge, dem Gedächtnis, der Intention oder eben gesellschaftlichen Institutionen wie die bereits genannten Beispiele. Diese abgeleiteten Einmalerfindungen kann man funktional unter Bezug auf das Problem erklären, das sie für die übergeordnete Einmalerfindung lösen. Aber wie genau man diese Ableitung vornimmt oder ob man für bestimmte Erfindungen eine höhergeordnete findet, ist eine Frage, die nur Beobachter aus ihrer jeweiligen Perspektive entscheiden können. Malinowski

---

[192] Siehe mit der Annahme einer Hierarchie solcher Symmetriebrüche Philip W. Anderson, »More is Different: Broken Symmetry and the Nature of the Hierarchical Structure of Science«, *Science* 177, Heft 4047 (1972), S. 393-396.

tendierte dazu, der Gesellschaft eine Funktion im Rahmen der Selbsterhaltung des Lebens zu geben. Eben das läuft dann unter dem Titel einer »Teleologie«. Aber nichts hindert andere Beobachter wie etwa die jüngere Soziologie daran, diesen übergeordneten Bezug aufzugeben, die Gesellschaft unter der Bedingung ihres Selbsterhalts zu analysieren und so vom Konzept der Teleologie zum Konzept der Teleonomie zu wechseln.[193] Teleologisch ist Phänomenen ein bestimmter Logos vorgeordnet, teleonomisch geben sie sich ihre Gesetze selbst. Prinzipiell jedoch entscheidet nur der Überzeugungsgrad einer Erklärung, ob man das Gen, das Auge oder das Immunsystem, die Familie, die Kunst oder die Kirche teleologisch, unter Bezug auf das Leben beziehungsweise die Gesellschaft, oder teleonomisch, unter Bezug auf sich selbst, erklärt. Im letzteren Fall hat man es mit Parasiten zu tun, unterschiedlich willkommen, die ihren Gast gefunden haben.[194]

Die soziologische Systemtheorie im Stile Luhmanns ist der theoretisch noch nicht entschiedene Versuch, die Teleologie und die Teleonomie miteinander zu verbinden, das heißt gesellschaftliche Institutionen als Einrichtungen zu untersuchen, die sich teleonomisch ihr Gesetz selbst geben, um teleologisch eine gesellschaftliche Funktion zu erfüllen. Luhmann hat die Tautologie des Begriffs der Einmalerfindung auf sich selbst angewandt, Einmalerfindungen in Einmalerfindungen geschachtelt und die Gesellschaft zu einer von ihnen neben anderen gemacht. Das hat den Vorteil, dass man Gesellschaft aus der Familie, der Kunst oder anderen gesellschaftlichen Einrichtungen heraus

---

[193] Siehe Colin S. Pittendrigh, »Adaptation, Natural Selection, and Behavior«, in: Anne Roe und George Gaylord Simpson (Hrsg.), *Behavior and Evolution*, New Haven, CT 1958, S. 390-416; und Ernst Mayr, »Teleological and Teleonomic: A New Analysis«, in: Robert S. Cohen und Marx W. Wartofsky (Hrsg.), Methodological and Historical Essays *in the Natural and Social Sciences*, Dordrecht 1974, S. 91-117.

[194] Im Sinne von Michel Serres, *Der Parasit*, 1980, dt. Frankfurt am Main 1981.

gleichsam jederzeit neu starten kann. Man braucht nicht viel mehr als eine Sprache, verbalisiert oder nicht, die Abwesende und Anwesende in eine Relation zueinander setzt. Luhmann gab der Gesellschaft den paradoxen Status, zugleich ein System neben anderen und ein umfassendes System zu sein (mit der Konsequenz, dass die Gesellschaft in jedem anderen sozialen System als ein Faktor der Intervention aufgefunden und analysiert werden kann), aber rein begrifflich könnten Pädagogen auf die Idee kommen, die Erziehung für das umfassende System zu halten, könnten Ästheten auf die Idee kommen, die Kunst für das umfassende System zu halten, und könnten Theologen auf die Idee kommen, die Religion für das umfassende System zu halten, und die Gesellschaft jeweils als eine Subfunktion des Andockens von Leistungszusammenhängen des menschlichen Lebens zu beschreiben, die das übergeordnete System nicht selbst lösen, aber mit Erfolg delegieren kann. Und in der Tat, nicht nur Pädagogen, Ästheten und Theologen, sondern auch Ökonomen, Politologen und andere sind auf solche Ideen gekommen. Dann hängt es an der Soziologie, ob es ihr gelingt, angesichts der Leistungszusammenhänge, die insgesamt erfüllt werden müssen, den Referenzrahmen zugunsten der Gesellschaft zu verschieben oder nicht. Und es hängt an der Soziologie, ob es ihr gelingt, das *eine* Problem der Gesellschaft in die vielen Varianten von Subfunktionen der Teilsysteme herunter zu brechen, oder nicht. So oder so bleibt es bei der Tautologie. Dass es das Leben, das Bewusstsein, die Gesellschaft überhaupt gibt, kann nur mit Staunen zur Kenntnis genommen werden. Der nicht nur wissenschaftliche, sondern auch gesellschaftliche Wettbewerb gilt anschließend der Art und Weise, wie die Tautologie entfaltet wird.

Die Religion ist ein Beispiel einer gesellschaftlichen Einmalerfindung. Ihr Problem ist die Gesellschaft. Die Antwort lautet: Gott, in welcher Gestalt, im Singular oder Plural, zornig oder barmherzig, sorgend und tröstend oder gleichgültig, auch immer. Aber was lernt man aus der Antwort über das Problem? Und inwiefern variieren die Medien der Sprache, der Schrift, des Buchdrucks und der Elektronik sowohl das Problem als auch die Lösung?

Auf die erste der beiden Fragen gibt Emile Durkheim eine erste Antwort. Eine Religion erlaubt es, zwischen profanen und heiligen Gütern zu unterscheiden.[195] Das ist eine Unterscheidung, die nicht für die Religion, sondern für die Gesellschaft hilfreich ist. Der Religion ist mit heiligen Gütern bereits hinreichend gedient. Die Gesellschaft profitiert davon, dass sie nun die profanen von den heiligen unterscheiden kann. Erstere sind relativ, dem menschlichen Willen unterworfen, veränderbar, gestaltbar und damit letztlich ungewiss in ihrem Sinn und Zweck. Der wirklich religiöse Mensch kann auf sie verzichten, er würde sich am liebsten nur mit heiligen Dingen umgeben; nur die Nachsicht gegenüber sich selbst und seinen Mitmenschen erlaubt es ihm, die profanen Dinge auch nur auszuhalten. Die heiligen Dinge hingegen sind absolut, dem menschlichen Willen entzogen, eindeutig in ihrem Bezug auf die Götter.

Religion ist die Institution, deren Funktion, soziologisch betrachtet, die Unterscheidung der Kontingenz vom Absoluten ist. Man kann die Unterscheidung dogmatisch, gelassen oder hypokritisch treffen, in jedem Fall gewinnt man einen Blick für beide Seiten der Unterscheidung, für die geordnete Unordnung der Gesellschaft und die rätselhafte Allmacht Gottes. Beide Seiten werden paradox formuliert, weil man nur so genügend Spielraum für die zweite Unterscheidung der Religion zwischen Immanenz und Transzendenz gewinnt.[196] Die heiligen Dinge verweisen auf einen Raum der Transzendenz, der nur immanent zu erfahren ist. Die profanen Dinge würden diesen Raum der Immanenz

---

[195] Emile Durkheim, *Die elementaren Formen des religiösen Lebens*, 1912, dt. Frankfurt am Main 1981.

[196] Siehe Niklas Luhmann, *Die Funktion der Religion*, Frankfurt am Main 1977; ders., *Die Religion der Gesellschaft*, Frankfurt am Main 2000.

restlos füllen, gäbe es nicht die heiligen Dinge, die aus diesem Raum auf einen anderen hinausweisen. Doch was immer sich im Raum der Transzendenz abspielt, die Barmherzigkeit, der Zorn oder die Gleichgültigkeit, vielleicht sogar der Tod Gottes, erreicht den Raum der Immanenz nur im Modus des Glaubens, zur Not des Zweifels, das heißt: als Effekt der immanenten Wirklichkeit.

Das religiöse Manöver ist nicht ohne eine gewisse Ironie. Die profanen Dinge werden in ihrer Kontingenz bestimmbar, weil sie nicht heilig sind; die heiligen Dinge sind eindeutig, weil sie auf ein Reich verweisen, das beschworen, aber nicht kontrolliert werden kann. Darin liegt die gesellschaftliche Funktion der Religion. Sie erlaubt es, die Eindeutigkeit loszuwerden und sich in deren Abglanz um das Kontingente zu kümmern. Schärfer gesagt, das Kontingente wird als solches markierbar und aushaltbar, weil es daneben auch das Absolute gibt, wenn auch nur in der Form des Verweises, auf der Außenseite der Form, wenn man so will. Allerdings ist das Manöver auch riskant. Die Religion erhebt Ansprüche auf die Immanenz. Sie begnügt sich nicht mit einem Verweis auf das Transzendente, sondern versucht, es in der Gesellschaft zum Gesetz zu machen. Vermutlich gehört dieses Ringen dazu. Wie soll die Unterscheidung zwischen Immanenz und Transzendenz glaubwürdig bleiben, wenn sich nicht jemand für die Transzendenz stark macht? Das hatte die These von der Säkularisierung der Religion und ihrem allmählichen Verschwinden übersehen. Wie sollte man, wenn Gottes Allmacht vom Tisch wäre, das Kontingente als solches markieren? Es wäre ohne Unterschied überall dasselbe; der menschliche Wille wäre ohne Rückhalt und ohne Anhaltspunkt; er hätte keine Form.

Religion tritt in unendlich vielen Varianten auf. Sie ist polytheistisch und monotheistisch; sie ist prophetisch und messianisch oder zivil und meditativ; sie ist kirchlich oder persönlich, kriegerisch oder duldend. Schlimmer noch, sie ist immer alles zugleich, so als hinge es nur von der Form der Kontingenz, also der Form der Gesellschaft ab, in welcher Gestalt das Absolute auftritt. Ob christlich, islamisch, buddhistisch, hinduistisch oder synkretistisch, jede Religion hat viele Seiten, gewalttätige ebenso wie friedliche, individualisierende ebenso wie kollektivierende, erlösende ebenso wie verdammende. In der tribalen Gesellschaft übersetzt sich diese Vielfalt in die Vielfalt der Götter, Geister und Zaubermittel, in der antiken Gesellschaft in die unberechenbaren Leidenschaften der Bewohner des Olymp und anderer heiliger Berge, in der modernen Gesellschaft in die Vielfalt der Konfessionen.

In der nächsten Gesellschaft, so der aktuelle Eindruck, wird die Religion entweder so spiritistisch wie die Pfingstbewegungen, so privat wie die Meditation oder so aggressiv wie jeder Versuch, Traditionen zu erfinden, die die Gegenwart zur Gegenwart einer Vergangenheit zu machen versuchen. Jede dieser Varianten, und es sind nicht die einzigen, hat etwas mit den elektronischen Medien zu tun. Im Spiritismus verlagert sich die Allmacht Gottes vom rächenden Vater und sich opfernden Sohn auf den Heiligen Geist, der so über den Wassern schwebt, wie auch die Elektrizität ungreifbar und allgegenwärtig ist. Der Glaube wird zum Licht.[197] Die Medien werden selbst religiös aufgeladen, so wie es in der tribalen Gesellschaft das letzte Wort, in der antiken Gesellschaft die Heilige Schrift und in der modernen Gesellschaft die massenhafte Verbreitung des Wortes Gottes ist, die gleich mit angebetet werden. Nicht mehr wie ein Blitz, sondern wie ein elektrischer Schlag kann es jeden jederzeit treffen. Wo ist der Unterschied? Absolut ist absolut. Vor allem jedoch ergreift dieser Geist alle gleichermaßen. Anders als der Vater und der Sohn, die es immer noch mit der individuellen Ansprache hielten, ist der Heilige Geist so unpersönlich wie kollektiv und ungreifbar. Der Glaube an ihn ist ein Einschwingen mehr noch als ein Ergriffenwerden.

---

[197] Marshall McLuhan, *The Medium and the Light: Reflections on Religion*, Eugene, OR 2010.

Die Meditation ist eine uralte Weisheitspraxis. Aber sie passt sich an.[198] Übung in der Kunst des Schweigens seit der tribalen Gesellschaft, Konzentration auf die Gegenwart seit der Antike, Abstand zur Unruhe der Welt in der Moderne, wird sie eine Übung in der Allgegenwart der Vernetzung in der nächsten Gesellschaft. Die Gedanken, die kommen und wieder losgelassen werden, sind nicht mehr nur die des Geredes, der lastenden Vergangenheit und umsorgten Zukunft, der Hektik des alltäglichen Treibens, sondern der Zusammenhänge, in denen man steht, ohne es zu wissen und wahrhaben zu wollen. In der Meditation nimmt man es wahr. Man vernetzt und verschaltet sich selbst, indem man es zulässt und im nächsten Moment wieder loslässt. Die Meditation, insoweit sie religiös ist, ist eine Erfahrung des Absoluten in der Gestalt des Netzwerks, das zwar überall ist, aber letztlich nur aus Lücken, Löchern besteht, und in der Gestalt der Komplexität, die andrängt, aber nichts zu sagen hat. Daran ändert auch die sogenannte Digitalisierung nichts, die zwar jeden erreicht, aber religiös frei von jeder Botschaft ist.

Die Wiedererfindung des Christentums, des Islam, des Hinduismus, auch des Buddhismus, hat ebenfalls viele Gesichter. Nichts spricht dagegen, dass der eine Gott sich auch dann bewährt, wenn Netzwerke und Komplexität die Kontingenz der Welt neu formatieren. Er ist dann schwerer zu finden als in den Schriften, massenhaft verbreitet, von einst. Aber man könnte sich ihn als die einfachste Komplexität von allen vorstellen, die Unvereinbarkeit zweier Seiten einer Form, die nichts anderes ist als diese Unvereinbarkeit selbst, herrlich absolut. Was sich auf den beiden Seiten abspielt, was markiert wird und was unmarkiert bleibt, ist gleichgültig, bleibt einer Welt und Gesellschaft überlassen, die in jeder Hinsicht eitel sind und bleiben. Der religiös gestimmte Mensch ist derjenige, der weiß, nicht nur glaubt,

---

[198] Siehe Werner Vogd, *Welten ohne Grund: Buddhismus, Sinn und Konstruktion*, Heidelberg 2014.

dass die Welt nicht aufgeht, und dies für ein unwiderlegliches Zeichen Gottes hält. In diesem Gedanken liegt unendlicher Trost, denn am Ende allen Lebens steht die Einfachheit Gottes.

Und, ja, man müsste auch ein paar Worte darüber verlieren, dass alle diese Religionen bei Bedarf zum Fundamentalismus neigen und sich für nationalistische Zwecke, religiöse Verfolgung und Pogrome einspannen lassen. Mir scheint, das war immer so. Das gehört mit zur Einmalerfindung der Religion. Letztlich ist jede Religion, als Kirche und Gemeinde, auch eine Form der Volkszählung. Wer gehört dazu, wer nicht? Wenn das Risiko, imaginiert oder nicht, der politischen, wirtschaftlichen, pädagogischen, ästhetischen und kulturellen Reproduktion eines Volkes, wie immer definiert, steigt, franst das Immanente aus und wird die Transzendenz aufgerufen, Klarheit zu schaffen. Man hat Gott auf seiner Seite. Die Existenz des anderen kann unvereinbar sein mit der eigenen, wenn die Kontingenz der Gesellschaft den Rahmen ihrer geordneten Unordnung übersteigt. Die tribale Gesellschaft regelt, welche Abwesenden auch anwesend sein könnten (mit dem Status des Gastes, des Feindes als Übergangsform). Die antike Gesellschaft regelt, wessen Vergangenheit einen Anspruch auf welche Gegenwart und Zukunft hat. Die moderne Gesellschaft regelt, wer in die Funktionssysteme inkludiert werden kann (an Wirtschaft, Politik, Bildung, Kunst und so weiter teilnehmen kann), ohne deren Risikospiele mangels Kenntnis oder mit kriminellen Absichten zu gefährden. Und die nächste Gesellschaft regelt, wessen Geschichten in ihrem Netzwerk eine Rolle spielen und wessen körperliche, mentale und kulturelle Dispositionen die aktuell für zivil gehaltenen Formen der Komplexität nicht überfordern. Wer die jeweiligen Kontingenzspielräume, die auch dann, wenn es sich grundsätzlich um Kontingenz handelt, kulturell scharf begrenzt sind, nicht bedienen kann, ist nicht etwa deswegen draußen, weil er es nicht kann, sondern weil das Spiel aller anderen auf dieses Nichtwissen nicht eingestellt ist. Die Kontingenz schließt bestimmte Notwendigkeiten kultureller Art nicht aus. Man könnte die These aufstellen, dass exakt für solche Fälle das Stichwort der Kultur erfunden worden ist, für Fälle also eines Widerstands in der Kontingenz gegen die Kontingenz. Und da man das in der gesellschaftlichen Praxis weder auf der Seite der einen noch der anderen versteht, hilft nur der Rückgriff auf das Absolute, das von derselben Form ist: notwendig inmitten der Kontingenz. Am Gefühl der Gerechtigkeit, das sich nicht einstellt, weil die anderen verfolgt werden, sondern weil man etwas für die eigenen Leute tut, merkt man, dass man auf der richtigen Seite handelt. Gott hat dafür ein Verständnis, dessen man sich, gottlob, nicht sicher sein kann.

12. PROJEKTUNTERRICHT ALS ERZIEHUNG

Die Erziehung der nächsten Gesellschaft bleibt ratlos. Sie verlässt sich auf eine Zweiseitenform, der gemäß wichtig nur sein kann, was nicht in der Schule vorkommt.

Erziehung hat eine doppelte Aufgabe. Sie diszipliniert und sie bereitet vor auf die Faszinationen und Zumutungen der Welt. Die beiden Aufgaben werden zusammengefasst, anders könnte man sie nicht als Erziehung erkennen, in das Training der Bereitschaft, sich diszipliniert zu ändern. Training soll heißen, dass man dies eher auf der Verhaltensebene als auf einer bewussten Ebene lernt. Man lernt es als erfolgreiche Praxis der Bewährung in der Schule, indem nicht nur Lehrer und Klassenverband je unterschiedlich disziplinieren,[199] sondern auch der Übergang von der Familie in die Schule und die Einbettung der Schule in alle anderen Attraktionen der Gesellschaft nur diszipliniert zu bewältigen sind. Die Bereitschaft, sich diszipliniert zu ändern, ist in diesem Zusammenhang die sowohl inhaltliche als auch strukturelle

---

[199] Siehe wiederum Dreeben, *Was wir in der Schule lernen*.

Zielsetzung der Schule. Schüler erwerben ein Wissen, das es ihnen ermöglicht, ihre individuelle Identität zu stärken, während sie sich auf der Ebene eines Wissens um dieses Wissen an die jeweils gegebene Situation anpassen. Die Bereitschaft, sich disziplíníert zu ändern, ist auf der Ebene des Wissens eine Arbeit am Wissen und nur insofern eine Arbeit am Individuum, als es dieses seiner Fähigkeit und damit seiner Identität versichert.

Schon in der Familie bleibt das Individuum nicht unschuldig. Es muss mit Eltern und Geschwistern je unterschiedlich umgehen und wird von Eltern und Geschwistern je unterschiedlich adressiert. Es muss lernen, dass die Mutter als Mutter anders agiert und angesprochen werden kann denn als Gattin ihres Mannes und dass das Kind als Kind anders agiert und angesprochen werden kann denn als Kind seiner Eltern oder als Kind, das gerade aus der Schule kommt. Man spricht von zusammengesetzten Rollen (compound roles),[200] in denen die Intervention abwesender Dritter modifizieren kann, wie sich Anwesende zueinander verhalten. Das ist schon in der Familie ein erster Hinweis auf »Gesellschaft«. Das Kind kommt bereits strukturell aufgelöst in die Schule. Genauer, es kommt mit der Erfahrung einer individuell herausfordernden Möglichkeit der strukturellen Auflösung sozialer Situationen in die Schule.[201] Es hat in der Familie keine Rolle gelernt, sondern es hat gelernt, dass sich Rollenanforderungen mit dem Auftreten erst spezifischer (Geschwister, Eltern, Großeltern), dann generalisierter Dritter (Freunde, Lehrer, Pfarrer, Kaufleute…) ändern.[202] Es hat gelernt, was es heißt, Ich zu sagen. Es hat gelernt, nicht allzu genau nachzufragen, wer damit

---

[200] Siehe Harrison C. White, *An Anatomy of Kinship: Mathematical Models for Structures of Cumulated Roles*, Englewood Cliffs, NJ 1963.

[201] Siehe Niklas Luhmann, »Strukturauflösung durch Interaktion: Ein analytischer Bezugsrahmen«, *Soziale Systeme* 17 (2011), S. 3-30.

[202] George Herbert Mead, *Geist, Identität und Gesellschaft aus der Sicht des Sozialbehaviorismus*, 1934, dt. Frankfurt am Main 1973.

gemeint ist. Und eher überrascht wird es irgendwann lernen, dass die scheinbar so sicher auftretenden Mitmenschen in keiner besseren Lage sind.

In der Schule wird dieses Individuum mit mündlichen Unterweisungen, mit der Lektüre von Texten, mit einem kritischen Vergleichswissen und schließlich mit elektronischen und digitalen Medien konfrontiert. In tribalen Gesellschaften lernt es, Autoritäten zu durchschauen, das heißt zu respektieren, aber mit Blick auf sachliche, soziale und zeitliche Kontexte auch zu relativieren. Auch der größte Meister ist nicht in jeder Hinsicht, nicht für jedermann und nicht immer ein Meister. In der Antike lernt es, Tradition und Aufgabe zu unterscheiden, das heißt die Ressourcen der Vergangenheit zu ehren, aber nicht sklavisch an ihnen festzuhalten. Im Handwerk wie in der Akademie, beim Sport, im Spiel und in der argumentativen Auseinandersetzung spielt die inventio, das Finden eines passenden Einstiegs, eine so wichtige Rolle wie die institutio, das Bedienen und gegebenenfalls Verändern der überlieferten Topik. Im Kontext der drei Zeithorizonte Vergangenheit, Gegenwart und Zukunft müssen Lehre und Lernen so beweglich werden wie das Wissen.

In der Buchdruckgesellschaft lernt es, Kritik zu üben und auszuhalten. Man übersieht dieses primäre Erziehungsziel, weil die Schule komplementär darum bemüht ist, die kritische Funktion auf bestimmte Felder, auf die Anwendung definierter Ressourcen, auch auf die passende Gelegenheit einzugrenzen. Man lernt, Kritik und Konformität für die beiden Seiten einer Medaille zu halten (sehr zum Missfallen von Aufklärern und ihnen folgenden »kritischen« Intellektuellen). Aber das ändert nichts daran, dass der Bürger grundsätzlich kritisch ist und sein muss, weil er andernfalls die vielen Medienwechsel, die er von Situation zu Situation zu bewältigen hat, nicht meistern könnte. Der Übergang von einer Situation zu einer anderen ist per se kritisch, nicht nur, weil man im Moment des Übergangs in der Luft (= Gesellschaft) hängt, sondern mehr noch beziehungsweise in genau diesem (luftigen) Zusammenhang, weil man sich aus der vorherigen Situation abstoßen muss, ohne sich die Rückkehr verbauen zu dürfen, und auf die neue Situation einlassen muss, ohne nicht auch sie wieder verlassen zu können. Der Bürger ist kritisch immer auf dem Sprung,[203] und man kann sich fragen, ob und wie er das in der Schule lernt. Die einfachste Antwort verweist auf den Wechsel der Schulstunden (was dann auch heißt, dass ein tage- oder wochenlanges Projektstudium die Moderne riskiert), eine weitergehende Antwort auf den immer mitlaufenden Vergleich zwischen der praktischen Irrelevanz des in der Schule gelernten Wissens und den gleichzeitig in der Gesellschaft erfahrenen Herausforderungen. Selbst in den glücklichen Fällen, in denen die Einführung in die Klimakunde etwas mit gesellschaftlichen Debatten, der Geschichtsunterricht etwas mit sozialen Entwicklungen oder der Ethikunterricht etwas mit familiären Dilemmata zu tun hat, hat der Unterricht etwas Abstraktes und Artifizielles im Vergleich mit der realen Konfusion der Verhältnisse, so dass spätestens auf dieser Ebene der kritische Vergleich gefordert ist. Selbst den kritischen Umgang mit der Kritik lernt das Individuum in der Schule, denn es spürt am eigenen Leibe, was es heißt kritisiert zu werden, es lernt, dass Autorität Kritik bis zu einem gewissen Grade blockieren kann, und es erfährt die geringe Reichweite jeder Kritik im Rahmen robuster Mechanismen der Indifferenzproduktion.

Mit den elektronischen Medien wird die Möglichkeit der Ablenkung gestärkt, mit den digitalen Medien der bürokratische Zugriff der Organisation auf die Curricula und die Portionierung von Lerninhalten zugunsten überprüfbarer und anwendbarer Einheiten.[204] Die Vision unsichtbarer Maschinen, die, solange wir online

---

203 Siehe erneut Fontdevila/Opazo/White, »Order at the Edge of Chaos: Meaning from Network Switchings Across Functional Systems«.

204 Siehe Neil Selwyn, »Rethinking Education in the Digital Age«, in: Kate Orton-Johnson und Nick Prior (Hrsg.), *Digital Sociology: Critical Perspectives*, London 2013, S. 197-212; und vgl. ders., *Education*

sind beziehungsweise sensorisch überwacht werden können, jeden unserer Schritte auf Lernmöglichkeiten, Lernerfolge und Lernverweigerung hin begleiten und rückmelden und uns laufend Verweise und Verzweigungen auf ein Display zaubern, die uns deutlich machen, welchen Überlegungen wir nachgehen können, welche Wege bereits ohne Erfolg (aber was heißt das schon?) beschritten worden sind und welcher Kontext erst eine Bewertung bestimmter Informationen ermöglicht, ist eine Vision. Erneut wäre zu unterscheiden, wie sich die Funktion der Erziehung in der Gesellschaft zum einen erhält und zum anderen an die neue mediale Konstellation anpasst. Die Triade des unbestimmt determinierten Individuums auf der einen Seite, einer erzieherischen Absicht, die immer unangenehm auffällt, auf der anderen Seite, und einer Gesellschaft, die nach wie vor auf Kompetenzen einer disziplinierten Anpassung setzt, bleibt dieselbe.[205] Was sich jedoch zuspitzt, ist die Auseinandersetzung um die Möglichkeit der Kontrolle. Wer wen? Aktuell ist es die Portionierung von Curricula bis hinunter auf die Ebene von Nanoskills, die für alle Beteiligten attraktiv ist, weil es die Passfähigkeit der Inhalte für die Kontrolle der Lernschritte in der Schule und die Anwendungszusammenhänge in der beruflichen Praxis ebenso steigert, wie die Wahl- und Kombinationsmöglichkeiten der Portionen durch die Lernenden. Der Erwerb und die Beurteilung kritischen Vergleichswissens, ganz zu schweigen vom respektvollen Umgang mit Autorität und Tradition, wird heruntergefahren und stattdessen die Kontrolle der Kontrolle zum Prinzip erhoben.

Das hört sich schlimmer an, als es vermutlich ist. Zur Bedingung für die Teilnahme an Erziehung auf Seiten der Lernenden, der Lehrenden und der Abnehmer wird, dass man eine Kontrolle darüber ausüben kann, wie man sich kontrollieren lässt. Damit

and Technology: Key issues and Debates, London 2016.

[205] Siehe Niklas Luhmann, *Das Erziehungssystem der Gesellschaft*, Frankfurt am Main 2002.

wird das Gesetz des Umgangs mit den Maschinen auf die Ebene der Erziehung heruntergebrochen. Für alle Beteiligten bedeutet das, dass man so schnell aussteigen wie einsteigen kann. Zu diesem Zweck kombiniert der Unterricht Formen des Trainings mit Formen des Projekts. Im Training werden primär neuronale Kompetenzen erworben, die sensomotorisch im Umgang mit komplexen Phänomenen eingesetzt werden können, ohne dass ein reflektierendes Bewusstsein die Vorgänge begleiten können muss.[206] Training ist, wenn man so will, ein Kurzschluss zwischen sozialer und neuronaler Kompetenz (systemtheoretisch orthodox: ein Mechanismus der strukturellen Kopplung zwischen Gehirn und Gesellschaft), wobei ich unter neuronaler Kompetenz die gesamte Ebene der Verhaltenssteuerung verstehe, nicht etwa nur Prozesse der Verarbeitung von Wahrnehmung im Gehirn. Die Voraussetzung für diese Form der Erziehung ist die Präsenz von Technologien. Der Geiger und Schreiner müssen ebenso trainieren wie der Fußballer, der Soldat, der Gelehrte und der Ingenieur. Am technologischen Objekt, besser gesagt: im technologischen Medium, wird geübt, welche Form der Plastizität Gehirn und Gesellschaft aufeinander einzuspielen vermögen. Das war immer schon so und wird im Umgang mit dem Computer, soweit er professionell eingesetzt wird, wiederholt.

Das Bewusstsein wird dabei nicht ausgeschaltet, sondern eingeklammert. Es läuft mit, hat aber nichts zu sagen. Es verzeichnet Lernfortschritte oder auch Lernblockaden, ist aber weder für das eine noch andere (wenn überhaupt, dann für Blockaden) verantwortlich. Es bewertet, was dem Gehirn zugemutet und von der Gesellschaft, immer heruntergebrochen auf konkrete Übungszusammenhänge, zugemutet wird. Damit signalisiert es

---

[206] In Organisationen nennt man das die Implementation von »mindfulness«, siehe Karl E. Weick und Kathleen M. Sutcliff, *Das Unerwartete managen: Wie Unternehmen aus Extremsituationen lernen*, 2001, dt. Stuttgart 2016.

sich selbst die Kontrolle der Kontrolle, wie groß auch immer die Chancen sind, daraus Konsequenzen zu ziehen. Versagt diese Kontrolle zweiter Ordnung, reagiert das Individuum mit Depression und Burnout.[207] Gehirn und Gesellschaft funktionieren weiter, doch das Bewusstsein will nicht mehr.

Im Projekt wird es zurückgewonnen. Im Projekt gewinnen Anfang und Ende, beide arbiträr gesetzt und daher beide zwangsläufig Gegenstand eines freien Willens und damit des Bewusstseins eher als einer Notwendigkeit, die Kontrolle über Organisation und Verhalten. In der Schule ist das nicht anders als im Betrieb, obwohl es dem Betrieb schwerer fällt, das dokumentieren Praktiken des agilen Managements, die Rolle des Bewusstseins zu profilieren.[208] Im Projekt werden Aufgabe und Aufgabensteller, Verhalten und Kommunikation, Technologie und Ressourcen zu Variablen einer strategischen Funktion, zu einer Matrix, in der keiner der Beteiligten (ob Individuum, Organisation oder Technologie) die determinierende Rolle spielt, sondern alle mit allen im Medium einer Kontrolle zweiter Ordnung zurande kommen müssen. Das Projekt ist die Wiedereinführung des Netzwerks und der Komplexität in konkrete Situationen der Erziehung und, sehr ähnlich, der Arbeit. Die disziplinierte Anpassung wird hier nicht nur im Sekundentakt geübt, sondern zugleich mit der Motivation und Kompetenz der beteiligten Individuen abgeglichen. Erziehung wird so nicht wieder zur absichtslosen Sozialisation, wie sie allerorten in der Gesellschaft als wechselseitige Form der Anpassung von Individuum und Gesellschaft passiert, sondern sie wird Erziehung zur Selbsterziehung. Die disziplinierte Anpassung wird zur Anpassung an sich selbst,

---

[207] Siehe Alain Ehrenberg, *Das erschöpfte Selbst: Depression und Gesellschaft in der Gegenwart*, 1998, dt. Frankfurt am Main 2015.

[208] Und wenn, dann als ein neues, verändertes Bewusstsein, so etwa bei Frederic Laloux, *Reinventing Organizations: A Guide to Creating Organizations Inspired by the Next Stage of Human Consciousness*, Brüssel 2014.

mit allen Anforderungen, die dies an die Formatierung des Selbst impliziert. Genügten dem Individuum in der modernen Gesellschaft fachliche und soziale Kompetenzen sowie die Fähigkeit, zwischen ihnen zu wechseln, so benötigt es jetzt zusätzlich die Kompetenz der Selbstselektion. Zumindest in der Erziehung gibt es keinen bewusstlosen Vollzug eines Projekts. Das Bewusstsein wird aufgerufen, um die Kontrolle über sich zu behalten. Denn diese Kontrolle benötigt es, um sich kontrollieren zu lassen. Dem modernen Blick erscheint dies als »unternehmerischer« Umgang mit sich selbst und wird im Sinne einer Kritik aller Kapitalisierungsvorgänge kritisch beurteilt.[209] Tatsächlich geht es um den Wiedergewinn von Entscheidungsfähigkeit.

13. DIE LIEBE, ODER DU IN MEINER UND ICH IN DEINER WELT

Die Liebe ist auch in der nächsten Gesellschaft flüchtig. Ihre Form ist nicht mehr eine Frage der Gelegenheit, des Begehrens oder der Leidenschaft, sondern der Rücksichtnahme. Die Familie ist der Ort, der die Heimkehr ermöglicht, die Sehnsucht weckt, die Treue problematisiert und in ihrer Hartnäckigkeit nur von ihrer Zerbrechlichkeit übertroffen wird.

Die Sozialsysteme der Intimität und Familie scheinen ohne Verbreitungsmedien auszukommen. Liebe ist keine Frage der Sprache oder der Schrift, geschweige denn des Buchdrucks oder der elektronischen Medien, so sehr der Tonfall und Moment für eine Liebeserklärung entscheidend sind, so sehr Liebesbeziehungen über Briefe und elektronische Nachrichten lanciert, gepflegt, moderiert und abgebrochen werden können und so sehr das, was man in Romanen, Gedichten und Zeitschriften

---

[209] Siehe Ulrich Bröckling, *Das unternehmerische Selbst: Soziologie einer Subjektivierungsform*, Frankfurt am Main 2007.

über die Liebe liest, die eigenen Erwartungen prägen kann. Wie die Liebe gelebt wird, zu welchen Intimitäten es kommt und wie die Familie miteinander auskommt, entscheidet sich unter den Anwesenden, auch wenn die wechselseitige Wahrnehmung angesichts der mitgebrachten Erwartungen immer schon zu spät zu kommen scheint.

Liebe ist das Erfolgsmedium der Sozialsysteme Intimität und Familie, im einen Fall gebunden an die Sexualität, im anderen an die Vollinklusion der Person. Vollinklusion der Person soll heißen, dass die Person insgesamt, so wie sie ist, geliebt und mit allen ihren Fehlern, so sehr man sie zu korrigieren versucht, immer auch akzeptiert wird.[210] Wie andere Erfolgsmedien auch ist die Liebe an eine spezifische Selektivität von Kommunikation und Handlung gebunden, eine Konstellation wechselseitiger Erwartungen, die sie aus anderen Kommunikationen und Handlungen heraushebt und, daher das Stichwort des Erfolgsmediums, dafür sorgt, dass diese wechselseitigen Erwartungen akzeptabel sind, ja sogar kultiviert werden können. Diese Konstellation erwartet nichts Geringeres als die Fähigkeit aller Beteiligten, sich selbst als Bestandteil der Welt des anderen zu sehen und das eigene Handeln und Erleben so zu steuern, dass sie in die Welt des anderen nicht nur passt, sondern diese bereichert und verschönert. Man liebt, indem man die Welt des anderen bereichert. In Situationen der Intimität liegt dies auf der Hand, in der Familie wird dies schon schwieriger. Luhmann hat den Höhepunkt der Entwicklung dieser Semantik im 17. und 18. Jahrhundert eines höfischen Frankreichs identifiziert.[211] Schon damals konnten die extremen Ansprüche, die diese Konstellation an alle

---

[210] Siehe Niklas Luhmann, »Sozialsystem Familie«, in: ders., *Soziologische Aufklärung 5: Konstruktivistische Perspektiven*, Opladen, 1990, S. 196-217.

[211] Niklas Luhmann, *Liebe als Passion: Zur Codierung von Intimität*, Frankfurt am Main 1982.

Beteiligten stellt, nur mit der Anerkennung der Flüchtigkeit der Liebe kompensiert werden. Letztlich konzentriert man sich auf Momente der Verführung.[212] Die Familie hat alle Mühe, Ideen der Treue, Fürsorge und des gemeinsamen Lebens und Alterns nachzuliefern, die es erlauben, diese Intimität gleichsam zu zivilisieren. Die Arbeit an dieser Semantik fand in Europa im Wesentlichen im 19. Jahrhundert statt und kann nicht als abgeschlossen gelten.[213]

Doch auch in diesem Fall bewährt sich das Konzept der Einmalerfindung. Sich in der Welt des anderen zu sehen, um Momente der Intimität zu ermöglichen und die Familie mit jener spezifischen Form wechselseitiger Sorge auszustatten, die keine Bedingungen kennt, ist ein Kennzeichen der Liebe, seit es Gesellschaft, insoweit sie dokumentiert beziehungsweise im Nachhinein erforscht ist, gibt. Positive Emotionen, was wohl heißen soll, enttäuschungsresistente positive Einstellungen gegenüber dem anderen, werden von den Neurowissenschaften gar für die Entstehung von Gesellschaft im Moment der Entwicklung dauerhafter familiärer Bindungen verantwortlich gemacht.[214] Diese These kann soziologisch nicht befriedigen, weil Überlegungen zu negativen Emotionen und zum Topos der Anwesenheit der Abwesenden fehlen, dennoch ist der Hinweis hilfreich, weil er auf die Rolle dessen hinweist, was man Liebe nennen kann. Liebe gab und gibt es schon immer, doch ihre Gestalt ändert sich mit dem Ablauf der Medienepochen, so sehr hier wie auch in allen anderen Fällen sozialer Institutionen und Funktionen gilt, dass

---

212 Siehe Søren Kierkegaard, *Das Tagebuch des Verführers. Entweder/Oder, Teil 1*, 1843, dt. München 1997; Jean Baudrillard, *Von der Verführung*, 1979, dt. München 1992.

213 Elisabeth Beck-Gernsheim, *Das ganz normale Chaos der Liebe*, Frankfurt am Main 1990; dies., *Was kommt nach der Familie? Einblicke in neue Lebensformen*, München 2000.

214 Siehe Jonathan H. Turner und Alexandra Maryanski, *On the Origin of Societies by Natural Selection*, Boulder, CO 2008.

der Einfluss der Medienepochen sich überlagert und nicht etwa ablöst. Liebende sprechen noch immer, schreiben sich noch immer Nachrichten, auch wenn die Frage, in welchen elektronischen Netzen der andere unterwegs ist, immer schwerer zu beantworten ist.

In der Stammesgesellschaft, nach allem, was man liest,[215] ist die Liebe noch nicht als solche institutionalisiert. Sie ist eine Frage der Gelegenheit, die sich ergibt und die man suchen kann, erfüllt aber bereits damals alle Anforderungen nicht etwa an das gemeinsame Teilen einer gemeinsamen Welt, das ist eine Semantik des 19. Jahrhunderts, sondern an das wechselseitige Teilen der Welt des anderen als einer anderen Welt. Männer und Frauen, Kinder und Eltern teilen ihre Welt nur begrenzt; sozial fällt vor allem auf, was sie nicht gemeinsam haben. Deswegen ist die Gelegenheit auch nicht festzuhalten. Sie lebt davon, dass sie möglich ist und wieder vorüberzieht. Skandiert wird die Liebe bereits jetzt von ihrem Unterschied, den sie gegenüber allem anderen macht, ob man sich an einem Wasserfall begegnet (ich denke an Nscho-tschi) oder die Familie unter sich ist. Entscheidend ist der Übergang zur Liebe und wieder zu anderen, andernfalls könnte man sich angesichts aller anderen gesellschaftlichen Erwartungen nicht auf sie einlassen. Umso intensiver kann der Moment jedoch gestaltet und erlebt werden, mit dem Risiko, dass man feststellt, dass der andere doch nur in seiner/ihrer Welt unterwegs ist.

Die Antike ergänzt die Figur der Gelegenheit durch die Semantik des Begehrens. Die Punktualität des Moments wird ergänzt durch die Einzigartigkeit der adressierten Person. In der gleichgeschlechtlichen Begegnung kann sich zwischen Älteren und Jüngeren die Freundschaft zur Liebe weiterentwickeln (Sappho), die von der Sexualität umso deutlicher unterschieden wird,

---

215 Zum Beispiel Daniel L. Everett, *Das glücklichste Volk: Sieben Jahre bei den Pirahã-Indianern am Amazonas*, 2009, dt. New York 2012.

je zwingender sie andererseits auf sie zurückgreift. Schon der Altersunterschied bettet die Liebe in eine temporal reflektierte Gesellschaft ein. Liebe ist zugleich Lehre und Lernen. Umso stärker betont das Begehren eine Gegenwart, deren Vergangenheit davon nichts ahnen ließ und deren Zukunft ungewiss ist. Von den Göttern lernt man, dass das Begehren auf soziale Unterschiede keine Rücksicht nimmt. Die Schönheit, auf die es jetzt ankommt, korreliert allenfalls unbeabsichtigt, wenn auch nicht zufällig, mit der Schichtung. Dem Begehren korrespondiert eine Familie, die ihm durchaus einen Ort geben kann, es andererseits jedoch aushalten muss, dass es sich dort nicht stillstellen lässt. Selbst der eigene Haushalt mit seinem Personal ist nicht frei von alternativen Gelegenheiten.

Ob sich in diesem Begehren bereits die Leidenschaft ankündigt, ist eine offene Frage.[216] Die moderne Gesellschaft reflektiert die Leidenschaft, um die Liebe in einer Gesellschaft weiter auszudifferenzieren (= ihren Unterschied gegenüber allem anderen zu steigern), die sich auch in der Politik, der Wirtschaft, der Kunst, der Wissenschaft, der Erziehung, dem Recht, der Religion und so weiter die Individualisierung auf die Fahnen geschrieben hat. Die Welt des anderen wird immer spezifischer, biographisch reicher, schließlich so spezifisch und reich, dass sie nur noch unter der Annahme der Undurchschaubarkeit registriert werden kann. In ihr so vorzukommen, wie es die Liebe verlangt, wäre ein aussichtloses Unterfangen, käme die Leidenschaft nicht zu Hilfe. Denn sie erlaubt es, diese Welt im Rahmen dessen, was Liebe heißen kann, irrelevant werden zu lassen, indifferent zu setzen. Leidenschaftlich ist man als ein Individuum, dessen Individualisierung nicht zählt. In dieser Form wird ein Terrain gewonnen, auf dem man dann peu à peu die eigene Geschichte einspeisen kann, je nachdem, wieviel Zeit man hat, und

---

[216] Siehe auch Michel Foucault, *Sexualität und Wahrheit*, 3 Bde., 1976 und 1984, dt. Frankfurt am Main 1977 und 1986.

je nachdem, was dem anderen zumutbar scheint. Allerdings operiert man im Fortlauf der Beziehung dann schon so sehr im Zeichen der Codierung von Intimität, dass sich »Konsensfiktionen« einstellen, die unter Umständen ein Leben lang, sollte die Liebe in eine Ehe münden, nicht korrigiert werden.[217] Was man anfängt, wird man nicht mehr los,[218] eben weil die eigene Rolle in der Welt des anderen dem entgegensteht. Nirgendwo ist die Reziprozität der Weltwahrnehmung dichter und zugleich unerbittlicher in einer Differenz begründet. So oder so ist der Bedarf an einer Ausdifferenzierung der Liebe in einer modernen Gesellschaft, die das Individuum so vielfältig in Anspruch nimmt, so groß, dass man das Risiko der Zuspitzung auf Leidenschaft in Kauf nimmt, obwohl dies die Flüchtigkeit der Liebe nur unterstreicht. Fast hat man den Eindruck, dass die Unwahrscheinlichkeit der Liebe im besten Sinne der Dekonstruktion in die Unmöglichkeit getrieben wird. In dieser Paradoxie jedoch ließe sich die Liebe pflegen. Es ginge, weil es nicht geht, und alle Beteiligten das wissen. Das heißt ja nicht, dass man auch noch darüber reden muss. Das kritische Vergleichswissen wird auf die Familie selbst angewandt und dort stillgestellt.

Der größte Vorteil dieser Lage der Dinge in Sachen Liebe liegt darin, dass man sie in dieser Form der möglichen Unmöglichkeit auch in die Familie einbetten kann, in der die Unmöglichkeit allerdings keine Frage der Leidenschaft, sondern eine Frage der vielfältigen gesellschaftlichen Ansprüche an alle Familienmitglieder ist. Man liebt sich, überspitzt formuliert, indem man den anderen gehen lässt, das heißt explizit in Kauf nimmt, in der Welt des anderen je nach den Ansprüchen von Beruf, Sport, politischer

---

[217] Siehe Alois Hahn, »Konsensfiktionen in Kleingruppen: Dargestellt am Beispiel von jungen Ehen«, in: Friedhelm Neidhardt (Hrsg.), *Gruppensoziologie: Perspektiven und Materialien. Sonderheft 25 der Kölner Zeitschrift für Soziologie und Sozialpsychologie* (1983), S. 210-232.

[218] Siehe Jean-Claude Kaufmann, *Schmutzige Wäsche: Zur ehelichen Konstruktion von Alltag*, 1992, dt. Konstanz 1994.

Aktivität, kulturellem Interesse keine Rolle zu spielen. Diese Vielfalt wird durch Berichte, durch Terminabsprachen, durch Bilder
an der Wand, Bücher im Regal und abweichende Fernsehvorlie-
ben zwischen Kindern und Eltern, Gattin und Gatte, in der Familie markiert, doch nur, um ihr die passende Zwei-Seitenform
einer wohlwollenden Indifferenz zu geben.

Elektronische Medien treiben die Strapaze noch ein erhebli-
ches Stück weiter. Jetzt ist der andere nahezu jederzeit woanders. Einerseits. Andererseits kann er jederzeit auf den Displays
dieser Welt in meiner Welt auftauchen. Ich kann entscheiden,
wann ich Eingänge auf meinen verschiedenen Konten überprüfe,
ich kann aber auch jederzeit damit rechnen, dass der andere an
mich denkt, wie auch damit, dass er erwartet, dass ich an ihn
denke. Wie man weiß, ist die Ubiquität dieser Konnektivität eine
umso höhere Schwelle, die von der Verführung allemal erst zu
nehmen ist, doch wenn ich drin bin, bin ich drin und kommt es
auf jeden der Impulse an, die ich setze oder nicht setze. Elektronische Kommunikation erreicht nahezu die Dichte der Face-to-
Face-Kommunikation.[219]

Um diese Schwelle zu nehmen, wird die Liebe auch digital
ausdifferenziert. Ihre Anbahnung findet auf eigenen digitalen
Plattformen statt, die auf geradezu perfekte Weise das Gesetz
der Kontrolle von Kontrolle erfüllen. Ich muss »alles« von mir
preisgeben, kann aber auch jeden Kontakt ablehnen. Jeder Kontakt, auf den ich mich einlasse, vermutlich auch jeder meiner
Suchbewegungen (Clicks, Verweildauer, Selektivität des Interesses an Bild, Text und Ton), wird ebenso registriert und protokolliert wie meine Auslassungen, doch währenddessen reichert
sich mein eigenes Bild meiner Möglichkeiten (und ihrer Grenzen)

---

[219] So Lynn Jamieson, »Personal Relationships, Intimacy and the Self
in a Mediated and Global Digital Age«, in: Kate Orton-Johnson und
Nick Prior (Hrsg.), *Digital Sociology: Critical Perspectives*, London
2013, S. 13-33.

derart an, dass ich immer genauer weiß, was ich will und nicht will. Hier wie auch sonst gilt die Regel, dass wir die Wahl haben zwischen dem (aussichtslosen) Versuch, diesen Protokollen zu entgehen, auf der einen Seite, und einem dezidierten Training der Programme, die uns beobachten, durch unser Verhalten, auf der anderen Seite.[220] Mache sie zu deinem Gegner oder mache sie zu deinem Helfer. Ob und wie sie dann reagieren, haben wir so oder so nicht in der Hand.[221] Aber je mehr sie gelernt haben, desto mehr haben auch wir gelernt.

Nach wie vor ist die Liebe eine Frage der Gelegenheit, elektronisch differenziert, des Begehrens, kapitalistisch ausgebeutet,[222] und der Leidenschaft, abgekühlt auf das alltäglich Mögliche. Aber es scheint etwas hinzuzukommen, was die Liebe ebenfalls von Anfang an gleichsam als Spiegelbild ihrer eigenen Zumutung begleitet, jetzt jedoch zum Sine Qua Non wird. Das ist die Rücksichtnahme. Unabweisbar wird zugestanden, wie anders der andere ist. Unabweisbar wird die Differenz körperlichen Empfindens, emotionaler Befindlichkeit, mentaler Beschäftigung und sozialer und kultureller Einbettung nicht nur hingenommen, sondern begrüßt, nicht mehr, weil man irgendeine Aussicht darauf hätte, hier noch in nennenswerter Weise hineinzupassen, sondern eher, weil man derjenige ist, der diese Differenz ohne Einschränkung zu akzeptieren bereit ist. Nach wie vor geht es um die Vollinklusion der Person, doch jetzt nicht mehr vor dem Hintergrund einer Undurchschaubarkeit, die sich vertieft, je mehr man ihr auf die Spur zu kommen glaubt, sondern einer Unadressierbarkeit

---

[220] So Pedro Domingos, *The Master Algorithm: How the Quest for the Ultimate Learning Machine Will Remake Our World*, New York 2015, S. 264.

[221] Siehe den Film *Her* von Spike Jonze (USA, 2013).

[222] So Eva Illouz, Cold Intimacies: *The Making of Emotional Capitalism*, Oxford 2007; dies., *Warum Liebe weh tut: Eine soziologische Erklärung*, dt. Berlin 2012.

des anderen auch für ihn selbst. Man liebt ihn, weil man weiß, dass auch der andere sich nicht kennt. Und man sucht die Liebe, weil man diese Lizenz, sich nicht zu kennen, auch vom anderen erwartet. Adornos berühmte Formel, dass man geliebt nur werde, wo man Schwäche zeigen könne, ohne Stärke zu provozieren,[223] erfüllt sich an diesem Punkt, am »schwachen«, ohnmächtigen Umgang mit dem eigenen Körper und Geist. Der andere darf und soll das wissen. Noch die größten Gesten der Stärke, des Selbstbewusstseins, der Eroberung dürfen und müssen in diesem Kontext gesehen werden. Das ist Liebe, weil es eine Rücksichtnahme ist, die den anderen als so komplex akzeptiert, wie er ist. Das geschieht nirgendwo anders und das wertet die Familie, die man schon fast zerrieben glaubte im Dickicht der elektronisch kommunizierten Angebote, erneut zu einem Ort auf, der in dieser Hinsicht keinen Wettbewerber hat. Hatte die moderne Liebe noch an dem Anspruch festgehalten, den anderen in seinen gesellschaftlichen Bezügen nicht durchschauen zu müssen, aber nachvollziehen zu können, so verlegt sich die nächste Liebe auf die wechselseitige Konzession, leben und sterben zu können, ohne sich je als Rätsel aus den Augen zu verlieren. Ein wenig erinnert das an die leere Undurchschaubarkeit der Maschinen,[224] und insistiert doch, qua Tod und Leben, auf einem Unterschied zu diesen Maschinen.

Die LGBTQ (lesbian, gay, bisexual, transgender, queer)-Szene ist Vorreiter. Sie inszeniert sich aus dem Zerfall für den Zerfall. Sie ist ganz »breite Gegenwart« (Gumbrecht). Das heißt nicht, dass die Zeit, das Alter und, wie in antiken Zeiten, der Altersunterschied keine Rolle spielen, ganz im Gegenteil,[225] aber es

---

223 Theodor W. Adorno, *Minima Moralia: Reflexionen aus dem beschädigten Leben*, Frankfurt am Main 1951, Aph. 122.

224 Im Sinne von N. Katherine Hayles, *How We Became Posthuman: Virtual Bodies in Cybernetics, Literature, and Informatics*, Chicago 1999.

225 Siehe Jon Binnie und Christian Klesse, »The Politics of Age, Temporality and Intergenerationality in Transnational Lesbian, Gay, Bisexual,

bedeutet, dass ausgehend von der Möglichkeit der Erfahrung einer sozial nicht normierten Sexualität jede weitere soziale Norm dem Verdacht ausgesetzt wird, dem Ausschließlichkeitsanspruch der Heterosexualität zuzuarbeiten. Soziale Schichtung wird so zuverlässig unterlaufen wie jede Art einer zur funktionalen Differenzierung der modernen Gesellschaft passende, rundum spießige Individualisierung. Im Zweifel optiert man für den Kitsch, die praktisch gewordene Dekonstruktion von allem, was glaubt, dem kritischen Vergleich standhalten zu können. Man liebt sich, weil man ist, wer man ist, und keine Rolle spielt, wer man ist. Die Liebe ist die andere Seite aller Verbreitungsmedien, die eingeschlossene ausgeschlossene Wahrnehmung im Kontext des Ausschlusses der eingeschlossenen Kommunikation.

14. AGILES MISSTRAUEN UND ORGANISIERTE ARBEIT

Die Organisation der nächsten Gesellschaft ist kenogrammatisch. Sie definiert Leerstellen, die jederzeit anders besetzt werden können. Sie motiviert zu einer Arbeit, die nur in diesem Moment nicht austauschbar ist. Sie engagiert sich für Produkte, die den Kunden binden, indem sie ihn freisetzen.

Die Organisation misstraut allen Medien. Sie setzt auf eine Arbeit, die getan wird, weil gesprochen, geschrieben, gedruckt, elektronisch kommuniziert und digital registriert und protokolliert wurde. Aber sie verlässt sich nicht darauf. Für sie endet das Vertrauen auf die Verbreitungsmedien in dem Moment, in dem die Verbreitung beginnt. Zu unwahrscheinlich ist, dass etwas so ankommt, wie es gemeint war. Zu unwahrscheinlich ist, dass die

---

Transgender and Queer Activist Networks«, *Sociology* 47 (2012), S. 580-595; und vgl. Steven Seidman, *The Social Construction of Sexuality*, 3. Aufl., New York 2014.

in der Interaktion erreichte Bindung aller Beteiligten auch anschließend hält. Zu wahrscheinlich ist, dass Rücksichten aller Art gleich anschließend andere Prioritäten setzen. Die Hierarchie bringt dieses Misstrauen zum Ausdruck, ersetzt Vertrauen durch Macht und begründet somit weiteres Misstrauen, nicht nur von Oben nach Unten, sondern auch von Unten nach Oben, denn Unterwerfung und Herrschaft motivieren Prioritäten, die mit der erwarteten Arbeit nicht viel zu tun haben.

Organisation ist normativ. Sie setzt Ordnung gegen Unordnung. Allerdings ist sie kein Gesetz, das auf seine Verletzung wartet, um Sanktionen ausspielen zu können, sondern sie ist eine dauernde Auseinandersetzung mit der Unordnung, die im Vergleich mit der erwarteten Ordnung ihre Wirklichkeit ist.[226] Wenn die Realität eine Funktion dessen ist, was wir erwarten,[227] dann produziert die Organisation eine doppelte Wirklichkeit, die eigene Wirklichkeit, der sie misstraut, und die sich in ihrer Umwelt durchsetzende Wirklichkeit, an der sie arbeitet. Das klingt kompliziert, ist aber die Voraussetzung aller Produktion. Produktion, so Luhmann anlässlich seiner Auseinandersetzung mit dem Begriff der Autopoiesis,[228] ist Verfügung über die Differenz verfügbarer und unverfügbarer Faktoren der Produktion. Die Arbeit in der Organisation muss sich am Produkt wie in der Umwelt der Organisation allererst bewähren. Insofern ist das in der Organisation produzierte Misstrauen die Voraussetzung dafür, in der sozialen Form der Kooperation eine Beweglichkeit zu bekommen, die der Auseinandersetzung mit Produkt und Umwelt angemessen ist. Die in vielen Organisationen mitlaufende Betonung der Möglichkeit, ja Notwendigkeit, des Vertrauens kommuniziert

---

[226] Claudio U. Ciborra, *The Labyrinths of Information: Challenging the Wisdom of Systems*, Oxford 2002.

[227] So George Spencer-Brown, *Wahrscheinlichkeit und Wissenschaft*, 1957, dt. Heidelberg 1996, S. 13ff.

[228] Luhmann, *Soziale Systeme*, S. 40.

auf ihrer Außenseite das, was man eigentlich braucht, das Misstrauen, vermeidet jedoch zugleich, dass dieses toxisch wird. Das Misstrauen zwingt die Organisation zur Wahrnehmung ihrer Umwelt, zum einen, weil man sich nur dort von ihr erholen kann, und zum anderen, weil dort die Umstände gefunden werden können, die in der Organisation zur erfolgreichen Bewältigung des Misstrauens gebraucht werden.

Die gemeinsame Jagd in der Stammesgesellschaft macht das so deutlich wie die Sklavenarbeit, aber auch Handel und Handwerk in der Antike, die Fabrik- und Büroarbeit in der Moderne und die Arbeit für die digitalen Plattformen der nächsten Gesellschaft. In jedem Fall muss eine Wahrnehmung der Umwelt rekrutiert werden, von der nie sicher ist, ob man sie in die kooperativen Formen der Koordination einspeisen kann. Sieht der Partner, an welcher Stelle das eingekesselte Wild auszubrechen versucht? Ist die Arbeit des Sklaven, obwohl versklavt, zu gebrauchen? Hält das Material, was es verspricht, werden die Schiffe den Stürmen trotzen? Ist auf die Routinen Verlass? Kann das eigene Angebot dem nachgesteuert werden, was nachgefragt wird? Die Organisation ist die Frage als Gestalt. Sie ist schon deswegen immer auf dem Sprung zur Alternative,[229] weil sie andernfalls über der Antwort die Frage vergisst.

Jede Stelle ist in der Organisation zugleich eine Leerstelle, die anders besetzt werden kann.[230] Und jeder weiß es. Auch das kultiviert das Misstrauen, wenn auch im Kontext eines immer wieder zu mobilisierenden Vertrauens darauf, dass die Stelle, wenn sie nicht abgeschafft wird, beim nächsten Mal besser besetzt, besser verknüpft, besser zur Geltung gebracht werden kann. Vacancy chains der Nach- und Neubesetzung im Zuge einer Beförderungspolitik, von der man nie weiß, ob es darum

---

[229] Niklas Luhmann, *Organisation und Entscheidung*, Opladen 2000.

[230] Niklas Luhmann, »Medium und Organisation«, in: ders., *Die Wirtschaft der Gesellschaft*, Frankfurt am Main 1988, S. 302-323.

geht, die Leute von unpassenden Stellen zu entfernen oder auf passende Stellen zu bringen, halten die Organisation unbeweglich in Bewegung.[231] Gotthard Günther hat eine dazu passende mehrwertige Logik entworfen und Kenogrammatik, Grammatik der Leerstellen (keno, griech., = leer), genannt.[232] Diese Grammatik setzt jede Stelle als Leerstelle in Relation zu anderen Stellen, die man sich bei Bedarf ebenfalls als leer vorstellen kann. Der reflexive Aufwand, den jede Organisation mit sich selbst treibt, ist erheblich. Denn die Stellen sind ja nicht tatsächlich leer. Sie werden, während sie besetzt sind, als leer vorgestellt, um sie unter Umständen anders zu besetzen. Das gilt den Personen, mit denen sie besetzt sind, den Kompetenzen, die ihnen zugeschrieben werden, und der Verknüpfung zu anderen Stellen. Um sich unter diesen Gesichtspunkten Alternativen vorstellen zu können, muss die Organisation wie selektiv auch immer in die funktionale und strukturelle Äquivalenz ihres Personal, ihrer Kompetenzen und ihres Designs gedoppelt werden. Hinzu kommt, dass diese Äquivalenz von jeder Stelle der Organisation aus anders eingeschätzt wird. Jede Stelle definiert eine eigene Kontextur, die man versuchen kann, mithilfe der Grenzen von Abteilungen, Programmen und Projekten untereinander zu integrieren, aber nichts daran ändert, dass die Organisation insgesamt mit einem weiteren Begriff von Günther als polykontextural beschrieben werden muss.[233] Das bedroht nicht nur ihren

---

[231] Harrison C. White, *Chains of Opportunity: System Models of Mobility in Organizations*, Cambridge, MA 1970; Maren Lehmann, *Mit Individualität rechnen: Karriere als Organisationsproblem*, Weilerswist 2011.

[232] Gotthard Günther, »Time, Timeless Logic and Self-Referential Systems«, *Annals of the New York Academy of Sciences* 138 (1967), S. 396-406; ders., »Logik, Zeit, Emanation und Evolution«, in: ders., *Beiträge zur Grundlegung einer operationsfähigen Dialektik*, Bd. 3, Hamburg 1980, S. 95-135.

[233] Gotthard Günther, »Life as Poly-Contexturality«, in: ders., *Beiträge zur Grundlegung einer operationsfähigen Dialektik*, Bd. 2, Hamburg

Zusammenhalt, sondern sichert zugleich, dass sie sich aus den verschiedensten Perspektiven auf sich selbst beziehen und dementsprechend auf unterschiedliche Umwelten und strategische und taktische Möglichkeiten einstellen kann.

Mit jeder Medienepoche ändert sich die Formatierung dieser Art von Kommunikation über Arbeit. Die antike Organisation von Unternehmen, Banken, Kommunen, Schulen, Krankenhäusern und Armeen denkt jede einzelne Organisation als Institution im engeren Sinne des Wortes, als Einrichtung im Auftrag der Gesellschaft. Das gibt der Organisation Dauer und der Stelle Würde und Gewicht. Franz Kafkas Romane sind Dokumente jener Phantomschmerzen, die auftreten, wenn die moderne Organisation so tut, als sei sie noch Institution, aber es schon lange nicht mehr ist. Denn in der Moderne verflüchtigt sich der gesellschaftliche Auftrag, der jeder individuellen Organisation galt, in die gesellschaftliche Funktion, die jede Organisation in den Wettbewerb, die Auseinandersetzung mit einem kritischen Vergleichswissen, mit Organisationen des gleichen (komplementären) oder eines anderen (substitutiven) Typs versetzt.

An die Stelle des Auftrags tritt die Ungewissheit, die nicht mehr von der Gesellschaft aufgefangen, sondern von der Organisation selbst bearbeitet werden muss. Das ist die Geburtsstunde nicht nur der Betriebswirtschaftslehre, der Lehre von der Bewirtschaftung der Organisation als Betrieb, sondern auch der Organisationstheorie, der Lehre von der Organisation als gelebtem Widerspruch, die, schaut man genauer hin, zwei unterschiedliche Versionen der Wiedereinführung des Unterschieds von rationaler und irrationaler Bearbeitung dieser Ungewissheit in die Organisation darstellen.[234] Die Betriebswirtschaftslehre

---

1979, S. 283-306; und vgl. Till Jansen und Werner Vogd, »Polykontexturale Verhältnisse – disjunkte Rationalitäten am Beispiel von Organisationen«, Zeitschrift für Theoretische Soziologie 1 (2013), S. 82-97.

[234] Erich Gutenberg, *Die Unternehmung als Gegenstand betriebswirtschaftlicher Theorie*, Berlin 1929; Herbert A. Simon, *Administrative*

akzeptiert die Ziele der Organisation als irrationale Setzungen (aus keinem höheren Zweck, keinem Auftrag, ableitbar), um umso dezidierter die Rationalität einer effektiven und effizienten Wahl der Mittel betonen zu können. Die Organisationstheorie hält auch die Wahl der Mittel für irrational infiziert, Ergebnis komplexer sozialer Prozesse des riskanten Gewinns von Eindeutigkeit aus Mehrdeutigkeit, konzediert jedoch dem Ergebnis, solange die Organisation überlebt, die Rationalität eines gelungenen, wenn auch vielfach latent wirksamen Kalküls. Die Betriebswirtschaftslehre glaubt an die Möglichkeit artifiziell gesetzter Strategien, die Einheit und Eindeutigkeit an der Spitze einer Organisation und routinierte Anpassung (an was, wird offen gehalten) in allen anderen Abteilungen ermöglichen. Für die Organisationstheorie ist jede Strategie das Ergebnis einer präzisen Analyse der gegebenen Verhältnisse und daher das Produkt einer offen gehaltenen Mehrdeutigkeit, die oben kultiviert und unten ausgehalten wird. Auch das liegt nur scheinbar weit auseinander, da die Eindeutigkeit zwangsläufig als Alternative unter Alternativen beobachtet wird und die Mehrdeutigkeit immerhin eine eindeutige Haltung generiert.

Die nächste Organisation lässt sich auf diese Spielchen nicht mehr ein, weder in ihrer Praxis noch in ihrer Theorie. Sie verbucht die Auseinandersetzung mit Rationalität und Irrationalität als die Matrix einer formalen Organisation, die sich im Wesentlichen der schriftlichen Aktenführung, dem Fließband, einem traditionell reichen Wissen um die Notwendigkeit der Disziplinierung der Arbeitskraft und der zunächst erzwungenen, dann gepflegten Konzession einer informellen, die Disziplin kompensierenden

---

Behavior: A Study of Decision-Making Processes in Administrative Organization, 1945, 4. Aufl., New York 1997; James G. March und Herbert A. Simon, *Organizations*, 1958, 2. Aufl., Cambridge, MA 1993; Niklas Luhmann, *Funktion und Folgen formaler Organisation*, 1964, 2. Aufl., Berlin 1995; Karl E. Weick, *Der Prozeß des Organisierens*, 1969, dt. Frankfurt am Main 1985.

Selbstorganisation verdankt.[235] Darüber ist man hinaus. Längst hat die formale Organisation, nimmt man einige Trendsetter beim Wort, jeden informellen Aspekt ihrer selbst absorbiert und darüber ihre Formalität verloren.[236] Das ist Anlass neuen Misstrauens. Worauf kann man sich noch verlassen? Wenn die Zeithorizonte sich in Heterochronotopologien auflösen,[237] das heißt nur noch auf Ungleichzeitigkeiten aufmerksam machen und jede denkbare Synchronisation mit der politischen, wirtschaftlichen, mentalen und kulturellen Umwelt nicht zum Zufall, aber zum Anlass anspruchsvoller Bemühungen um Markt- und Markenpflege wird, wenn das kritische Vergleichswissen durch Interferenzen zwischen Produkt und Image, Ökologie und öffentlicher Wahrnehmung, Technik und Kultur überfordert wird, hilft nur noch, sich auf die elektronischen und digitalen Medien selbst zu verlassen.

Die nächste Organisation ist entweder Plattform oder agil. Sie ist entweder, wie oben bereits zitiert, Schnittstelle und Nutzer, System und Programm, Bühne und Regelwerk, Standard und Abweichung, Zentrum und Peripherie zugleich,[238] oder Projekt in jenem Sinne der Philosophie eines agilen Managements, die zugleich auf einen hohen Grad der Vertaktung von Organisation und der Schaffung von Spiel- und Freiräumen setzt.[239]

---

[235] Siehe Max Weber, *Wirtschaft und Gesellschaft: Grundriß der verstehenden Soziologie*, 1921, 5. Aufl., Tübingen 1990, S. 125ff. und 551ff.; Frederic Winslow Taylor und Adolf Wallichs, *Die Betriebsleitung: insbesondere der Werkstätten*, 1909, Berlin 2012; Chester I. Barnard, *The Functions of the Executive*, 1938, Cambridge, MA 1968.

[236] Tom Peters, *Kreatives Chaos: Die neue Management-Praxis*, 1987, dt. Hamburg 1988.

[237] Peter Clark, Chronological Codes and Organizational Analysis, in: John Hassard und Denis Pym (Hrsg.), *The Theory and Philosophy of Organisations: Critical Issues and New Perspectives*, London 1990, S. 137-163.

[238] Bratton, *The Stack*, S. 41ff.

[239] Brian J. Robertson, *Holacracy: The New Management System for a*

Das Misstrauen wird in jeden Arbeitsschritt und jede Verkettung der Arbeitsschritte integriert. Es wird so kleingearbeitet, dass seine organisationale Veranlassung kaum noch auffällt und es fast vollständig mit dem operativen, am Gegenstand orientierten Charakter der Arbeit gleichgesetzt werden kann. Es gilt dem Gegenstand und nicht mehr dem Mitarbeiter. Aber eben, »kaum« und »fast«. Das agile Management setzt und bewältigt die Paradoxie, die Organisation der tatsächlich zu bewältigenden Arbeit regelrecht auf den Leib zu schneidern. Es bleibt beim organisationalen Aufwand. Es bleibt auch dabei, dass dieser auffallen und jede Art des Verdachts wecken kann, mit welchem Geschäftsmodell (Aufwand und Ertrag, Konkurrenz und Kooperation) wer an welchen Punkten der Wertschöpfungskette aktiv ist. Aber umgekehrt ist es eben auch möglich, dass der Flow der Arbeit, die Feinsteuerung von Problemstellung und Problemlösung, jede andere Art der Beobachtung in den Hintergrund drängt. Nur verlassen kann man sich darauf hier so wenig wie in der jetzt traditionell werdenden Organisation.

Plattform und agiles Management wären beide ohne das elektronische Register und die digitalen Protokolle nicht möglich. Einen Großteil der Unsicherheitsabsorption,[240] die in der modernen Organisation die Hierarchie geleistet hat, vollzieht sich jetzt über eine Einbindung organisationaler in technologische Abläufe, die sich nicht mehr an die traditionellen Grenzen der Organisation halten, sondern sie in Wertschöpfungsketten vom Lieferanten bis zum Kunden integrieren und so zu einer Netzwerkorganisation machen, in der jeder an jeder Stelle zugleich Lieferant und Kunde ist.[241] Das Misstrauen holt die Organisation

Rapidly Changing World, New York 2015.

[240] March/Simon, *Organizations*, S. 164ff.

[241] Liliana Doganova und Fabian Muniesa, »Capitalizing Devices: Business Models and the Renewal of Markets«, in: Martin Kornberger, Lise Justesen, Anders Koed Madsen und Jan Mouritsen (Hrsg.), *Making*

auch hier wieder ein. Denn konnte man bis vor kurzem, wenn man kein Ingenieur ist, noch glauben, dass Technik und Technologie mehr Sicherheit geben und Vertrauen verdienen als jede Hierarchie, so stellt man jetzt fest, dass technische und technologische Abläufe nicht so kausal eindeutig kontrollierbar sind, wie man das gerne behauptet und auch gerne geglaubt hat. Mit den elektronischen und digitalen Medien, spätestens, wird Technik nichttrivial, das heißt abhängig nicht nur von ihrer externen Funktion, sondern auch von ihren internen Zuständen. Die Plattform und das agile Management sind Formen der Ausbeutung und Bearbeitung dieser Nichttrivialität. Sie adaptieren die Organisation dem Ungewissheitskalkül des Netzwerks und der Komplexität der Vernetzung und Verschaltung (immer noch) körperlicher, mentaler, organisationaler, technischer und kultureller Dynamiken, die um keinen Preis der Welt deckungsgleich zu machen sind. Mit der Plattform und dem agilen Management wird auch der letzte Rest organisationaler Verbindlichkeit zur strategischen Variable. Freiheit und Determination sind hier nicht mehr zu unterscheiden, obwohl jede Handlung, jede Kommunikation, ganz zu schweigen von jeder Entscheidung davon ausgehen muss, dass diese Unterscheidung noch zu treffen ist, und sie auch tatsächlich, zugunsten neuer Turbulenzen, trifft. Wie sagt Luhmann so treffend? Freiheit ist das Ergebnis der Fiktion, dass es sie gibt.[242] Das ist kein Als Ob,[243] das ist Wirklichkeit.

Plattform und agiles Management haben gemeinsam, dass sie die Organisation aus der Vertikale in die Horizontale transformieren und von innen nach außen stülpen. Auf der Plattform wird nichts vermittelt, was nicht Partner miteinander verknüpft, die

Things Valuable, Oxford 2015, S. 109-125.

[242] Niklas Luhmann, Kausalität im Süden, *Soziale Systeme* 1 (1995), S. 7-28.

[243] Günter Ortmann, *Als Ob: Fiktionen und Organisationen*, Wiesbaden 2004.

nicht in organisierte Entscheidungssequenzen eingebunden sind. Insofern ist jeder Kontakt ein Kontakt mit einem Außen. Insofern ist jeder Kontakt auf eine elektronische oder digitale Vermittlung angewiesen, die auf beiden (und mehr) Seiten Wählbarkeit der Kontakte voraussetzt. Und insofern liegt der Vorteil des elektronischen oder digitalen Mediums darin, eine Passung (matching) herstellen zu können, die weder von einer persönlichen Kenntnis noch von einem Patronat oder einem Markt hätte hergestellt werden können. Hinzu kommt, dass jeder Kontakt von den beteiligten Partnern und mitlaufenden Protokollen ausgewertet und bewertet werden kann und so eine Erfolgs- und Erfahrungsgeschichte (track record) konstituieren kann, die ihrerseits die Chancen auf weitere Kontakte beeinflusst. Auf der Plattform geschieht nichts, was nicht die Reputation derer, die sich beteiligen, steigert oder mindert.

Im agilen Management ist das Projekt eine Art internalisierte und strikt temporalisierte Plattform. Anfang und Ende sowie Abgleiche mit dem Kunden/Auftraggeber und Entwicklungsphasen sind definiert und erlauben es, die inneren Abläufe mit äußeren Anforderungen abzugleichen. Häufig wird dies als radikale Kundenorientierung propagiert, doch darf dabei nicht vergessen werden, dass die Kundenwünsche und -vorstellungen ebenso Gegenstand der Bearbeitung sind wie die eigenen Produktideen und Entwicklungschancen. Auch hier führt die Dominanz der Horizontale nicht dazu, dass die Vertikale vollständig außer Acht gelassen wird. Strategische Setzungen, Ressourcenzugriffe, Kompetenzprofile und nicht zuletzt Gewinnerwartungen werden nach wie vor intern verhandelt und hierarchisch gesetzt. Auch hier ist es das digitale Protokoll (backlog), ohne das die Einbindung der Kundenwünsche so wenig gesichert wäre wie die interne Führung und Überwachung. Das eine greift ins andere und kann dennoch unterschieden werden. Es wird an der konkreten Aktivität, die abgeschlossen werden kann oder noch zu unternehmen ist, unterschieden. Das erinnert an Arbeitsprozesse im

Handwerk, mehr noch in Architektur, Design, Beratung, Therapie und juristischer Betreuung. Produkte entstehen »im Prozess« und erfordern ein Design Thinking, in dem kein Element des Prozesses, Vorstellung und Wünsche, Bewerbung (pitch), Präsentation und Verhandlung, Dauer, Produkt und Preis, nicht Gegenstand nicht nur der Gestaltung, sondern immer auch der Arbeit an der Problemstellung und an der Brauchbarkeit der Lösung ist.[244] Die Attraktivität der elektronischen Medien und digitalen Register und Protokolle verdankt sich nicht zuletzt dem Umstand, dass sie sich so nahtlos einem als menschlich wahrgenommenen, weil bürokratiefreien Entwicklungsprozess einpassen. Design Thinking ist ursprünglich human problem solving, ich hatte bereits darauf verwiesen.[245] Das Misstrauen ist hier weniger auffällig. Es wird agil. Aber es verschwindet nicht, denn nach wie vor geht es um die Frage, wer sich im Prozess der Wertschöpfung welche Vorteile aneignet.[246] Im Unterschied zur modernen rechnet die nächste Organisation jedoch in mehreren Währungen. Gewinne fallen hier nicht nur in monetärer Form, sondern auch als Reputationssteigerung, Tests eigener und fremder Kompetenzen, (mikro-)politische Landschaftspflege oder, mit all dem verbunden, des Zugangs zu weiteren Projekten an. Nach wie vor muss man aufpassen, dass man nicht übervorteilt wird, und nach wie vor sind die Aushandlungsprozesse ebenso subtil wie brutal. Aber immerhin, es ist mehr in Bewegung als je zuvor, während die elektronischen Medien immer

---

[244] Siehe Tim Seitz, *Design Thinking und der Neue Geist des Kapitalismus: Soziologische Betrachtungen einer Innovationskultur*, Bielefeld 2017.

[245] So Allen Newell, John C. Shaw und Herbert A. Simon, »Elements of a Theory of Human Problem Solving«, *Psychological Review* 65 (1958), S. 151-166; sowie Newell/Simon, *Human Problem Solving*.

[246] Gary P. Pisano und David J. Teece, »How to Capture Value from Innovation: Shaping Intellectual Property And Industry Architecture«, *California Management Review* 50 (2007), S. 278-296.

detaillierter und in immer mehr Dimensionen protokollieren, was sich bewegt. Am Horizont, vielleicht auch schon näher, steht die Blockchain-Technologie, das Technik gewordene Misstrauen, auf das sich jeder vertrauensvoll verlässt.

Die elektronischen und digitalen Medien, eingebettet in soziale Prozesse ihrer Gestaltung und Auswertung, sind für die Organisation von Arbeit nicht vertrauenswürdiger als die Sprache, die Schrift oder der Buchdruck. Jede Karte kann gezinkt sein. Schon die Auswahl der Daten, die registriert und protokolliert werden, ist naturgemäß selektiv. Der Computer kennt keine Interessen, aber das heißt nichts. Er täte nichts, wenn er nicht von Programmen in Gang gesetzt würde, die vor dem Hintergrund von Interessen entwickelt worden sind. Also misstrauen die Organisation und jeder ihrer Lieferanten, Mitarbeiter und Kunden auch diesen Medien. Nur dann kann man sich auf sie einlassen.

15. TECHNIK ALS GESTALT

Die Technik der nächsten Gesellschaft macht die Welt zur Prothese ihrer selbst.

Handwerker, Techniker und Ingenieure können sich über die verbreitete Vorstellung, dass Technik etwas mit kausaler Eindeutigkeit zu tun hat, nur wundern. Sie wissen um die Überraschungen des Materials, den Widerstand des Objekts, die Gefährdung eines Vorhabens durch bislang unbekannte Kontextfaktoren. Um etwas herzustellen, das funktioniert, stellen sie sicher, dass nichts nicht funktioniert. Sie machen nicht einfach alles richtig, sondern sie vermeiden Fehler. Andererseits sind Handwerker, Techniker und Ingenieure an dem Bild, das man sich von der Technik macht, nicht unschuldig. Sie vermeiden die Kommunikation ihres mit dem Nicht-Funktionieren, mit der Negation rechnenden Vorgehens. Sie verschweigen die Überbrückungen, Abkürzungen, Kniffe und Tricks, mit denen sie etwas zum Halten, Laufen oder Arbeiten bringen. Die Idee, dass eine Technik darin besteht, autonom zu funktionieren, sobald alle Störquellen ausgeschaltet sind, wird von einer Praxis widerlegt, in der es eine Technik ohne Überwachung, Begleitung, Nachjustierung nicht gibt.[247] Technik ist nicht nur das, was man reparieren kann, wenn es kaputt ist, sondern Technik ist vor allem das, was laufend repariert werden muss. Das muss nicht so weit gehen, dass nur dem Kaputten, das man selbst repariert hat, über den Weg getraut wird, wie Alfred Sohn-Rethel aus Neapel berichtet,[248] aber eine gewisse Ähnlichkeit mit der aktuellen Praxis des Debugging ist nicht von der Hand zu weisen.[249]

In gesellschaftlichen Zusammenhängen gelten Techniken als trivial. Sie erzeugen die Effekte, die sie erzeugen sollen, und sie erzeugen sie immer dann, wenn man genau das braucht. Eine Säge sägt, ein Hammer hämmert, ein Dübel hält, ein Stift schreibt, ein Fön föhnt, ein Radio empfängt, ein Compiler übersetzt, ein Algorithmus rechnet. Diese Vorstellung ist so attraktiv, dass sie aus dem Materiellen ins Soziale übersetzt wurde, wo man, typisch für die Moderne, von administrativen, pädagogischen, erotischen, kulturellen und sonstigen Techniken spricht. Jedes Mal gilt die Suggestion, dass Ursachen, geschickt gesetzt, gewünschte Wirkungen bewirken können. Komplexität wird ausgeblendet, Kommunikation erübrigt,[250] zugleich jedoch eine

[247] Hans-Dieter Bahr, *Über den Umgang mit Maschinen*, Tübingen 1983.

[248] Alfred Sohn-Rethel, »Das Ideal des Kaputten: Über neapolitanische Technik«, 1926, in: Bettina Wassmann und Joachim Müller (Hrsg.), *L'Invitation Au Voyage: Zu Alfred Sohn-Rethel*, Bremen 1979, Beilage.

[249] Siehe auch Robert Schmidt, »Code Decay: Organizational Performance and Destructivity«, in: Alice Lagaay und Michael Lober (Hrsg.), Destruction in the Performative. Critical Studies 36 (2012), S. 195-208.

[250] Niklas Luhmann, *Soziologie des Risikos*, Berlin 1991, S. 91f.

mitlaufende Wahrnehmung freigesetzt, die die Komplexität im Auge behält und kommunikative Ablenkungsmanöver motiviert.

Mit dem Schritt von der Technik zur Technologie wird diese Vorstellung zunächst beibehalten. Technologien sind sich selbst steuernde Techniken, die demgemäß, Technik hilft Technik, noch besser funktionieren (und noch mehr Überwachung, containment, benötigen). Zugleich vollzieht sich der Schritt von der Elektrizität, dem fließenden Strom, zur Elektronik, der Schaltung von Elektronen (wenn man das voneinander trennen kann). Technologien werden Hochtechnologien, die immer größere gesellschaftliche Versprechungen beinhalten und auch halten, und die Elektronik wird digital. Doch erst mit der künstlichen Intelligenz merkt man, worauf man sich eingelassen hat. Die Technik wird nichttrivial. Sie verknüpft nicht mehr eineindeutig Ursache mit Wirkung, sondern interveniert in ihre eigenen Abläufe, kontrolliert sich selbst und wird kausal undurchschaubar. Sie folgt noch immer, wessen man sich gerne beruhigend versichert, Wenn-Dann-Funktionen, aber wann welches Wenn zu welchem Dann führt, entzieht sich dem Blick auf das Display und ist auch über die Eingaben auf der Tastatur vielfach nur tentativ, experimentell zu steuern. Das heißt nicht, dass die Technik intelligent im Sinne von selbstbewusst wird. Das ist für Nichttrivialität nicht nötig. Es genügt, dass neben die Transformationsfunktion, die die triviale Maschine kennzeichnet, eine Zustandsfunktion tritt, die die Maschine zusätzlich zu möglichen Eingaben auch von ihren eigenen Zuständen abhängig macht. Der Schreiner, der ein Stück Holz bearbeitet und dabei auf ein Astloch stößt, wäre von diesem Begriff nicht überrascht.

Heinz von Foerster hat die Unterscheidung trivialer von nichttrivialen Maschinen aus der Maschinentheorie aufgegriffen und paradigmatisch ausgearbeitet.[251] Die triviale Maschine ist grafisch und algebraisch wie folgt definiert:

---

[251] Prinzipien der Selbstorganisation im sozialen und betriebswirtschaft-

mit f' = f (x) = y

Mit *f'* ist der Wert der Transformationfunktion *f* zu einem Zeitpunkt *t+1* gemeint. Die triviale Maschine, so von Foerster, ist (a) vorhersagbar und (b) historisch unabhängig. Man weiß im Vorhinein, was sie tut, und sie tut es unabhängig von der Geschichte, die sie durchlaufen hat, solange sie nicht kaputt ist.

Die nicht-triviale Maschine hingegen ist wie folgt definiert:[252]

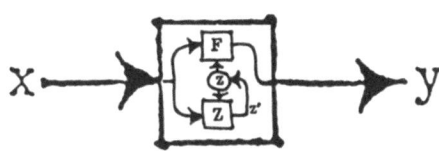

mit F' = F (x, z) = y
Z' = Z (x, z)
z' = z (x, Z)

Zusätzlich zur Transformationsfunktion *F* weist die nicht-triviale Maschine eine Zustandsfunktion *Z* auf, die über ihre Zustände *z* und *z'* in die Transformationsfunktion interveniert und zwar von *x*, aber nicht von *F* abhängig ist. Die nicht-triviale Maschine reagiert rekursiv auf sich selbst, ohne auf den »Zweck«, für den sie eingerichtet wurde, Rücksicht nehmen zu müssen. Das einzige, was sie nach wie vor braucht, ist »Input«. Die nicht-triviale Maschine ist somit (a) synthetisch determiniert, das heißt sie besteht ausschließlich aus kausalen Implikationen, jetzt jedoch (b)

---

lichen Bereich, in: ders., *Wissen und Gewissen: Versuch einer Brücke*, S. 233-268, hier: S. 245ff.; und vgl. Arthur Gill, *Introduction to the Theory of Finite-State Machines*, New York, 1962, S. 8.

[252] Ich danke Louis H. Kauffman für seine Hilfestellung bei der algebraischen Formulierung.

historisch abhängig, weil ihre Zustände ihre Zustände beeinflussen, deswegen (c) analytisch, das heißt von außen, nicht mehr determinierbar und (d) analytisch dementsprechend unvorhersagbar.

Interessanterweise ist es gleichgültig, ob Maschinen mit künstlicher Intelligenz bereits als nicht-trivial beschrieben werden können oder erst noch auf dem Weg dorthin sind. So oder so sind ihre Operationen »unsichtbar« (Luhmann) und so oder so verfügen sie in der Kommunikation mit den Menschen über genügend Kontingenz, um ihnen eigene Zustände unterstellen zu können, die sie *für die Kommunikation* nicht-trivial machen.[253] Ontologische Fragen nach dem Wesen, der Substanz, der Maschinen sind so wenig zielführend wie die Frage nach dem Wesen des Menschen, geschweige denn der Menschen. Die Welt der elektronischen und digitalen Medien ist eine Welt der Relationen und Vernetzungen, an der sich nur diejenigen Substanzen beteiligen können, die diese Relationen bedienen können. Der Begriff der Black Box ersetzt den Begriff der Substanz und erlaubt es, einzuklammern, was man voraussetzen können, aber nicht verstehen muss. Wechselseitige »Kontrolle« (Ashby) ist wichtiger und zielführender als Verstehen. Denn selbst wenn man verstanden haben sollte, hat man den Kontakt, die Interaktion, noch nicht gesichert. Fast kann man umgekehrt formulieren, dass das Verstehen die Interaktion erübrigt.

Herbert A. Simon hat darauf hingewiesen, dass der Ausgangspunkt einer Kommunikation zwischen Black Boxes nicht zwangsläufig bedeutet, dass man von der damit verbundenen Komplexität überwältigt wird.[254] Die Interaktion sucht nicht complexity, sondern simplicity; sie orientiert sich an einer »schmalen

---

[253] Vgl. Elena Esposito, »Artificial Communication? The Production of Contingency by Algorithms«, *Zeitschrift für Soziologie* 46 (2017), S. 249-256.

[254] Simon, *Die Wissenschaften vom Künstlichen*.

Schnittstelle« zwischen den Naturgesetzen, die innerhalb eines künstlichen Phänomens, und jenen, die in dessen Umwelt herrschen,[255] fast so schmal, dass man von einem »infrathin« (Duchamp, Goldsmith) sprechen kann, und lässt den Rest der Welt für den Moment auf sich beruhen. Herbert Simon hatte diesen Modus der Produktion von Einfachheit zunächst an Beamten studiert, die sich auf ihre Akten konzentrieren können, ohne den Rest der Welt zur Kenntnis nehmen zu müssen. Man arbeitet, so Simon, im Zeichen einer »leere-Welt-Hypothese«.[256] Das gilt jedoch auch für die bereits zitierten Professionellen im Modus ihres Design Thinking, so dass es keinen Anlass gibt, diese Einsicht zu einer Bürokratiekritik zu generalisieren. Im Gegenteil, es gibt Anlass, sich das subtile Raffinement einer Bürokratie, die sich mit ihren Formularen und Akten die Welt zugleich vom Leibe hält und punktuell und prozessual bearbeitbar macht, noch einmal genauer anzuschauen. Die simplicity, die hier gemeint ist, negiert Komplexität nicht, sondern meistert sie. Die Hypothese einer »leeren Welt« ist kein Zeichen der Ignoranz, sondern einer Methodologie, die Klammern setzen und auch wieder aufheben kann. Beamte beherrschen diese Methodologie so gekonnt, dass man sie mit dem blinden Vollzug von Routinen verwechseln konnte. Tatsächlich sind Beamte Design Thinker, bevor das Wort auch nur erfunden wurde.

Die simplicity, die in diesem Arbeitsmodus gesucht wird, fällt nicht vom Himmel, ergibt sich nicht aus der Natur der Sache, sondern ist das Ergebnis einer erfindungsreichen Gestaltung. Diese Gestaltung blendet die Komplexität nur aus, um sie jederzeit, wenn auch jeweils nur selektiv (das wiederum ergibt sich aus der Natur der Sache!), einzublenden, zu berücksichtigen und zu bearbeiten. Man könnte unter diesem Gesichtspunkt die

---

[255] Ebd., S. 97.

[256] Simon, *Administrative Behavior*, S. 119; ders., *Die Wissenschaften vom Künstlichen*, S. 165.

gesamte Geschichte der Technik wie ihres Begriffs noch einmal neu aufrollen, weil man diesen Sinn für Einfachheit auch in der Stammesgesellschaft, der Antike und der Moderne findet. Dies weist jedoch zugleich darauf hin, dass die angebliche instrumentelle Neutralität der Technik nichts anderes ist als ein Moment ihrer »reflexiven«[257] Einbettung in soziale Praktiken, die von der Technik so verändert werden wie diese sie verändert. Schon im Griechischen hat téchne, so Martin Heidegger, diesen doppelten Charakter des Verstellens und Entbergens,[258] man könnte auch sagen, der künstlichen Gestaltung einer natürlichen Welt, vielleicht nicht so polemisch, wie dasselbe Projekt von der Wahrheit verfolgt wird,[259] aber doch in jeder Hinsicht eingreifend. Gestaltung ist mehr als Formgebung für das bereits Vorhandene. Gestaltung ist Konstruktion, Fabrikation und Konsum des so zuvor noch nicht Vorhandenen.

Technische Objekte sind mitten unter uns.[260] Und mehr Objekte sind technisch, als es sich die Moderne mit ihrer Unterscheidung von Technik, Natur und Gesellschaft träumen ließ. Im Grunde ist jedes Objekt, vom Faustkeil über das Fell, den Stuhl und das Fahrrad bis zum Phasenprüfer und Smartphone ein technisches Objekt der Herstellung von Einfachheit an der Schnittstelle von Black Boxes, hinreichend komplexen Einheiten. Das Design, das Herbert Simon beschreibt, ist ein Design von Schnittstellen. Diesem Design sollte alle Aufmerksamkeit gelten. Von hier aus sollten Begriffe wie der einer Praxis, einer Konvention,

257 So an einem Beispiel Stefan Meißner, *Techniken des Sozialen: Gestaltung und Organisation des Zusammenarbeitens in Unternehmen*, Wiesbaden 2017.

258 Martin Heidegger, »Die Frage nach der Technik«, in: ders., *Vorträge und Aufsätze*, Pfullingen 1954, S. 9-40.

259 Martin Heidegger, *Platons Lehre von der Wahrheit*, 1942, Frankfurt am Main 1967.

260 Simondon, *Die Existenzweise technischer Objekte*.

einer Institution, einer Kulturtechnik neu gedacht werden. Es werden jeweils Komplexitäten verschaltet, und wenn es punktuell, selektiv und temporär gelingt, sieht es ganz einfach aus. Man setzt sich, und steht wieder auf. Man küsst sich, und lässt es wieder sein. Man greift zur Zeitung, und legt sie wieder weg. Man sucht sich einen Job, und kündigt. Was ist hieran Natur, was Kultur, was Technik, was Gesellschaft? Wer entwirft eine umfassende Theorie der Schnittstelle als Theorie der Technik der Gesellschaft?

Elemente einer solchen Theorie sind bereits vorhanden. Wesentlich ist Herbert Simons Einsicht, dass es immer um das Etablieren von Anfangsbedingungen geht,[261] nie um abschließende Perfektion. Wichtig ist auch Claude Shannon: »The system must be designed to operate for each possible selection, not just the one which will actually be chosen since this is unknown at the time of design.«[262] Wenn das, was möglich ist, kontextuell bestimmt ist, und nicht etwa durch ein festgelegtes Alphabet, eine Menge von Sprachregelungen, einen ideologischen Rahmen, ist dies die maximale Herausforderung. Elektronische und digitale Medien beweisen jedoch, dass sie erfüllt werden kann. Wenn die techniksoziologische These, dass der Erfindungszusammenhang einer Technik nie mit ihrem Verwendungszusammenhang identisch ist,[263] nach einem zusätzlichen Beweis gesucht hätte, mit diesen Medien ist er gegeben. Doch was früher Zufall war, das bäuerliche Vehikel, das zum städtischen Automobil wird, die Hörhilfe, die zum Telefon wird, usw., wird nun als unbekannte Möglichkeit von vornherein mitgedacht. Das digitale Objekt, das sich an den Schnittstellen bewährt, ist absichtlich

---

[261] Simon, *Die Wissenschaften vom Künstlichen*, S. 140.

[262] Shannon/Weaver, *Mathematical Theory of Communication*, S. 31.

[263] Werner Rammert, *Technik aus soziologischer Perspektive: Forschungsstand, Theorieansätze, Fallbeispiele. Ein Überblick*, Opladen 1993.

unvollständig: edierbar und interaktiv, offen für verschiedenste Zugänge und verteilt, modular und granular.[264] Das gilt von der Textverarbeitung über die Plattform für das Streaming von Musik bis zur Software zur Abwicklung komplizierter Geschäftsprozesse.

Vilém Flusser hat das, worum es hier geht, bereits am Fotoapparat verdeutlicht:[265] Während der Fotograf versucht, den Apparat seiner Absicht zu unterwerfen, stimuliert der Apparat den Wettbewerb unter den Fotografen, um Umfang und Reichweite seiner Möglichkeiten auszureizen. Und während die Fotografen vielleicht noch denken, sie produzierten Bildflächen, deren kompakte Wahrnehmung auf Texte nicht reduzierbar sind, »zerkörnert« (Flusser) der Apparat die Welt in Pixel, die von algorithmischen Texten neu sortiert werden können.

16. DAS RECHT DER DATEN

In der nächsten Gesellschaft sucht das Recht den Konflikt nicht mehr nur in der Moral, im Gesetz oder im Argument, sondern im Datum und seiner Verknüpfung.

Eine Gesellschaft ist auf beiden Seiten bestimmt, auf der Seite ihrer Bestimmtheit und auf der Seite ihrer Unbestimmtheit. In der Gesellschaft insgesamt (eine gesellschaftliche Funktion unter anderen) wie in jeder ihrer Institutionen und Funktionen, in Politik, Wirtschaft, Kunst, Erziehung und allen anderen, muss es in jeder Situation weitergehen und ist es offen, wie es weitergeht. Die Bestimmtheit der Bestimmtheit schafft keine geringeren

---

[264] Jannis Kallinikos, Aleksi Aaltonen und Attila Marton, »A Theory of Digital Objects«, *First Monday: Peer-Reviewed Journal on the Internet* 15 (2010); dies., The Ambivalent Ontology of Digital Artifacts, *Management of Information Systems Quarterly* 37 (2013), S. 357-370.

[265] Vilém Flusser, *Für eine Philosophie der Fotografie*, Berlin 1983; ders., *Ins Universum der technischen Bilder*, Göttingen 1985.

logischen Probleme als die Bestimmtheit der Unbestimmtheit. Beide können nur im Medium des Sinns bestimmt werden, das heißt zwangsläufig oszillierend. Sinn ist das Medium schlechthin für die Relativierung von Wirklichkeit und Unwirklichkeit, Notwendigkeit und Kontingenz, Unmöglichkeit und Zufall, Aktualität und Potentialität, Position und Negation. Damit beschäftigt sich die Ontologie seit ihren Anfängen. Die Soziologie ergänzt die klassischen materialen und temporalen Oszillationen durch soziale. Nicht nur sachlich und zeitlich, sondern auch perspektivisch, das heißt zugerechnet auf die Differenz der Beobachter, verrechnet das Medium Sinn immer wieder neu das Bestimmte und das Unbestimmte.

Das Recht profitiert von dieser Situation in besonderem Maße. Es greift Konflikte auf, spricht ein Urteil und nutzt für beides ein Verfahren, in dem unklar wird, ob der verhandelte Konflikt noch etwas mit dem ursprünglichen zu tun hat und ob das Urteil der Sache gerecht wird. Das Verfahren dauert; es hat seine eigene Zeit. Und es bringt Perspektiven ins Spiel, die des Rechts, der Richter, der Anwälte und Gutachter, die mit den Perspektiven der Konfliktparteien nicht übereinstimmen. Das Recht gewinnt einen Interpretationsspielraum, der erst das Urteil ermöglicht. Der Preis dafür ist ein Verfahren, von dem man weiß, dass man nicht weiß, wie es ausgeht. Die verschiedenen Perspektiven arbeiten nicht an Eindeutigkeit, sondern an Differenzierungen, die nicht nur das Urteil, sondern auch seine Revision ermöglichen. Die Bestimmtheit der Bestimmtheit öffnet es für eine Bestimmtheit der Unbestimmtheit, die einen Bewegungsspielraum schafft, der mindestens so sehr an den Möglichkeiten des Rechts arbeitet wie an der Klärung des individuellen Falls. Um seiner gesellschaftlichen Funktion gerecht werden zu können, ist das Recht gezwungen, die eigene Autopoiesis höher zu werten als die Klärung des Falls. Nicht nur der Fall wird entschieden, sondern die Fähigkeit des Rechts, ihn entscheiden zu können, steht gleich mit zur Diskussion. Logische Stimmigkeit erreicht das Recht daher nicht auf der Ebene der Konflikte, die ihm zugespielt werden, sondern auf der Ebene der Konflikte, die es zwischen allen beteiligten Perspektiven selbst zu schaffen vermag, um nach einer Lösung (welchen Konflikts?) suchen zu können. Nur dann funktioniert das Recht als Immunsystem der Gesellschaft.[266] Es kann diese Funktion jedoch nur erfüllen, wenn es sie nicht überzieht. Die Normen des Rechts, so Christoph Möllers,[267] markieren Möglichkeiten, keine Notwendigkeiten.

In der Stammesgesellschaft sind Gebote und Verbote nicht rechtlich ausdifferenziert, sondern eng mit der politischen Funktion der Moral verwoben. Sanktioniert wird durch den Entzug von Achtung, die darüber entscheidet, wer in welchen Kreisen dazugehört und wer nicht. Das Urteil, das gesprochen wird, hat immer auch etwas mit einer Gewalt zu tun, die den Fall entscheidet, indem die Gesellschaft wieder in ihr Recht gesetzt wird.[268] Und dabei bleibt es bis heute. Die Schriftgesellschaft kodifiziert das Recht, indem Gesetze zunächst rituell, dann schriftlich ausformuliert werden. Das Gesetz wird zum Gesetz, indem es Priestern entzogen und Juristen überantwortet wird. Nach wie vor dient es zugleich der Bestimmung politischer Zugehörigkeit, indem Bürger etwa im römischen Recht anderen Regeln unterworfen werden (ius civile) als Nichtbürger (ius gentium). Das erlaubt eine Unterscheidung einer Moral im Binnenverhältnis von einer Moral im Außenverhältnis, die auch für die Regelung von Eigentumsverhältnissen genutzt werden kann. Es gibt ein Eigentum, das so sehr mit dem bürgerlichen Stand identifiziert wird (Grundeigentum, Vieh, Sklaven), dass sein Erwerb und seine Übertragung strengeren Regeln unterworfen werden als das

266 Luhmann, *Soziale Systeme*, S. 509ff.

267 Christoph Möllers, *Die Möglichkeit der Normen: Über eine Praxis jenseits von Moralität und Kausalität*, Berlin 2015.

268 Marie Theres Fögen, *Römische Rechtsgeschichten: Über Ursprung und Evolution eines sozialen Systems*, Göttingen 2002.

Eigentum an Gegenständen des Alltags und Handelsgütern. Zugleich liegt die Rolle der Bindung von Zeit auf der Hand. Gesetze reichen in die Vergangenheit zurück und greifen auf die Zukunft voraus, so dass es nur noch darauf ankommt, sie in der Gegenwart beweglich zu halten. Erfüllten zunächst fürstliche und politische Gewaltakte, die das Gesetz brachen oder zu eigenen Gunsten manipulierten, die Funktion, das Recht im Bereich des Möglichen sicherer zu verankern als im Bereich des Notwendigen, so gewinnt das Recht, je umfangreicher es schriftlich festgehalten wird, einen wachsenden argumentativen Spielraum, der die Manipulation des Rechts vom kriminellen Akt zu unterscheiden erlaubt.

In der Moderne hat das Recht immer noch die Funktion einer politischen Moral und einer zumindest zivilreligiösen Sicherstellung des Gesetzes, betont jedoch zunehmend die Beweglichkeit des Arguments im Verein mit der nicht mehr natur-, sondern positivrechtlichen Begründung der Normen. Normen sind änderbar, wenn normierte Verfahren eingehalten werden. Gesetzgebung und Rechtsprechung werden kritisierbar und lernfähig, ohne auf die Mittel der Gewalt zu verzichten. Zusätzlich zu Vergangenheit und Zukunft wird einer Kritik Rechnung getragen, die die Komplexität gesellschaftlicher Verhältnisse in einem Recht abbildet, das nach wie vor genügend Konfliktmöglichkeiten vorsehen, nach wie vor für das Austragen tatsächlicher gesellschaftlicher Konflikte attraktiv bleiben und nach wie vor zu einem Urteil kommen muss.[269] Moral und Gesetz bleiben in Kraft, werden jedoch durch Schiedsverfahren, Mediationsverfahren, Wahrheitskommissionen und andere Formen der gesellschaftlichen Konfliktregulierung ergänzt, die nicht mehr urteilen, geschweige

---

[269] Siehe Hans-Georg Gadamer, *Wahrheit und Methode: Grundzüge einer philosophischen Hermeneutik*, Tübingen 1960, S. 330ff., zur exemplarischen Bedeutung der juristischen Hermeneutik; und Niklas Luhmann, *Das Recht der Gesellschaft*, Frankfurt am Main 1993, S. 338ff., zur juristischen Argumentation.

denn verurteilen, sondern Ausgleich und Einigung anstreben sowie ein gewisses Vergessen ermöglichen. Die Idee der ausgleichenden und damit (eine Schuld) begleichenden Gerechtigkeit gab es schon immer, doch rückt das Recht gegenwärtig in eine Netzwerkfunktion ein, die der Struktur der tribalen Gesellschaft mehr ähnelt als der der modernen Gesellschaft. Die Suche nach einer Regelung, die kritischen Ansprüchen der Vernunft gewachsen ist, tritt in den Hintergrund und macht dem Versuch Platz, dem Netzwerk der Gesellschaft unbelastete Adressen zur Verfügung zu stellen. Wer immer sich eines Vergehens straf- oder zivilrechtlich schuldig macht und von daher als Adresse für konfliktfreie kommunikative Erwartungen ausfällt, kann durch Schiedsverfahren eine Reinigung erfahren.[270] Autokratische Staaten ergänzen diese Möglichkeit durch Umadressierung, indem sie politisch oder strafrechtlich verdächtige Leute einsperren, wenn nicht sogar ermorden.

Das Recht der nächsten Gesellschaft kann hier bruchlos ansetzen. Durch das Sammeln von Daten nicht nur über Schuldige und Unschuldige, sondern mehr noch und mit höherem Auflösungsvermögen auf dem granularen Niveau von Gefährdungsprofilen, die aus Verhaltensauffälligkeiten (und -unauffälligkeiten), Nachbarschaften und Entwicklungstendenzen errechnet werden, können Maßnahmen der Konfliktregulierung entworfen werden, die vorbeugend wirksam werden. Das Immunsystem der Gesellschaft ist nicht mehr auf individuelle Kläger angewiesen, sondern kann industriell, staatlich und militärisch als Überwachungssystem in die Gesellschaft verwoben werden.[271] Mögliche Konflikte müssen nicht mehr reguliert werden, sondern werden in einem Netzwerk, das als Ungewissheitskalkül für jedermann

---

[270] Mary Douglas, *Reinheit und Gefährdung: Eine Studie zu Vorstellungen von Verunreinigung und Tabu*, 1966, Frankfurt am Main 1988.

[271] Siehe Kirstie Ball und Laureen Snider (Hrsg.), *The Surveillance-Industrial Complex: A Political Economy of Surveillance,* London 2014.

demokratisiert wird, zum Gegenstand individueller Konfliktvermeidung. Wer zum demos dazugehören möchte, wie auch immer dieser regional, national oder global zugeschnitten ist, stellt sicher, dass er adressierbar bleibt. Die Kontrolle der Kontrolle bleibt wechselseitig, doch im Verbund mit Exklusionsdrohungen und Waffengewalt können die Kriterien der Kontrolle einseitig und asymmetrisch festgelegt werden. Das Recht wird zu einem System der Datenhygiene. Man verhält sich so, dass belastende Daten gar nicht erst entstehen, kann jedoch nicht ausschließen, dass sie durch Rechenfehler, falsche Bündelung, einseitige Algorithmen dennoch entstehen. Der digitale Ungehorsam in Form von Hacking, Leaks und virtuellen Sit-Ins (DDoS, distributed denial of service attacks) nimmt sich das Recht, diese Form der Überwachung publik zu machen, entgeht jedoch seinerseits nicht der Kriminalisierung.[272]

Gefährlich für eine liberale Gesellschaft ist diese Form des Zugriffs eines erneut in Vorstellungen einer gesellschaftlichen Moral und politischen Herrschaft eingebetteten Rechtssystems nicht zuletzt deswegen, weil es sich auf Mechanismen einer selffulfilling prophecy zu verlassen sucht. Selbst wenn die prädiktiven Kompetenzen der digitalen Rechner noch lange nicht die Qualität erreicht haben, die das Marketing einschlägiger Plattformen ihnen zuspricht, beginnen ganze Bevölkerungen, sich so zu verhalten, dass abweichendes Verhalten minimiert wird. Und selbst wenn die Kulturform der nächsten Gesellschaft auf Komplexität insistiert und damit auf wechselseitiger Unberechenbarkeit organischer, psychischer, sozialer und technischer Systeme, trivialisiert sich das soziale Verhalten und unterwerfen sich Körper und Bewusstsein dieser Trivialität.

---

[272] William E. Scheuerman, »Digital Disobedience and the Law«, *New Political Science* 38 (2016), S. 299-314; und siehe Constanze Kurz und Frank Rieger, *Die Datenfresser: Wie Internetfirmen und Staat sich unsere persönlichen Daten einverleiben und wie wir die Kontrolle darüber zurückerlangen*, Frankfurt am Main 2011.

17. ZUSAMMENHALT DANK MASSENMEDIEN

Die Reflexionsform der nächsten Gesellschaft ist nicht mehr die Magie, die Macht oder das Geld, sondern die Information. Religion, Politik und Wirtschaft treten ihre Orientierungsleistung an die Massenmedien ab. Die Allianz von Nachricht, Werbung und Unterhaltung wird paradigmatisch wichtiger als die Kommunikation mit abwesenden Göttern, die Einschränkung der Willkür und die Stabilität der Instabilität.

Jede Gesellschaft überfordert sich selbst. Keine ist restlos mit sich im Reinen. Jede benötigt daher eine Form der Reflexion, die ein Bewusstsein ihres Zusammenhalts unter der Bedingung der Gefährdung dieses Zusammenhalts formuliert. Dieses Bewusstsein liefert ein Verstehen, das für die beteiligten Menschen umso attraktiver ist, je besser auch die aktuellen Sorgen in dieses Verstehen eingetragen werden können. Die Gesellschaft erhält eine imaginäre Zweitfassung, die den Perfektionsanspruch der Gesellschaft unter der Bedingung seines Scheiterns festhält und so politische Ideen freisetzt, die die Gesellschaft gegen ihre eigene Realität, wenn man so will, beim Wort nehmen. Ein und dieselbe Idee muss darüber Auskunft geben können, warum es nicht so geht, wie es gehen könnte. Das Ergebnis ist eine Art Proto-Gesellschaftstheorie, denn immerhin macht man für die Defizite der Gesellschaft keine externen Faktoren, sondern diese selbst verantwortlich, und immerhin hat man so viel von der Gesellschaft verstanden, dass man glauben kann, sie mit ihren eigenen Mitteln zu verbessern. Zu Recht hat Cornelius Castoriadis vom kreativen Umgang der Menschen mit ihrer Gesellschaft gesprochen.[273] Die Gesellschaft an sich selbst zu messen, liefert mehr

---

[273] Cornelius Castoriadis, *Gesellschaft als imaginäre Institution: Entwurf einer politischen Philosophie*, 1975, dt. Frankfurt am Main 1984

Erkenntnis, als die Götter, die Natur, die Geschichte oder die Technik für ihre Mängel in der Verantwortung zu sehen.

Die Stammesgesellschaft reflektiert sich in der Magie. Die Gesellschaft wird wesentlich religiös gedacht. Die Magie ist so ungreifbar und flüchtig wie das mündliche Wort, zugleich jedoch eingebettet in eine unübersichtliche Kausalität, die es erlaubt, Ursache und Wirkung zumindest imaginär zu unterscheiden. Die Stammesgesellschaft ist im Griff der Magie, kann jedoch ihrerseits viel dafür tun, sie sich gefügig zu machen. Weit davon entfernt, einen »irrationalen« Zugang zur Welt zu unterhalten, kann sich ganz im Gegenteil am Wissen um magische Effekte auch jenes »rationale« Wissen schulen, das Ursachen und Wirkungen direkt vor Augen hat.[274] Die Form der Magie schließt ein, was sie ausschließt. Gelänge es, sich die Geister ganz gefügig zu machen, könnte nichts mehr misslingen. Da dies jedoch jeder versucht, durchkreuzen sich die Effekte, tritt der Fluch an die Stelle des Segens und ist nichts mehr so, wie man es sich wünscht.

Die Reflexionsform der antiken Schriftgesellschaft ist die Macht. Die Gesellschaft versteht sich politisch. Die Macht bindet die Zeit in die Horizonte der Vergangenheit, Gegenwart und Zukunft. Sie erklärt die soziale Schichtung, die den Schriftgebrauch an das Gedächtnis der Gesellschaft koppelt und den Gebrauch dieses Gedächtnisses, Erinnern wie Vergessen, unter diesen Schichten differenziert. Die Macht sitzt oben, dort, wo herrschaftlich am weitesten in die Vergangenheit zurückgegriffen und auf die Zukunft vorausgegriffen wird, die Gegenwart jedoch Gelegenheiten in Hülle und Fülle schafft, beides zu manipulieren. Macht ist so sehr und so häufig Missbrauch von Macht, dass die positive Funktion der Macht, nämlich die Formatierung von Willkür, fast aus dem Blick verschwindet. In der antiken Gesellschaft gilt die soziale Schichtung der Gesellschaft so sehr als ihre

---

[274] So Bronislaw Malinowski, *Magic, Science and Religion and Other Essays*, New York 1948.

natürliche Ordnung, dass die Macht wie eine Naturgewalt erscheint und mit entsprechenden Assoziationen der Unberechenbarkeit konnotiert wird. Aber wieder gilt, dass alles gut wäre, würde die Macht nur gutwillig, benevolent, eingesetzt. Erst an der Schwelle zur Neuzeit formuliert Hobbes seine Spieltheorie der Macht, die diese nahezu restlos (mit einer Konzession an die »wolfshafte« Natur des Menschen) sozialisiert und so die Gesellschaft, verankert in der Furcht der Menschen vor den Menschen, zur Bedingung ihrer selbst macht.[275]

Die Moderne reflektiert sich im Geld. Das Geld ist für alle Übel verantwortlich, doch mit Geld ließe sich jedes Übel beheben. Das Geld bringt die endogene Unruhe, die stabile Instabilität der modernen Buchdruckgesellschaft auf den Punkt. Ebenso geeignet, soziale Beziehungen aufzulösen wie neu zu knüpfen,[276] traditionale Bindungen an Familie, Hof und Schicht durch Abhängigkeiten von Arbeits-, Produkt- und Finanzmärkten zu ersetzen, zieht es ebenso viel Kritik wie Hoffnung auf sich. Als Medium ist es nur eines unter anderen Medien des kritischen Vergleichs von Wirklichkeit mit Möglichkeit, doch als Reflexionsform der Moderne ist es für den Liberalismus wie den Sozialismus das dominante Medium, das die Gesellschaft als »kapitalistisch« definiert.

Die nächste Gesellschaft reflektiert sich in der Information und wird deswegen zuweilen als Informations- oder auch Wissensgesellschaft bezeichnet.[277] Elektronische Medien ermöglichen den schnellen, umfassenden und allgegenwärtigen Austausch von Information und digitale Medien nicht nur deren Berechnung und Verarbeitung in Datenbanken, sondern auch neue Dimensionen ihrer sensorischen und motorischen Erfassung,

---

[275] *Leviathan*, Kap. 16, 17 und 18.

[276] So Georg Simmel, *Philosophie des Geldes*, 1900, Frankfurt am Main 1989.

[277] Seit Daniel Bell, *Die nachindustrielle Gesellschaft*, 1973, dt. Frankfurt am Main 1985.

des Lernens und der Anwendung. Das moderne Wissen gerät in die Krise einer Selbstüberforderung,[278] weil es die Kapazitäten seiner bewussten Verarbeitung ebenso sprengt wie jede Form des kritischen Buch- und Expertenwissens, während sich die Information zwischen Datenbanken, Suchbefehlen und lokalen Praktiken der Vernetzung, Auswertung und Anreicherung neue Wege sucht, die sich den Rationalitätserwartungen funktionaler Kalküle nicht mehr fügen.

Der entscheidende Punkt für die gleichzeitige Beruhigung und Beunruhigung der Gesellschaft durch das Prinzip Information ist nicht deren enorm gewachsene Menge,[279] sondern deren laufender Abgleich mit Nichtinformation. Die Wissensgesellschaft ist zugleich eine Nichtwissensgesellschaft, und dies nicht nur deswegen, weil sie das eigene Wissen immer umfassender als unzureichend verstehen und beschreiben kann, sondern auch deswegen, weil zahllose Information schon im Moment ihres Auftauchens wieder vergessen wird. Überraschung, Bewertung und Gewichtung sind die Gesetze der Information. Nur das zählt, was neu ist, einen Unterschied macht und für ein Wissen ausgewertet werden kann, dessen Substanz fast (mit einem Blick auf die in der Sache selbst steckenden Einschränkungen) nur noch in Relationen besteht. Die elektronischen Medien generalisieren einen Mechanismus, den man in der modernen Gesellschaft nur aus den Massenmedien kennt: die Beobachtung der Welt unter den Vorgaben des Codes Information versus Nichtinformation.[280] Diese Codierung unterscheidet die Massenmedien (Zeitung, Rundfunk, Fernsehen) von anderen Funktionssystemen, in denen ebenfalls Information verarbeitet wird,

[278] Nico Stehr, *Knowledge Societies*, London 1994; Helmut Willke, *Dystopia: Studien zur Krisis des Wissens in der modernen Gesellschaft*, Frankfurt am Main 2002.

[279] Alvin Toffler, *Der Zukunftsschock*, 1970, dt. München 1970.

[280] Niklas Luhmann, *Die Realität der Massenmedien*, Opladen 1996.

jedoch nicht unter dem Gesichtspunkt ihrer Unterscheidung und täglichen Neubewertung von Nichtinformation. In den Funktionssystemen und Organisationen der modernen Gesellschaft wird Information akkumuliert und zum Wissen im Umgang mit komplexen Umwelten mehr oder minder systematisch ausformuliert. Daten zählen nur dann, wenn sie diesem Wissen genügen. Die nächste Gesellschaft hingegen operiert zumindest auf der Ebene ihrer Reflexionsform, das heißt auf der Ebene einer imaginären Zweitfassung ihrer selbst, in einem Modus, der aus den Massenmedien übernommen wird. Ein »Überallgorithmus«[281] unterwirft Natur, Welt und Gesellschaft der Frage, welche Daten welchen Unterschied machen oder nicht machen. Die sogenannten sozialen Medien der digitalen Plattformen tun dies ebenso wie professionelle Plattformen in Betrieben und Behörden, Wirtschaft und Politik, Kunst und Erziehung, Religion und Sport, wobei Letztere eher als Wertsphären denn als Funktionssystem zu zählen sind. Für die private Nachricht im Freundes- und Familienkreis gilt ebenso wie für jede professionelle Suche im Datenuniversum, dass keine Information nicht wichtig sein kann und jede Information vermutlich unwichtig ist. Das Prinzip wird im scheinbar Banalen trainiert und steht als scheinbare Dauererregung jedermann zur Verfügung. Alles könnte man wissen, aber nichts macht einen Unterschied, von dem aus alles andere geordnet werden könnte. Die Dauererregung erscheint als Stillstand auf höchstem Niveau. Niemand kann wissen, woraus im nächsten Moment womöglich die große Geschichte entsteht.

Luhmann hat für die Massenmedien zwischen den Programmbereichen Nachrichten, Unterhaltung und Werbung unterschieden. Diese Unterscheidung verliert sich im Übergang von der modernen zur nächsten Gesellschaft. Die Werbung ist so sehr

---

281 Peter Glaser, »Der Überallgorithmus: Sind Programmiersprachen die neuen Weltsprachen?« *Neue Zürcher Zeitung*, 10. Februar 2016, S. 37.

eine Nachricht wie die Nachricht eine Unterhaltung. In allen drei Programmbereichen geht es für Information wie Nichtinformation trennscharf um die Frage der Positionierung in einem Netzwerk, dessen Elemente komplex sind. Wer welche Werbung schaltet, unterhält unter dem Gesichtspunkt der Orientierung. Wer mit welchen Nachrichten unterhält, wirbt für die Akzeptanz des Senders. Daran schließt die Frage nach dem Zusammenhalt an, die für die nächste Gesellschaft so wichtig ist wie für jede vorherige. Nach wie vor entscheiden sich Inklusion und Exklusion anhand politischer, ökonomischer und pädagogischer Mechanismen, doch massenmedial, elektronisch und digital sind selbst die »Überflüssigen«[282] jederzeit in der Lage, sich zu vernetzen und einen Unterschied zu machen. Und je mehr dies der Fall ist, desto weniger versteht man, dass es nicht immer und überall der Fall ist. Wie kann es sein, dass Information ubiquitär und selektiv zugleich ist? Die Antwort auf diese Frage definiert die Reflexionsform der nächsten Gesellschaft: Information kann ebenso schnell als Information wie als Nichtinformation gewertet und gewichtet werden.

Die Frage nach dem Zusammenhalt einer Gesellschaft ist ein Nebeneffekt der Beobachtung ihrer vermeintlichen Auflösung. Doch was wie eine Auflösung erscheint, ist nur eine Folge der Fähigkeit zur Diskriminierung. Der böse Blick, die rücksichtslose Ausübung von Macht, die Frage nach Kosten und Gewinnen sind ebenso wie das Löschen von Information als Nichtinformation Formen der Ausübung von Gesellschaft. Sie kommen nicht von außen. Sie bestätigen den Zusammenhalt der Gesellschaft noch nicht einmal ex negativo, sondern als positiv durchgeführte Akte, so unangenehm die Wirkung auch sein mag. Eben diese Paradoxie registriert die Reflexionsform einer Gesellschaft.

---

[282] Heinz Bude und Andreas Willisch (Hrsg.), *Die Debatte um die »Überflüssigen«*, Frankfurt am Main 2008; Wolfgang Pohrt, *Brothers in Crime: Die Menschen im Zeitalter ihrer Überflüssigkeit. Über die Herkunft von Gruppen, Cliquen, Banden, Rackets und Gangs*, Berlin 1997.

Das Individuum der nächsten Gesellschaft spielt, wettet, lacht und ist ratlos. Es zählt wie in der Stammesgesellschaft, fühlt wie in der Antike, denkt wie in der Moderne und muss sich dennoch jetzt und heute an der Gesellschaft beteiligen. Es vergewissert sich seiner Gruppe, träumt von seinem Platz, berechnet seine Chancen und erlebt, wie bereits die nächste Verwicklung es überfordert.

Es sind Unterscheidungen wie Besitzer/Nicht-Besitzer, behaust/unbehaust, Person/Mensch, adressierbar/nicht-adressierbar, die das Individuum in seinem Umgang mit der Gesellschaft kennzeichnen, seit es parallel zum Aufkommen der Töpferei[283] ein erstes Gefühl für sich selbst entwickelt. Ein Individuum ist nicht nur, wem etwas geschehen kann, sondern auch und zugleich, wer beeinflussen kann, wie begrenzt auch immer, was ihm geschieht. Wer Nicht-Besitzer ist, kann Besitzer werden, nach Malinowski eine der Obsessionen der Stammesgesellschaft, die gegen die zweifelhafte Referenz der Worte nicht nur die Greifbarkeit der Dinge, sondern die Sicherheit des individuellen Zugriffs setzt. Ich bin, was ich habe, weil ich es bin, der es hat. Im Besitz ist das Individuum ganz bei sich, während die Familie, der es angehört, es schon wieder von sich ablenkt. Die Verwandtschaft personalisiert, aber sie individualisiert nicht. Sie bestimmt mich als Bruder meiner Schwester und Vater meines Sohns, jedoch nicht als jemanden, der wissen kann, wer er ist, während er seine verschiedenen Bezüge auseinanderhält.

In der antiken Gesellschaft wird der Besitz ausgebaut zum Haus. Das Haus überdauert die Zeiten, bestimmt jedoch die Gegenwart als Leerstelle, in der ich entweder Vorsorge für die Zukunft treffe oder unbekümmert genieße. Wie ich in dieser

---

[283] So White, *Identity and Control*, S. 199.

Gegenwart mit mir selbst umgehe, bestimmt mich als Individuum. Bin ich unbehaust, habe ich nichts als meine Gegenwart. Und steht mein Haus woanders, bin ich fremd. Der Fremde ist das Andere dieser Gesellschaft, denn sein Status ist unklar; er könnte reicher Hausbesitzer, wandernder Händler, aber auch überall unbehaust sein.[284] In der späten Moderne werden sich Intellektuelle mit dieser Figur und werden Intellektuelle den Unternehmer mit dieser Figur vergleichen;[285] Individuum ist, wer die Abweichung sucht und aushält. Doch das muss man sich leisten können. Typischer für die Moderne ist die Unterscheidung von Mensch und Person, die das Individuum als Fluchtpunkt einer Praxis der Vergesellschaftung zur Person bestimmt, die dadurch mitbestimmt ist, dass das Individuum als Mensch, wie Georg Simmel sagt, zugleich nicht-vergesellschaftet ist: »daß der Einzelne mit gewissen Seiten nicht Element der Gesellschaft ist, bildet die positive Bedingung dafür, daß er es mit andern Seiten seines Wesens ist: die Art seines Vergesellschaftet-Seins ist bestimmt oder mitbestimmt durch die Art seines Nicht-Vergesellschaftet-Seins.«[286] Auf der Innenseite der Form »Person« ist das Individuum Mensch (und der Mensch Individuum), während er sich auf der Außenseite derselben Form mit gesellschaftlichen Ansprüchen und Erwartungen auseinandersetzt.[287] Typisch modern setzt es sich als Person jeder Art von Kritik aus, beweist auch selbst jederzeit Kritikfähigkeit,[288] während es als Mensch

---

[284] Siehe Rudolf Stichweh, *Der Fremde: Studien zu Soziologie und Sozialgeschichte*, Berlin 2010.

[285] Georg Simmel, *Soziologie: Untersuchungen über die Formen der Vergesellschaftung*, 1908, Frankfurt am Main 1992, Exkurs über den Fremden, S. 764ff.; Alfred Schütz, »The Stranger: An Essay in Social Psychology«, *American Journal of Sociology* 49 (1943/44), S. 499-507.

[286] Simmel, *Soziologie*, S. 51.

[287] Niklas Luhmann, »Die Form ›Person‹«, *Soziale Welt* 42 (1991), S. 166-175.

[288] Siehe auch den Widerspruch von Maren Lehmann zur These (sei-

danach sucht, was hinter seiner Projektionsfläche als Geschöpf Gottes, Gattungswesen oder Vernunftsubjekt zu finden sein mag. Nichts als Plastizität, ist die Antwort der modernen Anthropologie: Geist im Leben, Leben im Geist.[289] Fragt der Mensch nach sich selbst, findet er allenfalls den Übermenschen, die sich selbst feiernde und, in der unvermeidbaren Sinn-Gegenrichtung, sich selbst verachtende Leerstelle.

Mit den elektronischen und digitalen Medien werden der Besitz ungreifbar, das Haus ortlos, der Mensch Gegenstand von zahllosen Registern und Protokollen und die Person zur austauschbaren Adresse. Individuum ist, wer sich nicht nur verfolgen lässt, sondern sich auch selbst verfolgt, und sei es im Spiegel derer, die es verfolgt und die ihrerseits mögen, weiterleiten und kommentieren, was das Individuum sendet.[290] Aber es geht darin nicht auf. Gegenüber dem Vergesellschaftet-Werden durch die elektronischen und digitalen Medien beharrt das Individuum noch immer auf dem Nicht-Vergesellschaftet-Sein. Es macht sich fremd, unbehaust, autonom. Es wird blasiert beziehungsweise cool und führt so vor, nicht ohne andere beeindrucken zu wollen, wie unbeeindruckt es ist.[291] Mit der Gesellschaft gegen die Gesellschaft greift es auf frühere Medienepochen zurück. Wie in der tribalen Gesellschaft bestimmt es sich durch eine Szene, durch ein Territorium, durch Grenzen in Raum und Zeit, durch die Mitgliedschaft (Zählbarkeit) in einer Gruppe, einem Clan, einer Clique. Wie in der antiken Gesellschaft sucht es sich

nerzeit These 14) unter sebastian-ploenges.com/blog/2011/15thesen/.

289 Joachim Fischer, *Philosophische Anthropologie: Eine Denkrichtung des 20. Jahrhunderts*, Freiburg 2008.

290 Deborah Lupton, *The Quantified Self: A Sociology of Self-Tracking*, Cambridge, MA 2016. Und bereits Sherry Turkle, *Leben im Netz: Identität in Zeiten des Internet*, 1995, dt. Reinbek b. Hamburg 1999.

291 Georg Simmel, »Die Großstädte und das Geistesleben«, 1903, in: ders., *Gesamtausgabe, Bd. 7: Aufsätze und Abhandlungen 1901-1908*, Bd. I, Frankfurt am Main 1995, S. 116-131.

einen Platz (telos), an dem es so sehr bei sich sein kann wie alles andere, Wohnung, Haus, Stadt und Gesellschaft, zur Ruhe kommt. Wie in der modernen Gesellschaft gibt es den Gedanken nicht auf, begreifen zu können, was ihm widerfährt und um es herum geschieht. Und zugleich weiß es, dass tendenziell jede seiner Bewegungen, jeder seiner Gedanken Spuren produziert, die gelesen, gesammelt, ausgewertet und gegen es verwendet werden können. Es versucht, dieselben Spuren zu seinen Gunsten auszulegen. Es legt sich Listen seiner Vorlieben an und weiß doch, dass es nur dort ganz Individuum ist, wo es die Liste ablehnt und um einen neuen Punkt ergänzt.

Seine fragmentarische Existenz in einer Moderne, die aus ihm den Wähler, Kunden, Arbeiter, Kunstbetrachter, Bildungsempfänger und das Rechtssubjekt machte und es nur in intimen und familiären Beziehungen ganz Mensch sein ließ, erträgt das Individuum durch seine durchgängige Kritikfähigkeit, die auch durch eine allfällige Entfremdung, wo sie auftritt, nur bestätigt wird. Wie aber schließt sich die individuelle Existenz in der nächsten Gesellschaft? Wie wird aus den zahllosen Adressen, unter denen das Individuum zum Teil gegen seinen Willen erreichbar ist (klebt man die Webcams an Laptop und Smartphone ab oder nicht?), wie wird aus den zahllosen Spuren, die es legt und verfolgt, wie wird aus seinen Versuchen, sich der Kontrolle zu entziehen, ein Ganzes? Es ist dort ganz Individuum, wo es mitspielt. Es beherrscht seine Praxis. Es bedient Tastaturen, blickt auf Bildschirme, stellt sich Konversationen und Organisationen, die ihrerseits durch elektronische und digitale Medien gelenkt, gesteuert und kontrolliert werden. Es macht mit. Es eilt allem anderen kreativ voraus, feiert sein Scheitern als Signatur der Zeit und beruhigt sich, wenn Andreas Reckwitz Recht hat, bei allem, was nicht wiederholbar ist.[292] Aber das Singuläre wird

292 Andreas Reckwitz, *Die Erfindung der Kreativität: Zum Prozess gesellschaftlicher Ästhetisierung*, Berlin 2012; ders., *Die Gesellschaft*

massenhaft produziert und es genügt wiederkehrenden Mustern, vor denen das Individuum ebenso sehr die Augen verschließt wie es sie zugleich und aus den Augenwinkeln dankbar zur Kenntnis nimmt. Es will sich ja so unterscheiden, wie andere sich unterscheiden.

Gabriel Tarde und René Girard haben die Form der rivalisierenden Imitation, der Abweichung durch Annäherung und Annäherung durch Abweichung ausführlich beschrieben.[293] Die Form schließt ein, was sie ausschließt: die Verwechselbarkeit. Letztlich sind es Kopierfehler, die hinreichende Unterscheidbarkeit und eine insgesamt verblüffende Heterogenität schaffen.[294] Wenn der Fehler auffällt, kann er, wie in der Kunst, aufgegriffen und ins Vertretbare, das heißt seinerseits Kopierbare modifiziert werden. Aber kann man sich darauf verlassen? Genügt es, der Statistik mit Stochastik zu begegnen? Und haben wir die Wahl?

EXKURS: PRIVATHEIT

Das Wort »Privatheit« leitet sich vom lateinischen privatio, die Beraubung, aber auch die Befreiung, das Befreitsein, und vom griechischen stéresis, das Fehlen, der Mangel, die Negativität, die unbestimmte Zweiheit und Abwesenheit (Platon), das Nichtvorhandensein und Nichtzugänglichsein (Aristoteles) ab. Aristoteles widmet der stéresis einige Überlegungen im Zusammenhang seiner Unterscheidung von Form (morphe) und Materie (hyle) und bestimmt stéresis als Fehlen-der-Bestimmtheit und Entgegensetzung, die zwischen Form und Materie erst eine

---

der Singularitäten, Berlin 2017.

[293] Tarde, Die Gesetze der Nachahmung; Girard, Das Heilige und die Gewalt.

[294] Gabriel Tarde, Monadologie und Soziologie, 1893, dt. Frankfurt am Main 2008.

gewisse Beweglichkeit schafft.[295] Nimmt man dies als Ausgangspunkt eines möglichen Verständnisses von Privatheit, so ist diese als Adresse einer Distanznahme, gewonnen aus der Fähigkeit der Negation, zu verstehen, die ihre Pointe in der Unbestimmtheit hat, da jede Bestimmtheit bereits wieder Gesellschaft (»Öffentlichkeit«) in Anspruch nehmen müsste.

Akzeptiert man dies, ist Privatheit in der tribalen Gesellschaft die Fähigkeit, der unvermeidbaren Präsenz der Körper (des eigenen und des der anderen) und der Aufdringlichkeit des Blicks etwas entgegenzusetzen. Was könnte das sein? Zunächst wohl das, was die Griechen später einen idiotes nennen, nämlich jemanden, der sich aus Angelegenheiten, die alle angehen, heraushält. Privat ist in der tribalen Gesellschaft – und bleibt bis heute – jemand, der für Kommunikation zwar erreichbar ist, aber durch Kommunikation nicht gebunden werden kann. In den dichten Situationen der Stammesgesellschaft dürfte das die Ausnahme gewesen sein, doch geben zum Beispiel Marcel Mauss' Beobachtungen des jahreszeitlichen Wandels der Eskimogesellschaften einige Aufschlüsse darüber, dass der Rückzug aus den »heißen« Situationen des winterlichen Iglus in die sommerlichen Weiten der Fischgründe, in denen die Familien getrennt voneinander unterwegs und in diesem Sinne »privat« unterwegs waren, als »deprimierend« erlebt wurden.[296] Privatheit ist ein Unglück, dessen Glück erst einmal entdeckt werden muss.

Privatheit in der antiken Gesellschaft ist, wenn wir beim griechischen Beispiel bleiben, stéresis unter den Bedingungen von Psyche, Oikos, Polis und Kosmos. Was kann das heißen? Ich würde vermuten, dass hierzu individuelle Leistungen gehören, die sich weder dem Strukturschema der sozialen Schicht

---

[295] Aristoteles, *Physik*, 191a.

[296] Marcel Mauss, »Soziale Morphologie: Über den jahreszeitlichen Wandel der Eskimogesellschaften«, 1904/05, dt. in: ders., *Soziologie und Anthropologie*, Bd. I, Wiesbaden 2010, S. 183-278.

noch dem Kulturschema des Telos fügen. Wer der Distinktion der sozialen Schicht und der Bestimmung des angemessenen Platzes entgeht, hat eine Chance, privat zu sein. Diese Privatheit erhält im Oikos eine gewisse Form, geht darin jedoch nicht auf, da die Rechte und Pflichten des Oikos der Polis zwar entgegenstehen, deswegen aber nicht weniger geregelt waren. Ein Gentleman, wie er von Xenophon im Dialog *Oikonomikos* geschildert wird, ist auch zuhause nicht privat. Erst recht ist das Schicksal, das ein Individuum ereilen kann und es erst zum Individuum macht, kein privates. Ist Diogenes in seiner Tonne privat? Sicher nicht, er philosophiert. Am ehesten berichten alle jene Geschichten, in denen Menschen, die es sich leisten können, sich allein oder in Gesellschaft von anderen beim Baden oder beim Jagen und Spazierengehen im Wald vergnügen, von privaten Situationen. Und auch die Positionen, aus denen heraus in der Akademie argumentiert wird, haben etwas Privates, sobald es eng wird und die Argumente nur noch aus der eigenen Negationsbereitschaft gewonnen werden können, dort jedoch überraschend fündig werden.

In der modernen Privatheit wird das Bild wieder klarer. Die Privatheit wird unter Rechtssubjekten, Eigentümern und in der Form der subjektiven Meinung, ja überhaupt des Subjekts, eine der zentralen Errungenschaften der modernen Gesellschaft. Parallel zur Erfindung des Individuums, das als zunehmend entscheidungsfähige Adresse der Funktionssysteme und der Organisationen institutionalisiert wird, ist Privatheit das Korrelat eines Kalküls der Unberechenbarkeit, das man braucht, um die Entscheidungsfähigkeit des Individuums überhaupt in Rechnung stellen zu können. Privatheit ist der leere Pol einer Kommunikation, an deren anderem Ende die Komplexität gesellschaftlicher Erwartungen und Möglichkeiten steht. Aus dieser Leere heraus reagiert das Individuum nur auf das, was in seinem Interesse steht. Das Private wird mehr oder minder komfortabel ausstaffiert und möbliert, es bekommt seine eigenen Merkmale in der

Kleidung, im Tonfall und in der Mimik und Gestik. Aber jede dieser Ausdrucksformen gefährdet es, weil es ihm widerspricht. Privat ist man auch zuhause nur dann und nur deswegen, wenn man in die Unbestimmtheit geht, sie aushält und aus ihr heraus Entscheidungen trifft, die dann schon wieder gesellschaftlich sind.

In der Privatheit der nächsten Gesellschaft scheint sich all dies unter dem scharfen Blick der prädiktiven Algorithmen in Wohlgefallen aufzulösen. Online wie offline scheinen alle unseren Handlungen, ja sogar unsere Wünsche, bevor sie uns selbst bewusst werden, bereits bestimmt zu sein. Eine Einflussmatrix, wie sie Alex Pentland aufgestellt hat,[297] formuliert die These, dass unsere Handlungen aus nur zwei Einflussvariablen bestimmt sind, nämlich unseren vorherigen Handlungen und unseren sozialen Kontakten. Je umfassender diese statistisch erfasst werden können, desto leichter kann vorhergesagt werden, was wir als nächstes tun. Unser Online-Verhalten ist für die Register, Protokolle und Extrapolationen der Software, die unser Klick-, Surf-, Post- und Like-Verhalten auswerten, ein einziger Traum der Möglichkeit umfassender sozialer Experimente. Wer bisher dachte, sein Verhalten im Netz, als Surfer, als Voyeur oder als Troll, sei der Inbegriff idiotisch unbestimmten Verhaltens, hatte Recht und Unrecht zugleich. Was kann Privatheit jetzt noch sein?

Wir müssen genauer auf die mögliche Strukturform und mögliche Kulturform der nächsten Gesellschaft schauen, um diese Frage versuchsweise zu beantworten. Die Strukturform des Netzwerks ist, wie gesagt, als Ungewissheitskalkül zu verstehen, das es jedem einzelnen Individuum ermöglicht, seine und ihre Chancen auf Vernetzung (mit wem und womit auch immer) an der Attraktivität zu messen, die man aufrechtzuerhalten in der Lage ist. Das Netzwerkereignis schlechthin ist ein Kontakt von mir, Person A, zu Person B, die dank meines Netzwerks Person C kennenlernt, die für sie interessanter ist, als ich es bin. Dann

---

[297] Pentland, *Social Physics*.

bin ich draußen. Jede Vernetzung enthält präzise dieses Risiko, dem ich nur durch eine Arbeit an meiner Identität im Spiegel des Netzwerks, das ich bewusst oder unbewusst nicht verlieren möchte, etwas entgegensetzen kann. Privat ist derjenige, der dies nicht nötig zu haben glaubt. Doch die Flucht in eine idiosynkratische Privatheit bildet im Netz selbst schon wieder nicht nur Cluster, sondern ganze Milieus, so dass es schlecht steht um die stéresis, die sich hier noch verwirklichen soll.

Die Komplexität als Kulturform der nächsten Gesellschaft verdichtet die Kontrolle unseres Verhaltens durch die Rechner und die Kontrolle der Rechner durch unser Verhalten (soweit uns dies an den Tastaturen, Mouse Pads, Touch Screens und Voice Interfaces möglich ist) auf eine wechselseitige Intransparenz der Begegnung zweier Black Boxes. Allerorten arbeiten wir an einem Design unserer Weltverhältnisse, das einfache Schnittstellen in eine Relation zu Körpern, Bewusstsein, Maschine und Gesellschaft setzt, die wir zunehmend den Mut haben, als komplexe Gegenstände ernst zu nehmen. Die Schnittstellen liefern uns genau die Transparenz, die es uns erlaubt, die prinzipielle Intransparenz unserer Weltverhältnisse nicht nur zur Kenntnis zu nehmen, sondern sogar schätzen zu lernen. Wenn man so will, lauert und lockt das Private, die stéresis, jetzt überall, in der Unzugänglichkeit unserer Körper, unseres Bewusstseins, aber auch der Gesellschaft und der Maschinen. Privat sind jedes Ereignis und jeder Ort, aus dem und an dem sich eine unkalkulierbare Negation, eine Entgegensetzung gewinnen lässt.

19. MORAL UND ETHIK DES GUTEN LEBENS

Die Moral der nächsten Gesellschaft wird darin bestehen, auf die Unanschaulichkeit dieser Gesellschaft mit Augenmaß zu reagieren. Die Ethik der nächsten Gesellschaft sucht nicht mehr das gute Leben, nicht mehr die vollkommene Tugend und auch nicht mehr die mögliche Anklage gegen das eigene Leben (das gute Gewissen), sondern das im Wortsinn einwandfreie Handeln. Ethisch einwandfrei ist das Handeln, dem alle Betroffenen, würden sie gefragt, zustimmen könnten.

Der Sündenfall der Moral ist ihre Verschriftlichung. Solange sie mündlich durch die Andeutung von Achtung und Missachtung, besser noch: durch die Andeutung der Androhung von Achtung und Missachtung, nur mitläuft, ist ihre kommunikative Macht zwar maximal, doch kann diese Macht durch die Verschiebung situativer Kontexte aufgefangen und moderiert werden. Man braucht dazu innerhalb der Kommunikation ein Ansehen, das man oft nicht hat, aber dann kann man immer noch versuchen, den Blick derer, die es haben, auf die situativen Umstände zu lenken, die das moralische Urteil, das gerade droht, einzuklammern erlauben. Bis heute ist diese Macht von Angesicht zu Angesicht gegeben. Ihr Blick verfolgt auch die, die sich ihr zu entziehen suchen. Wenn alles andere nicht mehr hilft, ist es ein Fluch, der noch den Gleichgültigsten erreicht.

Versucht man die Moral aufzuschreiben, fehlen das Gegenüber, das sie begründet, und die Situation, die sie zu mäßigen erlaubt. Prinzipien treten an die Stelle von Beobachtungen, Regeln an die Stelle von Rücksichten. Der subtile Mechanismus, der moralische Urteile durch unausgesprochene Unterstellungen wirksam werden lässt,[298] kann nicht greifen und wird durch umso auffälligere Selbstgerechtigkeit ersetzt. Wieviel Drama zieht die

---

[298] Luhmann, *Die Gesellschaft der Gesellschaft*, S. 396ff.

griechische Tragödie (*Antigone*) ausgerechnet daraus, dass die Schriftgesellschaft hierarchische Positionen aufgebaut hat, die sich dem moralischen Zugriff entziehen zu können glauben? Mit dem Buchdruck verschärft sich das Problem. Jetzt wird die Moral zusätzlich dem kritischen Urteil ausgesetzt. Glaubt man zunächst, man könne mit ihr die Kritik begründen, so stellt man alsbald fest, dass die Kritik auch ihr und allen ihren Gründen gilt. Schon in der Antike entsteht eine Ethik, die mit den Mitteln der Schriftlichkeit die Natürlichkeit (kommunikative Selbstverständlichkeit) der Moral vor der Schriftlichkeit zu bewahren sucht; in der Moderne erlebt diese Philosophie ihre Blüte. Immanuel Kant radikalisiert das Problem in die Unmöglichkeit seiner Lösung, indem er die Autonomie eines guten Willens postuliert, die unter keinen Umständen gegeben sein kann.[299] Schrift und Buchdruck verhindern den Erfolg einer Moral, der nur dort gegeben sein kann, wo sie implizit bleibt, das heißt, mit Ludwig Wittgenstein, wo sie sich (der Wahrnehmung) *zeigt*, ohne ausgesprochen werden zu müssen.[300]

In der modernen Gesellschaft liegen die Moral als die Beurteilung des sittlich Angemessenen und die Ethik als die Frage nach dem guten Leben noch nahe beieinander, in der nächsten Gesellschaft treten sie auseinander. Die Moral bleibt auf die Kommunikation unter Anwesenden von Angesicht zu Angesicht angewiesen und sie bleibt dort mächtig. Die Ethik hält den Kontakt zur (antiken) Frage nach dem guten Leben, wird jedoch zugleich zu einer Spezialbeschäftigung im Umgang mit Situationen, deren Unentscheidbarkeit in Bereichen wie Medizin, Hochtechnologie und Forschung Politik und Organisation belasten.[301]

---

[299] Immanuel Kant, *Grundlegung zur Metaphysik der Sitten*, Riga 1785.

[300] *Tractatus logico-philosophicus*, Satz 6.421; vgl. Heinz von Foerster, *Der Anfang von Himmel und Erde hat keinen Namen: Eine Selbsterschaffung in 7 Tagen*, Berlin 2002, S. 221.

[301] Siehe Gerhard Gamm und Andreas Hetzel (Hrsg.), *Ethik – wozu und*

Unentscheidbar ist zum Beispiel die Frage, ob die Menschheit eine weitere Forschung im Bereich der künstlichen Intelligenz vertreten kann, wenn nicht absehbar ist, ob diese von derselben Menschheit auch kontrolliert werden kann. Die Einsätze, die hier im Spiel sind, hat die Science-Fiction-Literatur schon einmal durchgespielt.[302]

Zwei Tendenzen sind gegenwärtig erkennbar. Zum einen erlebt die Moral eine extreme Inflation, insofern die interaktiven digitalen Plattformen (die sogenannten sozialen Medien) für viele Nutzer den Eindruck nahezulegen scheinen, sie funktionierten wie die Kommunikation von Angesicht zu Angesicht. Man glaubt, mit der Zuschreibung von Achtung gewünschte Kommunikation verstärken und mit der Androhung von Missachtung unerwünschte Kommunikation unterbinden zu können, und hat nur mit der Zuschreibung von Achtung Erfolg. Die Androhung von Missachtung führt ganz im Gegenteil zu einem Aufschaukeln der den Streit suchenden Kommunikation und im Ergebnis zum selben Effekt wie die Zuschreibung von Achtung, nämlich zur Verstärkung und Absicherung der Kommunikation. Die Ubiquität moralischer Urteilsbereitschaft bläst die Kommunikation auf (in der Rhetorik spricht man von Amplifikation), weil die, denen zugestimmt wird, ebenso gute Gründe haben, weiterzumachen, wie die, denen die Ablehnung droht, ohne dass diese in der Situation durchgesetzt werden könnte. In den elektronischen Medien sind die Nutzer zwar vernetzt, zugleich jedoch voneinander getrennt, so dass ein Druck auf Anwesende nicht ausgeübt werden kann. Man spürt das, mag es nicht glauben (es funktioniert doch sonst so gut) und legt nach. Wer versteht schon etwas von den Unterschieden zwischen der Kommunikation unter Anwesenden und der Kommunikation unter Abwesenden?

---

wie weiter? Bielefeld 2015.

[302] Daniel Suarez, *Daemon*, London 2009; ders., *Freedom™*, New York 2010.

Und zum anderen wird die Ethik als eine Form der Philosophie in Stellung gebracht, die praktisch wie theoretisch die Frage nach dem Leben der Menschen in Zeiten der Auseinandersetzung mit elektronischen und digitalen Medien behandeln kann. Die Frage hat zwei Seiten. Auf der einen Seite wird untersucht, welche Normativität den neuen Medien insofern inhärent ist, als ihr technisches Funktionieren die Richtigkeit ihres kausalen Zugriffs suggeriert. Instrumentell haben Werkzeuge alle guten Gründe auf ihrer Seite. Auf der anderen Seite wird untersucht, ob es so etwas wie eine natürliche und daher schützenswerte Lebenswelt unter den Menschen gibt, die demselben Zugriff entzogen bleiben sollte. Mit der Unterscheidung zwischen Technik und Lebenswelt ist das Problem jedoch nicht getroffen, da sie Künstlichkeit und Natürlichkeit auf eine Art und Weise unterscheidet, die aus der Sicht jeder Medienepoche für die jeweils vorhergehende zwar zu gelten scheint, ihre Rechnung jedoch nicht mit der Gesellschaft macht. Die Gesellschaft beziehungsweise das gesellschaftliche Leben der Menschen führt jene Abstraktion (mit der Sprache) und jene Kontingenz (mit der Zeit) ein, die es ihr erlaubt, die Kultur zur »zweiten Natur« werden zu lassen.[303] Seitdem gibt es kein Argument gegen die Künstlichkeit qua Künstlichkeit und kein Argument für die Natürlichkeit qua Natürlichkeit. Die Unterscheidung ist entweder Mythos oder Ideologie.

Aber was dann? Wozu taugt die Ethik als philosophische Disziplin? Luhmanns Antwort, die Ethik sei dazu da, vor den polemogenen Aspekten der Moral zu warnen,[304] hat sich in der Disziplin nicht durchgesetzt. Vermutlich gilt sie selbst als zu polemisch,

---

[303] Siehe auch Hans Blumenberg, »Lebenswelt und Technisierung unter Aspekten der Phänomenologie«, 1963, in: ders., *Wirklichkeiten in denen wir leben: Aufsätze und eine Rede*, Stuttgart 1981, S. 7-54.

[304] Niklas Luhmann, *Paradigm Lost: Die ethische Reflexion der Moral*, Stuttgart 1988.

obwohl inzwischen jeder sehen kann, zu welchen Hasstiraden eine interaktiv und situativ nicht kontrollierte, sondern im elektronischen Medium angestachelte Moral führen kann. Es bleibt also bei der Beschäftigung mit Problemstellungen der Unentscheidbarkeit. Und es bleibt dabei, dass diese Problemstellungen nur politisch und nicht technisch entschieden werden können. Organisationen haben eine Tendenz, schwierige Fragen eher latent zu entscheiden, durch Sortierschemata von Akten, durch selbstverständlich scheinende Prioritäten (die nicht angetastet werden, weil die Folgeprobleme unabsehbar wären), durch hierarchische Vorgaben (die sachlich und sozial begründet werden und Personen in die Pflicht nehmen),[305] so dass eine ethische Auseinandersetzung mit diesen Fragen die doppelte Aufgabe hat, diese Praktiken als (vermutlich unzureichende) Lösungen des Problems zu würdigen (weil sie immerhin die Organisation erhalten, die sich um diese Probleme kümmern kann), zugleich jedoch nach den Kosten dieser Praktiken zu fragen. Typische Kosten für die ethische Problemstellung liegen dort, wo berechtigte Interessen von Betroffenen nicht wahrgenommen oder bewusst ausgeblendet werden.

Mit der Kontrolle der Moral ist die Ethik überfordert. Ihr muss es stattdessen darum gehen, das Unentscheidbare zu adressieren und im vollen Bewusstsein der Paradoxie zu entscheiden, indem die Frage danach, welchen Einwänden von welchen Betroffenen Rechnung getragen werden sollte, ins Zentrum der Aufmerksamkeit gerückt wird. Die Frage kann nur normativ beantwortet werden und sich in dieser Form sofort wieder zur Diskussion stellen. Aber wie schon die implizit bleibende Moral wäre sie aufgerufen, sich lokal und situativ zu orientieren. Sucht sie nach Regeln und Prinzipien, können es nur die der situativen Orientierung sein. Deswegen hilft es, in der Ausbildung Fälle zu

---

[305] Siehe Guido Calabresi und Philip Bobbitt, *Tragic Choices*, New York 1978.

diskutieren, und kann gleichwohl kein Fall voraussehen, welche Prioritäten in welcher Situation tatsächlich gesetzt werden können oder müssen.

Algorithmen auf der Basis umfangreicher Datensammlung werden hierbei helfen können. Doch sind sie Teil der Situation, nicht Teil der Entscheidung. Die Frage nach dem guten Leben war schon in der Antike ein Element der Auseinandersetzung mit den tatsächlich immer korrupten Verhältnissen. Sie konnte in der Moderne mit Fortschrittserwartungen beantwortet werden, war damit jedoch wiederum eine normative Folie zur Beobachtung einer von den Normen abweichenden Wirklichkeit. Diese normative Differenz zur Wirklichkeit gilt es auch in der nächsten Gesellschaft im Blick zu behalten, um nicht der Illusion zu verfallen, die Wirklichkeit könnte der Norm unterworfen werden. Wer diese Illusion hegt, begeht einen Kategorienfehler.

Die Frage, welche Werte es sind, die in der nächsten Gesellschaft diese Distanz zur Wirklichkeit herzustellen vermögen, ist naturgemäß schwer zu beantworten. Werte treten immer im Plural auf, konfligieren untereinander, arbeiten einander unter Umständen auch zu und sind nie eindeutig zu fassen, da sie unausweichlich ein Gegenstand der Abwägung sind. Das gilt erst recht, wenn sie implizit bleiben, denn da kann es sein, dass der implizit nahegelegte Wert vor einem ganz anderen, doppelt latent gehaltenen steht. Werte werden vermutet, nicht benannt. Werden sie ausgesprochen, kann, ja muss man sie bezweifeln. Aber die Funktion der Werte kann man, analog zu jener der Moral und der Ethik, benennen. Sie schaffen Distanz zur Wirklichkeit und sie schaffen Distanz zur eigenen Einstellung zur Wirklichkeit.

Die Funktion der Werte, so die Handlungstheorie in der Arbeitsgruppe von Talcott Parsons, besteht darin, eine Differenz zwischen dem Gewünschten und dem Wünschenswerten herzustellen.[306] Werte verhelfen dem Handelnden zu einem zweiten

---

306 Clyde Kluckhohn et al., »Values and Value-Orientation in the Theory

Blick zum einen auf sich selbst und die eigene Motivation und zum anderen auf das, was man unter Umständen aufgibt, wenn man einem Impuls nachgibt. Das gilt auch für Werte wie Freiheit, Gleichheit, Brüderlichkeit. Sie müssen nicht unbedingt verwirklicht werden, um all dem, was ihnen widerspricht, etwas entgegensetzen zu können. Sie bringen ein Zögern in die Welt, unter Umständen auch eine Beharrlichkeit, die dem Druck der Situation zu widerstehen vermögen. Man ahnt, welche Werte im Umgang mit den elektronischen und digitalen Medien in dieser Hinsicht eine besondere Prominenz gewinnen. Privatheit, Datenschutz und Sicherheit (vor Übergriffen der unsichtbaren Maschinen), aber auch, dafür wirbt Bernhard Pörksen,[307] journalistische Tugenden im Umgang mit Information (Überprüfung von Fakten und Quellen, sorgfältige Recherche, das Anhören der Betroffenen), sind Werte, die Abstand vom eigenen Handlungsdrang wie auch von den sozialen und technischen Verführungen der Umgebung schaffen. Ob man ihnen dann folgt, ist eine zweite Frage, und kann nur gegen andere Werte (Spontaneität, Unbekümmertheit, Schnelligkeit) abgewogen werden, die dieselbe Funktion, aber zugunsten anderer Handlungen erfüllen.

---

of Action«, in: Talcott Parsons und Edward A. Shils (Hrsg.), *Toward a General Theory of Action*, Cambridge, MA 1951, S. 388-433.

[307] Bernhard Pörksen, *Die große Gereiztheit: Wege aus der kollektiven Erregung*, München 2018.

20. Nein

Die Negationsform der nächsten Gesellschaft ist nicht mehr der Rausch, das Ideal oder die Destruktion, sondern das Ressentiment, die Transformation einer Unmöglichkeit in eine Möglichkeit. Sie ist so unberechenbar produktiv wie jede Negationsform; und dies nicht etwa, weil sie nicht wüsste, was sie tut, sondern weil niemand weiß, welche Reaktionen sie heraufbeschwört.

»Man kann nicht *nicht* kommunizieren,« sagt Paul Watzlawick.[308] Es genügt, als Beobachter beobachtet zu werden, um an Gesellschaft teilzunehmen, so geringfügig die Interaktion auch sein mag und so sehr man sich stattdessen nichts oder mehr wünschen mag. Dennoch müssen sowohl Kommunikation als auch Gesellschaft negiert werden können. Es muss innerhalb der Gesellschaft eine Position geben, auf der Nein zur Gesellschaft gesagt werden kann, weil die Gesellschaft andernfalls logisch und empirisch nicht vollständig wäre.[309] Sie wäre sich selbst und alle diejenigen, die an ihr teilnehmen, wären ihr hilflos ausgeliefert. Das kann sie nicht riskieren und das können die, die an ihr teilnehmen, nicht riskieren. Zu komplex sind die Aufgaben, die miteinander verknüpft werden müssen; zu groß ist die Gefahr der zu einfachen Lösungen. Es muss immer wieder getrennt werden können, was aufeinander bezogen ist, um den Bezug korrigieren und andere Bezüge wahrnehmen zu können. Gesellschaft beginnt dort, wo differenziert werden kann, Unabhängigkeit wiederhergestellt wird, Geschichten erzählt werden, die man nicht für bare Münze nimmt, Kontexte und Codes jederzeit

---

[308] Watzlawick/Beavin/Jackson, *Menschliche Kommunikation*, S. 53

[309] So Niklas Luhmann, »Negierbarkeit«, in: Harald Weinrich (Hrsg.), *Positionen der Negativität*, München 1975, S. 460-462; siehe zum Folgenden in demselben Band auch ders., »Über die Funktion der Negation in sinnkonstituierenden Systemen«, S. 201-218.

gewechselt werden können.[310] Gesellschaftliche Evolution beginnt dort, wo mit einem Nein eine Variation in die Welt gesetzt wird, die positiv auffallen und selegiert werden kann (nicht muss) und im und mit dem Gesamtsystem restabilisiert werden kann.[311]

Dieses Nein kommt in jeder Gesellschaft massenhaft vor, irritiert und wird in den Gang der Dinge mehr oder minder rücksichtsvoll eingebaut. In jeder Gesellschaft, insofern sie System ist, wird dieses Nein jedoch auch zur Möglichkeit seiner selbst generalisiert und mit einer Form ausgestattet, die es erlaubt, das System im System zu negieren. Jede Gesellschaft operiert in diesem Sinne dialektisch. Sie schließt das Ausgeschlossene ein, um es als Ausgeschlossenes fallweise nutzen und wieder ausschließen zu können. Das generalisierte Nein ist keine Philosophie. Es muss in der Gesellschaft allgemein verfügbar sein und praktiziert werden, um das System insgesamt erreichen zu können. Es ist auch nicht erst eine Errungenschaft der modernen Buchdruckgesellschaft, obwohl diese es mit der Dauerpraxis des kritischen Vergleichs perfekt beim Wort zu nehmen scheint. Nein, es muss jeder Gesellschaft zur Verfügung stehen und es muss in der modernen Buchdruckgesellschaft auch dieser Dauerpraxis gelten.

Gibt es also neben der Struktur-, Kultur-, Integrations- und Reflexionsform jeder Medienepoche der Gesellschaft auch eine Negationsform? Erneut kann diese Frage nur in der Form einer These erprobt und beantwortet werden. Die Form der These schließt den Widerspruch ein, den die These ausschließt. Änderungen der These müssen daher, wie im vorliegenden Fall, in Kauf genommen werden.[312] Sie suchen neuen Widerspruch.

[310] White, *Identity and Control*; Maren Lehmann, *Theorie in Skizzen*, Berlin 2011, S. 72ff.

[311] Luhmann, *Die Gesellschaft der Gesellschaft*, S. 456ff.

[312] 2011 hatte ich noch den Rausch, die Korruption, die Kritik und die

Die Negationsform der Stammesgesellschaft ist der Rausch. Der Rausch negiert das mit der Sprache auftretende Referenzproblem. Er ist, was er ist. Zugleich jedoch dramatisiert er das Referenzproblem, indem er die Menschen wie von außen, obwohl nur dank ihrer körperlichen Beteiligung, erfasst. Der Rausch ist Gesellschaft im Zustand ihres Zusammenbruchs wie restlosen Erfüllung. Die Paradoxie, die damit auftritt, wird in den tribalen Gesellschaften kontrolliert, indem der Rausch Beobachter voraussetzt, die sich ihm nicht hingeben.[313] Die einen berauschen sich durch Drogen, Musik und Tanz; die anderen sitzen um sie herum und schauen ihnen zu; Dritte, die Ältesten, überwachen die Inszenierung. Wer kontrolliert wen? Das Ritual des Rausches ist Gesellschaft im Zustand ihrer Negation. Es wird kommuniziert, dass nicht mehr kommuniziert wird. Der Zustand geht vorüber, alles ist so, wie es vorher war, doch man hat, so stelle ich mir das vor, sowohl den Schrecken erlebt, wenn jemand scheinbar die Kontrolle über sich verliert, als auch den Zusammenhalt erlebt, den der Stamm dem Ritual verleiht, und nicht zuletzt den Mut gefunden, die eigenen Beiträge zur Kommunikation bei Bedarf leicht außerhalb des Gewohnten zu plazieren.

Die Negationsform der antiken Hochkultur ist das Gute, Wahre und Schöne oder auch, wenn man so will, das Ideal, dem nichts in der Gesellschaft entspricht, auf das jedoch alles Streben der Menschen, so unerreichbar es ist, zielt. Auf sie zielt die

---

Posse als die Negationsformen der jeweiligen Medienepoche angenommen. Doch die Posse, die kleine, schlagkräftige Einheit, die freibeuterisch durch politische, industrielle oder wissenschaftliche Netzwerke zieht, ist eher die ultimative Affirmationsform der nächsten Gesellschaft, die Kritik ist operative Grundbedingung der modernen Gesellschaft und die Korruption ist zwar der Gegenbegriff zur Perfektion, aber schon deswegen viel zu sehr Beschreibung der Wirklichkeit, um als Negationsform zu überzeugen.

[313] Hans Peter Dürr, *Traumzeit: Über die Grenze zwischen Wildnis und Zivilisation*, Frankfurt am Main 1978.

Liebe des Menschen, verführt durch das Schöne, doch erfüllt erst in der Glückseligkeit der Erkenntnis des Guten (der Tugend, der Verantwortung).[314] Das ist bereits eine Figur des Wiedereintritts des Ausgeschlossenen in die Gesellschaft, doch wird sowohl die Paradoxie als auch der Medienbezug (auf die Schrift) dadurch markiert, dass die Glückseligkeit mit Unsterblichkeit (im Ruhm) assoziiert wird. Das Gute, Wahre und Schöne ist den Göttern vorbehalten, im Wissen darum jedoch auch den Menschen geschenkt. Dämonen wie Eros, der das Schöne liebt und in ihm das Gute zeugt, vermitteln zwischen Göttern und Menschen. Diese Negationsform kennt keinen Bezug auf Vergangenheit, Gegenwart und Zukunft. Sie ist außerweltlich verankert und steht dort in der Form einer generalisierten Reflexion auf die Welt und ihre Unvollkommenheit, ihr Unglück und ihr Versprechen zur Verfügung. Sie orientiert sich an der Schrift und deren Unsterblichkeitshorizont und setzt von dort aus jede Gegenwart unter die doppelte Belastung eines Strebens, das nur hier und jetzt stattfinden kann, und eines Ungenügens jeder konkreten Form des Erfolgs. Die Antike, zumindest die griechische Antike, reflektiert sich in der Form einer dem Ideal nicht entsprechenden Wirklichkeit. Erneut steht ein generalisiertes Nein zur Verfügung, das in jeder konkreten Situation genutzt werden kann, um vom Erwarteten zugunsten des dennoch nicht Erwartbaren abzuweichen.

Erst die moderne Gesellschaft kultiviert die Negation als Negation. Die Logik trennt sich von der Rhetorik und verlangt nach einem unumwundenen, zweiwertigen, das Ja ausschließenden Nein. Sie findet es zunächst, mit Nachwirkungen bis heute, in der Utopie, einer Art Schrumpf- und zugleich Steigerungsform des Ideals, weil sie es erlaubt, das, was nicht möglich

---

[314] Platon, *Symposion*, 201d ff. (Sokrates' Bericht von der Lehre der Diotima).

ist, umso reichhaltiger auszuschmücken,[315] dann jedoch in der Destruktion. Die Destruktion ist, wie Walter Benjamin erkannt hat, nicht nur die Prüfung der Welt »auf ihre Zerstörungswürdigkeit«, sondern diese Prüfung im Modus heiterer Verjüngung.[316] Die Kritik wird paradox negiert, indem sie endlich beim Wort genommen wird, das heißt nicht mehr mit der Verbesserung der Zustände rechnet. Unterstreicht das Ideal die nie erreichbare Perfektion der Antike, so negiert die Destruktion die moderne Behauptung allgegenwärtiger Perfektibilität. Revolte, Rebellion, Revolution und anarchistischer Terror kennen für Täter wie Beobachter diesen Moment der »ungeheuren Vereinfachung« (Benjamin) der Welt im Moment ihrer Prüfung. Die Kritik wird für überflüssig erklärt, indem ein Zustand hergestellt wird, der in seiner Eindeutigkeit und Unüberbietbarkeit jede Kritik, zumindest für den Moment, erübrigt. Das hat noch etwas vom Rausch, das nimmt nach wie vor Anleihen beim Ideal, attackiert die moderne Gesellschaft jedoch dort, wo es am meisten schmerzt, am Punkt der Negation ihrer Verbesserbarkeit. Und auch das ist, so seltsam es klingt, im Alltag der Gesellschaft brauchbar. Im Alltag der Gesellschaft wird auf die Zerstörung verzichtet, doch ebenso sehr auf die Verbesserung. Man nimmt die Gesellschaft und einzelne ihrer Formen hin und weiß, dass dies keine Resignation, sondern die eigentliche Ablehnung ist. Aus der Perspektive dieser Negation erscheint die moderne Gesellschaft als ihr eigener Stillstand, als »System« von Herrschaftsinteressen, an dem nicht zu rütteln ist, in dem jedoch nicht darauf verzichtet werden kann, es ab und an als solches zu markieren.

---

[315] Wilhelm Voßkamp (Hrsg.), *Utopieforschung: Interdisziplinäre Studien zur neuzeitlichen Utopie*, 3 Bde., Stuttgart 1982; ders., *Emblematik der Zukunft: Poetik und Geschichte literarischer Utopien von Thomas Morus bis Robert Musil*, Berlin 2016.

[316] Walter Benjamin, »Der destruktive Charakter«, 1931, in: ders., *Denkbilder*, Frankfurt am Main 1974, S. 96-98.

Die Destruktion bleibt auch in der nächsten Gesellschaft attraktiv, wie der Terrorismus belegt, doch als Negationsform verliert sie an Plausibilität, weil das Netzwerk jede Verletzung kompensieren kann. Der Terrorismus behauptet sich als Negationsform der Politik und als Faszination der Massenmedien, doch reicht er kaum darüber hinaus. Dem Kontrollüberschuss der nächsten Gesellschaft hat er nichts entgegenzusetzen. Er wird registriert und protokolliert wie jedes andere Ereignis auch, provoziert Umwege und Reparaturen und regt politische Gegenmaßnahmen im Bereich der Überwachung an, die andernfalls nicht legitimiert werden könnten. Die nächste Gesellschaft kann nur dort negiert werden, wo es gelingt, sich den Registern und Protokollen zu entziehen beziehungsweise eine Form der Kommunikation zu entwickeln, die manipulationsfest durch Register und Protokolle nicht verändert, ja noch nicht einmal erreicht werden kann. Hartmut Rosa scheint hier intuitiv richtig zu liegen:[317] Nur dort, wo auf jede Resonanz verzichtet wird, wird erfolgreich negiert. Das Ressentiment ist die dafür angemessene Form. Zurecht wird seine jüngere Karriere aufmerksam verfolgt und werden seine Anfänge auf das späte 18. Jahrhundert datiert.[318] Rousseau gewann aus dem Ressentiment eine Form der Kulturkritik, die durch kein Argument vom Gegenteil überzeugt werden kann, weil seine Beobachtung der Kultivierung von Bedürfnissen in der wechselseitigen Beobachtung am Hofe und in der Stadt einen der Mechanismen der Gesellschaft selbst aufgedeckt hat.[319] Noch Max Horkheimer und Theodor W. Adorno werden dies in ihrer Kritik der Kulturindustrie als Massenbetrug aufgreifen und aus der Unmöglichkeit, sich den Unterhaltungs-

---

[317] Rosa, *Resonanz*.

[318] Mishra, *Das Zeitalter des Zorns*.

[319] Jean-Jacques Rousseau, »Über Kunst und Wissenschaft: Discours sur les Sciences et les Arts«, 1750, in: ders., *Schriften zur Kulturkritik*, Hamburg 1983, S. 1-59.

angeboten der Massenmedien zu entziehen, den Schluss ziehen, dass es aus dieser verwalteten Welt kein Entrinnen gibt.[320] Jean Baudrillard hat dem, wie bereits zitiert, das Argument der schweigenden Mehrheiten als schwarzes Loch aller Kommunikationsangebote entgegengesetzt.[321] Doch diese Mehrheiten schweigen nicht mehr, sie entwickeln Ressentiment. Sie reagieren nicht nur indifferent und unbelehrbar auf Kommunikationsangebote einer öffentlichkeitswirksamen Gesellschaft, sondern verstockt ablehnend, sich selbst und die Gesellschaft »an Leib und Seele vergiftend«, wie Friedrich Nietzsche die Wirkung des Ressentiments beschrieben hat.[322]

Daran brechen sich die Register und Protokolle der elektronischen und digitalen Medien. Das Ressentiment lässt sich nicht kontrollieren und es selbst gibt jede Kontrolle auf. Es hat noch etwas vom Rausch, obwohl ohne die Helligkeit des nüchternen Alltags. Es hat noch etwas vom Ideal, doch ohne sich irgendetwas darunter vorstellen zu können. Und es hat noch etwas von der Destruktion, doch ohne auch nur einen Funken Heiterkeit. Es ist stumpf und dumpf und negiert in dieser Form sowohl die feinste als auch die gröbste Einstellung von Granularität, jede Art von Information und Nicht-Information.

[320] Max Horkheimer und Theodor W. Adorno, *Dialektik der Aufklärung: Philosophische Fragmente*, Frankfurt am Main 1969, S. 128ff.

[321] Baudrillard, *Im Schatten der schweigenden Mehrheiten oder das Ende des Sozialen*.

[322] Friedrich Nietzsche, *Menschliches, Allzumenschliches: Ein Buch für freie Geister*, 1878, *Werke I*, Frankfurt am Main 1969, S. 435-1008, Aph. 60.

21. Der Sport im Plan des Menschen

Der Sport der nächsten Gesellschaft reizt hart an der Schwelle zum Doping und zur Prothese die Plastizität des menschlichen Körpers aus. In kleinste Einheiten zerlegt, um statistisch vielfältig ausgewertet werden zu können, geht es um Wettbewerbe in Wettbewerben in Wettbewerben. Noch immer jedoch begegnet der Sportler unvermeidlich auch sich selbst.

Der Sport ist ein Symptom. Letztlich geht es um den Körper, das Leben, den Menschen, das Tier und die Pflanze. Es geht um das Paradox einer Plastizität, deren Eigengesetzlichkeit gezüchtet werden kann. Es geht um kulturelle Eingriffe in natürliche Prozesse und ein natürliches Verständnis kultureller Prozesse. Spätestens dann, wenn Kulturtechniken ins Spiel kommen, wird eine trennscharfe Unterscheidung zwischen Natur, Kultur und Technik fragwürdig. In seiner Auseinandersetzung mit der hermeneutischen Überschätzung von Kultur und einer mechanistischen Unterschätzung von Natur hat Jakob von Uexküll den Begriff des Plans eingeführt, der darüber Auskunft gibt, in welchem Verhältnis die Autonomie des Lebens zu den Umwelten steht, in denen dieses Leben sich bewegt und bewährt.[323] Der Plan ist die Einheit der Differenz von Lebewesen und Umwelt, angefangen bei der lebendigen Zelle und deren Umwelt. Das Verhalten von Lebewesen orientiert sich an Plänen, an Karten ihrer Verhaltensmöglichkeiten, nicht an Zielen. Ziele sind Episoden innerhalb von Plänen.

In der Stammesgesellschaft kennt man den Sport allenfalls als Spiel und Übung, ebenso flüchtig wie ewig wiederkehrend in seiner jeweiligen Gegenwart. In der Antike wird er zum Wettbe-

---

[323] Jakob von Uexküll, *Theoretische Biologie*, 1920, Frankfurt am Main 1973; ders. und Georg Kriszat, *Streifzüge durch die Umwelten von Tieren und Menschen*, 1934, Hamburg 1956.

werb um die Vollkommenheit des menschlichen Körpers, angereichert mit einem Gedächtnis der eindrucksvollsten Darbietun-
gen. In der Moderne tritt er in den Dienst einer durch Training
steigerbaren Leistung, kritisch verfolgt mit Blick auf Technik,
Motivation, Teamspiel und verbotenes Doping. Obwohl Pferde,
Elefanten und Kamele eine Rolle spielen können, geht es in allen
drei Medienepochen primär um die Ausdifferenzierung des
menschlichen Körpers, seine »nackten« Leistungen gemäß
seinem eigenen Plan. Kraft und Schnelligkeit, Sprungkraft und
Geschicklichkeit feiern den Menschen, wie er ist, wenn er
ausreizt, was er kann. Das gilt nach wie vor, doch die nächste
Gesellschaft greift in dieses Interesse tiefer ein als jede zuvor.
Elektronische und digitale Medien stellen sich umfassend in den
Dienst des Sports. Zeitung, Rundfunk und Fernsehen berichten
ausführlich, hautnah und dramatisch. Jede Leistung wird gemessen, gezählt und statistisch bewertet. Man kann Spiele gewinnen, aber auch Torschützenkönig werden. Eine ganze Industrie
hat sich darauf spezialisiert, die Voraussetzungen und Umstände verschiedener Sportarten so zu regeln, dass man nicht
vorher schon weiß, wer gewinnt (Ausnahmen bestätigen die Regel), denn dann verlören Drama und Statistik massiv an Interesse.[324] Geräte, Bahnen, Kleidung und Nahrung werden mit
Mitteln der Erhebung und Berechnung von Daten optimiert. Elektronische Wettmöglichkeiten begleiten jede Auffälligkeit, auf die
sich wetten lässt, und produzieren neue Daten, dieses Mal das
Publikum betreffend, das längst auch über Einschaltquoten und
einen Volkssport, aus dem das Self-Tracking nicht mehr wegzu-
denken ist, Teil des Spiels geworden ist. Der Behindertensport
droht dank raffinierter Prothesen, der nackten Eigenständigkeit
des menschlichen Körpers den Rang abzulaufen. Es fehlt nur

---

[324] Eric A. Leifer, *Making of the Majors: Transformation of Team Sports in America*, Cambridge, MA 1995.

noch, dass sich die Maschinen auch in die Strategie und Taktik des Mannschaftssports einmischen.

Der Plan des menschlichen Körpers verschiebt sich ins Artifizielle und trifft dort nicht etwa auf die pure Technik, sondern auf eine Limitationalität dieses Körpers, die umso interessanter ist, als sie modifizierbar ist. Man sucht den Vergleich: mit der Haut der Haifische, der Sprungkraft der Frösche, dem Energiehaushalt des Zugvogels, der Kampfmoral der Löwin oder dem Jagdgeschick des Wolfsrudels. Diese Vergleiche sind alles andere als neu, doch werden sie zunehmend nicht auf der Ebene lehrreicher Differenzen, sondern vergleichbarer Pläne studiert. Auch das ist nicht neu, verwandelte der Mensch sich doch immer schon dem Tier und der Pflanze, etwa dem biegsamen Bambus oder der standhaften Eiche, an, wenn es darum ging, der eigenen Möglichkeiten gewahr zu werden. Neu ist die granulare Ebene der Auswertung dieser Vergleiche. Neu ist das Ausmaß der wechselseitigen Verblendung von Natur, Kultur und Technik. Neu ist der weitgehende Verzicht auf eine Ontologie, die glaubt, sich sicher sein zu können, wo die Unterschiede zwischen Mensch, Tier und Pflanze zu finden sind – so sehr das Interesse am Unterschied selbst erhalten bleibt.

Den Plan ernst zu nehmen, heißt auch, nach der Art und Weise zu fragen, wie die autonome Zelle, das autonome Organ, der autonome Körper ihre Differenz zur Umwelt jeweils meistern. Fragen des Energiehaushalts sind das eine, emotionale, mentale und soziale Stressmomente ein anderes. Hinzu kommen Fragen nach Kulturtechniken der Synchronisation,[325] die nicht nur die Ungleichzeitigkeit zwischen Zelle, Organ, Organismus und Gesellschaft in den Blick nehmen, sondern untersuchen, wie

---

[325] Christian Kassung und Thomas Macho (Hrsg.), *Kulturtechniken der Synchronisation*, München 2013; Niklas Luhmann, »Gleichzeitigkeit und Synchronisation«, in: ders., *Soziologische Aufklärung 5: Konstruktivistische Perspektiven*, Opladen, 1990, S. 95-130.

diese Ungleichzeitigkeit als Moment der Komplexität in der Interaktion autonomer Einheiten bewältigt wird. Weniger der Sport als vielmehr die Neurowissenschaften werden hier paradigmatisch. Die schon frühe Entdeckung der Neurowissenschaften, dass das Gehirn im Modus des induktiven Schlusses, der Vorhersage auf der Basis des eigenen Gedächtnisses arbeitet,[326] bedeutet, dass Schnelligkeitsprobleme auftreten, die in einer gesellschaftlichen Evolution, die Körper, Gehirn und Bewusstsein des Menschen Zeit gab, die passenden eigenen Rhythmen auszuarbeiten, gut bewältigt wurden, angesichts der elektronischen und digitalen Medien jedoch vor einer neuen Herausforderung stehen. Man fragt sich nicht nur, welche heilsamen Effekte die Desynchronisation von Gehirn, Bewusstsein und Kommunikation hat, sondern man fragt sich auch, wie funktional diese Synchronisation in der Auseinandersetzung mit in Lichtgeschwindigkeit operierenden, rechnenden, verknüpfenden und Ergebnisse produzierenden Maschinen ist.

Die Desynchronisation ist insofern heilsam, als ein unvergleichlich schnelleres Gehirn soziale Praktiken unterstützt, die nicht darauf warten müssen, dass auch das Bewusstsein begreift, worum es geht. Insbesondere die wechselseitige Wahrnehmung unter den Menschen reagiert im Zehntelsekundentakt (wenn nicht schneller) auf Mimik, Gestik, Gerüche und Tonfälle, die das Bewusstsein nicht mitbekommt und die dennoch (und vielfach nur so) das eigene Verhalten ändern. Nie war die Unterscheidung der Soziologen zwischen Handeln (sinnhaft) und Verhalten (reflexiv) aufschlussreicher. Gleichzeitig (!) ist das Bewusstsein nach allem, was man weiß, schneller als die verbale Kommunikation, so dass hier erneut ein Reaktionspotential

---

326 Hermann von Helmholtz, *Handbuch der physiologischen Optik*, Hamburg 1896; Vernon B. Mountcastle, *Perceptual Neuroscience: The Cerebral Cortex*, Cambridge, MA 1998; Chris Frith, *Making Up the Mind: How the Brain Creates Our Mental Worlds*, London 2007.

bereitgestellt wird, das die Aktualität der Kommunikation übersteigt und nur in dieser Form in der Lage ist, die mit jeder Sequenz mitlaufende Komplexität der Kommunikation (auch der andere denkt mit) zu meistern.

EXKURS: DIE UNGEDULD

Ich will nicht ausschließen, dass die Faszination des Sports damit etwas zu tun hat, dass hier die Synchronisation der zeitlich entkoppelten Einheiten von Wahrnehmung, Verhalten und Kommunikation besonders augenfällig wird. Sie wird deswegen augenfällig, weil es hier in einem maximalen Sinne auf Wahrnehmung ankommt, Wahrnehmung unter den Spielern und Wahrnehmung der Spielzüge durch das Publikum. Ich will auch nicht ausschließen, dass das Interesse am Sport wie am Volkssport steigt, weil hier nach mehr oder minder festen Regeln und für begrenzte Zeiträume Körper, Bewusstsein und Kommunikation besser integriert werden als andernorts. Wer läuft oder Fußball spielt oder eine Radtour macht, befindet sich in einem Einklang mit sich selbst, der vom Wechsel zwischen Anstrengung, Ermüdung und Entspannung bestens gefördert wird. Worauf ich hinaus will, ist das meines Erachtens neuartige Phänomen der Ungeduld.

Talcott Parsons hat in seiner Handlungstheorie darauf hingewiesen, dass auf den verschiedenen Ebenen des Handlungssystems sowohl der Organismus des Menschen als auch seine Persönlichkeit an jeder Handlung mit Erwartungsstrukturen (einem Gedächtnis und daraus folgenden induktiven Schlüssen) beteiligt sind, die Parsons auf den Begriff der Zielorientierung (goal-attainment) bringt.[327] Diese Zielorientierung ist

---

[327] Talcott Parsons, »Some Problems of General Theory in Sociology«, in: ders., *Social Systems and the Evolution of Action Theory*, New York 1977, S. 229-269.

Element des Plans, von dem von Uexküll gesprochen hat. Sie ist entweder instrumentell auf eine zukünftige Situation oder vollziehend (consummatory) auf den gegenwärtigen Akt bezogen, doch nie abwesend. Dieses Konzept war mitverantwortlich für die Ablehnung der Handlungstheorie von Parsons unter seinen Zeitgenossen, weil man die Zielorientierung, darauf habe ich schon hingewiesen, teleologisch und nicht teleonomisch interpretierte. Ich denke jedoch, dass es höchste Zeit ist, dieses Konzept wiederzuentdecken, weil es zu beleuchten vermag, an welchen sozialen, kulturellen und technischen Prozessen sich ein Mensch, plastisch wie er ist, beteiligen kann und an welchen nicht. Er kann sich nur an den Prozessen reflexiv und sinnhaft beteiligen, die ihm instrumentell und im Vollzug einleuchten; alle anderen zwingen ihn zu einer reflexhaften (nicht-reflexiven) Passivität, wenn er ihnen nicht ganz aus dem Weg geht. Man hat das unter Stichworten wie Entfremdung und Erschöpfung immer wieder notiert, doch nur selten als Problem der Synchronisation asynchroner Prozesse beschrieben.

Die neue Ungeduld macht dies schlaglichtartig deutlich. Zu seiner eigenen Überraschung und Befremdung ist der Mensch fähig, zumindest mit den elektronischen und digitalen Effekten zurande zu kommen, die ihm die Rechner gegenwärtig auf die Bildschirme zaubern. Er kann sich dafür, so würde ich vermuten, auf sein organisches und neuronales Gedächtnis verlassen, das schneller ist als das bewusste und kommunikative. In seiner Praxis der Beschäftigung mit Computern, Tablets und Smartphones, mit Videospielen, Apps und digitalen Plattformen eilt der Mensch seinem mentalen und sozialen Verstehen voraus. Er lernt es und kann es, ohne wissen zu müssen, wie ihm geschieht. Fatal ist daran, dass die elektronischen und digitalen Medien erstmals auch die Kommunikation in einem Maße beschleunigen, dass das Gehirn voll absorbiert wird, das Bewusstsein jedoch nun auch gegenüber der Kommunikation ins Hintertreffen gerät. Fatal ist daran, dass sich das Bewusstsein im Umgang mit den neuen Medien ausschaltet und in den Flow, zuweilen auch in die Sucht begibt und gegenüber allen anderen Medien ungeduldig wird. Das Warten dauert zu lange, das Reisen wird zur Belastung, die Langeweile wird nicht mehr ausgehalten, jede Dienstleistung zu einer Strapaze für die Nerven. Man ist anderes gewohnt und muss sich mehr oder minder mühsam in einen Geisteszustand versetzen, der sozialen Rhythmen angemessen ist, die nicht elektronisch und digital vermittelt sind. Auch dabei hilft der Sport, der das Abschalten übt. Es helfen Wellness-Praktiken, in denen man etwas für seinen Körper tut, während das Gehirn mit dessen Entspannung beschäftigt wird. Es helfen Praktiken der Aufmerksamkeit, die innerhalb und außerhalb von Organisationen trainiert werden können. Es hilft überhaupt Training mehr als Erziehung, weil das Training den Körper erreicht, die Erziehung, insofern sie nicht auch Training ist, nur den Verstand.

Dennoch ist all das relativ neu. Man kennt ähnliche Schocks für das Bewusstsein nur aus dem 18. Jahrhundert der Empfindsamkeit, als das Bewusstsein vielleicht erstmals die Unterkomplexität der Kommunikation erfährt,[328] und aus dem 19. Jahrhundert der Urbanisierung, auf die die überforderten Kopplungen zwischen Gehirn und Bewusstsein mit Hysterie und Ohnmacht reagieren und nur durch die Entdeckung des Unbewussten und das Kino beruhigt werden können.[329] Die Ungeduld hat etwas Gutes. Sie macht Phänomene der Synchronisation asynchroner Prozesse beobachtbar. Sie erschließt, was sich im Plan des Menschen ändert. Nicht von der Hand zu weisen ist die Gefahr, dass die Weiterentwicklung der elektronischen und digitalen Medien darauf eine größere Rücksicht zu nehmen beginnt und auch hier an einem nahtlosen, infra-dünnen Design zu arbeiten

---

[328] Georg Stanitzek, *Blödigkeit: Beschreibungen des Individuums im 18. Jahrhundert*, Tübingen 1989.

[329] Maurice Merleau-Ponty, »Le Cinéma et la Nouvelle Psychologie«, in: ders., *Sens et Non-Sens*, Paris 1947, S. 85-106.

beginnt, wie es sich im Internet der Dinge vielfach bereits andeutet. Dann verliert der Plan des Menschen im Plan der Maschinen an Kontur. Auch dagegen hilft vielleicht eine verschärfte Aufmerksamkeit auf die Welt der Pflanzen und Tiere, deren Plan ein anderer ist als der der Menschen und der der Maschinen. Der Begriff des Plans hilft, diese Differenzen im Auge zu behalten und aufeinander zu beziehen, wo immer es möglich ist. Er hat eine leicht aristotelische Note, aber davor schützt die Erkenntnis der Plastizität aller Lebewesen.

22. DER TOD ALS LÖSCHVORGANG

Der Tod ist in der nächsten Gesellschaft nicht mehr der Abschied zu den Ahnen, nicht mehr der Platzwechsel aus dem Diesseits ins Jenseits und auch nicht mehr das finale Gleichgewicht, dem keine Unwahrscheinlichkeit mehr abgetrotzt werden kann, sondern ein unvollständiger Löschvorgang, der Spuren hinterlässt, die zu keiner Einheit mehr zusammengesetzt werden können.

Von Giambattista Vico stammt die Beobachtung, dass alle Völker und Kulturen, die er in den Bibliotheken Neapels studiert hat, drei Dinge gemeinsam haben: sie haben eine Religion, das heißt irgend eine Art von Gottesfurcht, sie schließen ihre Ehen in feierlicher Form und sie begraben ihre Toten.[330] Die Rede vom Begräbnis ist nicht wörtlich zu nehmen; sie schließt die Feuer-, See- oder Luftbestattung ein. Entscheidend ist, dass die Toten aus der Gemeinschaft der Lebenden verabschiedet werden und dass dieser Abschied, begangen von den Lebenden, sich mindestens so sehr an die Lebenden wie an die Toten richtet. Für die Erfahrung von Gesellschaft ist dies ein unüberbietbarer Moment. Wenn Gesellschaft daraus entsteht, dass Anwesende

---

[330] Vico, *Die neue Wissenschaft*, S. 126.

lernen, mit Abwesenden zu rechnen, dann ist der Tote, dessen Leichnam bestattet wird, anwesend und abwesend zugleich.[331] Das ist als Einheit der Differenz von Anwesenheit und Abwesenheit der Höhepunkt der Gesellschaft im Moment ihres Zusammenbruchs. Der Leichnam ist eindeutig adressierbar, aber er hat jede Unabhängigkeit verloren, die ihn zu einer Antwort befähigen würde. Er ist bloße physische Umwelt der Gesellschaft, trägt aber noch immer das Bild dessen, der ansprechbar ist.[332] Niemand weiß, wie ihm dabei geschieht. Der bewusste Gedanke scheitert an der Paradoxie und flieht in die Emotion, die zwangsläufig zwischen Trauer nicht nur um den Toten, sondern auch um den eigenen sterblichen Leib, auf der einen Seite und Heiterkeit, man lebt ja noch und erinnert sich des Lebens des Toten, auf der anderen Seite oszilliert.

Für die tribale Gesellschaft ist die Herausforderung maximal. Sie muss in den Ritus ausweichen, um dem Moment eine Dauer zu geben, die ihn als Übergang erlebbar macht. Weniger der Tote als vielmehr die Lebenden werden rituell dabei begleitet, mit der Erfahrung fertig zu werden, dass kein Wort, kein Blick den abwesenden Anwesenden erreicht, kein Wort, kein Blick von ihm mehr ausgeht. Die Erfahrung ist so einschneidend und wird so eindeutig als Erfahrung von Gesellschaft oder Gemeinschaft erlebt, dass sich umbringt, wer sich, verbannt aus dem Kollektiv, in dieser Situation bereits glaubt.[333] In der antiken Gesellschaft

---

331 Thomas Macho, »Tod und Trauer im kulturwissenschaftlichen Vergleich«, in: Jan Assmann, *Der Tod als Thema der Kulturtheorie: Todesbilder und Totenriten im Alten Ägypten*, Frankfurt am Main 2000, S. 89-120; vgl. ders., *Todesmetaphern: Zur Logik der Grenzerfahrung*, Frankfurt am Main 1987.

332 Ebd., S. 100.

333 Marcel Mauss, »Über die physische Wirkung der von der Gemeinschaft suggerierten Todesvorstellung auf das Individuum (Australien und Neuseeland)«, 1926, dt. in: ders., *Soziologie und Anthropologie*, Bd. 2, Wiesbaden 2010, S. 175-195, hier: S. 179.

entspannt sich die Lage. Für sie hat alles im Kosmos seinen Platz, auch der Tote. Das Reich der Ahnen, das bereits für die Stammesgesellschaft existiert (in der Form der Erinnerung an unvordenkliche Ursprünge), wird zum Reich der Toten erweitert. Auch hier ist ein Übergang zu bewältigen, doch kann man sich diesen als Reise vorstellen. Die Toten werden mit Proviant ausgestattet; bei Bedarf wird ihnen ihr Lieblingspferd oder, wenn männlich, ihre Lieblingsfrau mit auf den Weg gegeben; und sie werden gebeten, anderen bereits Toten Botschaften zu überbringen. Die Lebenden wissen, man wird sich wiedersehen, auch wenn es sein kann, dass der Fluss des Vergessens jede Erinnerung gelöscht hat. Unter Umständen ist das das Paradies. Dann ist die Hölle der Ort, an dem ein Vergessen nicht möglich ist. Die Lebendigen hingegen haben die Wahl. Sie können sich erinnern und sie helfen sich dabei, indem sie den Toten rühmen, ihm Denkmäler widmen, über ihn Geschichten erzählen; sie können es aber auch lassen. Lebendig zu sein, heißt, sich erinnern und vergessen zu können. Wer tot ist, kann nur hoffen, ewig erinnert zu werden, muss jedoch das Gegenteil befürchten. Wenn man so will, verschwimmt in dieser Gesellschaft der Ort, an dem man sich aufhält, sei es tot, sei es lebendig, in der Zeit, bis umgekehrt auch die Referenz auf die Zeit, in der Schrift noch so gewiss, in Gesellschaft disponibel, wenn nicht sogar fraglich wird. In dieser Form markiert auch jetzt der Tod das Ende der Gesellschaft.

Die Moderne ergänzt diese Form des Umgangs mit dem Tod durch eine biologische Referenz. Der Tod ist eine Funktion des Lebens. Das thermodynamische Ungleichgewicht, in dem der lebende Körper sich gehalten hat, bricht zusammen und man wird Teil der unausweichlichen Entropie, brauchbare Energie allenfalls für die, die trauern oder aufatmen (von den Würmern nicht zu reden). Zugleich entdeckt das Individuum, dass es sich, lebendig und bewusst, wie es ist, den eigenen Tod nicht vorstellen kann. Es sind die anderen, die um meinen Tod wissen, und deren Blick mir davon kündet.[334] Nichts treibt die Differenz von Individuum und Gesellschaft schärfer hervor. Wenn nirgendwo anders, dann kann spätestens hier das Nein gegenüber beiden Seiten, dem Individuum wie der Gesellschaft, sicher verankert werden. Doch es hilft ja nicht. Je schärfer ich mir meines Todes bewusst zu werden gezwungen bin, desto unausweichlicher ist dieses Schicksal. Wer jetzt noch kritisch bleibt und glaubt, auf einen technologischen Fortschritt setzen zu können, der die eigene Unsterblichkeit garantiert, hat entweder nicht verstanden, dass auch die kritische Gesellschaft einen Ruhepunkt braucht, an dem noch nicht einmal das Einverstandensein artikuliert zu werden braucht, oder befindet sich bereits auf dem Weg in die nächste Medienepoche.

Denn die nächste Gesellschaft kann sich einen Zerfall, dem kein Wiederaufbau folgt, nicht vorstellen. In den elektronischen und digitalen Medien ist der Löschvorgang, als den Gregory Bateson den Tod beschrieben hat, identisch mit dem Zusammenbruch des Regelkreises, der die Autonomie des Lebens begründet.[335] Warum soll nicht, was hier gelöscht wird, an anderer Stelle wieder aufgebaut werden? Bateson ist zu sehr Biologe, um sich die zu lange erhaltene Autonomie des Lebens nicht zugleich als einen toxischen Vorgang vorzustellen, der Körper, Bewusstsein und Gesellschaft vergiftet und irgendwann aus der Welt geschafft werden muss: »Die Tafel, auf der sich all die Informationen sammeln, muss abgewischt werden, und die schöne Schrift darauf muss sich in zufälligen Kreidestaub verflüchtigen.«[336] Für den Elektroingenieur und Informatiker ist dieser Gedanke pure Romantik. Es kann gar nicht genug Daten geben,

---

[334] Jean-Paul Sartre, *Das Sein und das Nichts: Versuch einer phänomenologischen Ontologie*, 1943, Reinbek b. Hamburg 1991, S. 929.

[335] Gregory Bateson, *Geist und Natur: Eine notwendige Einheit*, 1979, dt. Frankfurt am Main 1982, S. 161f.

[336] Ebd., S. 255.

aus denen Information und Wissen gewonnen wird, und für die toxischen Effekte hat man seine Filter. Negativität kommt in diesem Verständnis von Technizität nicht vor.[337] Jedes Datum ist positiv, auch der Tod, der nicht mehr symbolisch mit dem Leben verrechnet wird, sondern bloße biochemische Faktizität ist.[338] Zur größten Sorge wird, was aus unseren Daten wird, wenn wir sterben. Wie kann man sie mit einem (positiven) Index versehen, dass sie die Daten eines Toten sind? Wie kann man unsere digitalen Spuren so markieren, dass jeder sieht, dass sie nirgendwo hinführen? Schlimmer noch, macht es einen Unterschied, ob es die Spuren eines Lebenden oder eines Toten sind, wenn es doch nur darauf ankommt, welche Muster der Interpretation sie nahelegen? Gut, bewerben kann man die Toten nicht mehr und überwachen muss man sie auch nicht mehr, aber das entwertet Spuren nicht, die von ihnen ebenso wie von anderen stammen können.

Der Tod wird in der nächsten Gesellschaft zum Unding. Er bleibt uns biologisch erhalten, doch elektronisch und digital macht er nur den Unterschied eines weiteren Datums. Der Bezug zur menschlichen Stimme, in Schrift und Buchdruck bereits locker genug, löst sich weiter auf. Die Schriftgesellschaft hatte die Stimme durch die Autorität, die Buchdruckgesellschaft durch das Argument ersetzt und so in gewisser Weise erhalten, die elektronischen und digitalen Medien ersetzen sie durch die bloße Verknüpfung, die auch dann zählt, wenn sie fehlt. In den Datenspuren, die elektronisch und digital jetzt noch zählen, wird die Differenz zwischen Sprache und Stimme, entscheidend nicht zuletzt für die Arbeit der Negation,[339] zum indifferenten Gegenstand der

---

[337] Simondon, *Die Existenzweise technischer Objekte*, S. 67.

[338] Jean Baudrillard, *Der symbolische Tausch und der Tod*, 1976, dt. München 1982, S. 251f.

[339] Giorgio Agamben, *Die Sprache und der Tod: Ein Seminar über den Ort der Negativität*, 1982, dt. Frankfurt am Main 2007.

Analyse von Stimmungen,[340] die mehr oder minder verlässliche Rückschlüsse auf das erlauben, was als nächstes kommt.

Der Tod? Passiert. Seit Verdun, Auschwitz und Tschernobyl wird er massenhaft produziert und hingenommen.[341] Er wird zu einem Kollateralschaden in der Umwelt der Gesellschaft, dessen Störpotential nur auffällt, wenn er bestimmte Schwellen überschreitet.[342] Die Massenmedien, die Politik und die Medizin tun ihr Bestes, um den Tod nach Bedarf sichtbar oder unsichtbar werden zu lassen. Als Datum sind die Toten weder anwesend noch abwesend. Sie symbolisieren nichts, am wenigsten ihren Platz in der Gesellschaft. Sie haben keinerlei kritische Funktion, wie man noch dachte, als man die Geschichte auch für eine Geschichte der Toten hielt.[343] In der nächsten Gesellschaft sind die Toten der Nullpunkt der Kontrolle, weder kontrollierbar noch kontrollierend. In Einzelfällen werden sie zum Gegenstand von Nachrichten, deren Unterhaltungswert umso weniger überboten werden kann, als alle anderen unsichtbar bleiben.

---

[340] Ronen Feldman, »Techniques and Applications for Sentiment Analysis«, *Communications of the ACM* 58 (2013), S. 82-89; und siehe Bing Liu, *Sentiment Analysis: Mining Opinions, Sentiments, and Emotions*, Cambridge, MA 2015.

[341] Swetlana Alexijewitsch, *Tschernobyl: Eine Chronik der Zukunft*, 1997, dt. München 1997.

[342] Wenyuan Niu, »Social Combustion Theory: Dynamics of Social System Deterioration«, in: Jie Zhou (Hrsg.), *Complex Sciences*, Bd. 5, Berlin 2009, S. 2293-2299.

[343] Dazu Reinhart Koselleck, »Formen und Traditionen des negativen Gedächtnisses«, in: ders., *Vom Sinn und Unsinn der Geschichte*, Frankfurt am Main 2010, S. 241-253; ders., »Kriegerdenkmale als Identitätsstiftungen der Überlebenden«, in: Odo Marquard und Karlheinz Stierle (Hrsg.), *Identität*, München 1979, S. 255-276.

23. ÜBERWACHTE GESUNDHEIT

Die Gesundheit ist in der nächsten Gesellschaft die Kontingenz-formel schlechthin für die menschliche Existenz. Niemand ist je wirklich gesund, so dass jeder Identitätsmerkmale frei Haus geliefert bekommt, die jedoch umso weniger zur Identität beitragen, je deutlicher sie als Krankheitsmerkmale definiert sind, die ganze Populationen kennzeichnen.

Gesund ist man dann, wenn man nicht krank ist. Über die Krankheiten, die man hat oder nicht hat, entscheiden Beobachter.[344] Beobachter sind auf Zeichen angewiesen. Diese Zeichen variieren von Medienepoche zu Medienepoche. Jacques Attali hat eine Zeichengeschichte der Medizin geschrieben, die man als eine Mediengeschichte lesen kann, obwohl Attali anders rechnet.[345] In der Stammesgesellschaft ist die Krankheit ein Zeichen der Götter. Sie kann besprochen und mit Sprüchen besiegt werden, obwohl es nicht schadet, den Göttern mit Kräutern und Verbänden unter die Arme zu greifen. Den bösen Geistern muss man opfern, und sei es den Kranken selbst. Alles Weitere ist eine Frage der Zeit, die so sehr ihre Zeit hat wie alles andere auch. Die Antike hält den Kontakt zu den Göttern, entdeckt jedoch zusätzlich den Körper und zwar von innen und von außen, chirurgisch. Man entwickelt ein physiologisches und anatomisches Wissen, unterscheidet die körperlichen Säfte und entwickelt Lehren von gestörten und ungestörten Gleichgewichten (Lehre der Temperamente), die der Arzt mit seinen Mitteln beeinflussen, aber nicht kontrollieren kann. Der Patient kann nur selbst gesund

---

[344] Fritz B. Simon, *Formen: Zur Kopplung von Organismus, Psyche und sozialen Systemen*, Heidelberg 2018, S. 270.

[345] Jacques Attali, *Die kannibalische Ordnung: Von der Magie zur Computermedizin*, 1979, dt. Frankfurt am Main 1981: primitive Gesellschaft, Neuzeit, Zeitalter der Industrie, Zeitalter des Computers.

werden; und der Arzt muss ihm dabei helfen, ohne mehr Schaden anzurichten, als ohnehin schon der Fall ist. Das ärztliche Wissen (festgehalten etwa im Hippokratischen Eid) wird so systemisch, wie es das damalige Wissen um die kosmische Ordnung zuließ. Diese kosmische Ordnung sichert den Zusammenhalt des Ganzen, indem sie es jedem Ding, jedem Ereignis, jedem Geschehen und eben auch der Psyche und dem Körper überlässt, in einer vielfach undurchschaubaren Auseinandersetzung mit den Umständen das eigene Gleichgewicht zu finden. Systemisch zu wissen, heißt schon damals, vom Wissen auch auf ein Nichtwissen zu schließen und durch Forschung beides zu variieren.

Je mehr dieses systemische Wissen nicht nur von Ärzten, sondern auch von Hebammen, Kräuterfrauen und Barbieren in der Moderne von einer kausalistischen Wissenschaft verdrängt wird, desto mehr verschiebt sich das Beobachterwissen von den Zeichen der Körper auf die Zeichen der Maschinen. Die wichtigste Maschine ist das Krankenhaus, eine bereits antike Erfindung, die jetzt nicht mehr nur zum Schutz der Gesunden vor den Körpern der Kranken und zum Schutz der Kranken vor der Betriebsamkeit der Gesunden genutzt wird, sondern zusätzlich zum Ort des Messens von Defekten, Ansteckung und Heilungsprozessen wird. Die medizinische Differentialdiagnostik ist geradezu das Paradigma des kritischen Vergleichswissens der Moderne. Weit davon entfernt, sich auf das Messen zu verlassen, übt es zugleich den empirischen Blick. Michel Foucault hat die Verschiebungen in den Ordnungen des Sichtbaren und des Unsichtbaren beschrieben, die damit einhergehen, dass man anders und neu zu sehen, Farben, Flecken, Konsistenz als trügerische und doch signifikante Oberflächen zu werten lernt.[346] Der Kranke wird zum Patienten, der den Blick und die Maßnahmen des

---

[346] Michel Foucault, *Die Geburt der Klinik: Eine Archäologie des ärztlichen Blicks*, 1963, dt. Frankfurt am Main 1988.

Arztes zu erdulden hat, mit der Konsequenz, dass das kritische Wissen vom autoritär auftretenden Arzt monopolisiert und zum Aufbau einer Profession genutzt werden kann, die alternative Heilpraktiken verdrängt.[347] Die einschlägige Literatur, die universitäre Ausbildung, die Fachsprache, die Arbeitsteilung und technischen Apparate im Krankenhaus werden zur Drohkulisse. Hier und andernorts (im Recht, in der Religion, in der Wissenschaft, in der Politik) entstehen mitten in der kritischen Moderne Laienrollen, denen der Umgang mit kritischem Wissen erspart wird und die dies akzeptieren, weil ihnen Expertenrollen gegenüberstehen, die sich untereinander in (moderater) Kritik verbunden wissen. Die Medizin profitiert vom Latenzschutz des Wissens jedes Patienten um die Möglichkeit des eigenen Todes.

Die nächste Gesellschaft gibt die Kritik frei, weil es darauf nicht mehr ankommt. Die Expertenrollen werden abgebaut[348] und die Laienrollen zum Umgang mit nahezu denselben Daten befähigt, auf die auch die Experten zugreifen. Aus Ärzten und Patienten werden Datenproduzenten, die sich gemeinsam über die Protokolle beugen, die die Maschinen aus diesen Daten gewinnen.[349] In dem Maße, in dem der Patient wieder aktiv werden darf, ist die Frage nicht mehr nur, wie man krank wurde, sondern viel eher, wie man wieder gesund wird.[350] Dafür übernimmt

---

[347] Talcott Parsons, »Some Theoretical Considerations Bearing on the Field of Medical Sociology«, in: ders., *Social Structure and Personality*, New York 1964, S. 325-358; und Andrew Abbott, *The System of the Professions: An Essay on the Division of Expert Labor*, Chicago 1988.

[348] Ivan Illich, *Entmündigung durch Experten: Zur Kritik der Dienstleistungsgesellschaft*, Reinbek b. Hamburg 1983.

[349] Marc Berg, »Practices of Reading and Writing: The Constitutive Role of the Patient Record in Medical Work«, *Sociology of Health and Illness* 18 (1996), S. 499-524.

[350] Joëlle Kivits, »E-Health and Renewed Sociological Approaches to Health and Illness«, in: Kate Orton-Johnson and Nick Prior (eds.),

der Patient eine größere Verantwortung als der Arzt, mit der Konsequenz, dass ihm von Versicherungen, Arbeitgebern und der eigenen Familie entsprechendes Fehlverhalten (non-compliance) vorgerechnet werden kann.

Der Umgang mit Krankheit und Gesundheit bleibt auch in der nächsten Gesellschaft paradigmatisch zentral. Der Kranke erlebt sich signifikant vernetzt nicht im Sinne einer Vergrößerung, sondern einer Verdichtung und gleichzeitigen Gefährdung seines Netzwerks. Und er erlebt sich signifikant komplex, insofern jede an ihm vorgenommene Diagnose und durchgeführte Maßnahme den Körper, die Psyche, die Interaktion, die Organisation (der Arztpraxis, des Krankenhauses) und die Gesellschaft mit ihren Codes der Klassifikation und Bewertung von Krankheiten zugleich in Anspruch nimmt. Seit der Kranke nicht mehr im Bett immobilisiert wird, sondern soweit es geht seinem Alltag überlassen wird, ist die Zeit des Gesundwerdens keine Zeit der Ruhe mehr, sondern eine Zeit des Überwachtwerdens.[351] Man erfährt einiges über sich, aber noch mehr über die Gesellschaft, in der man lebt.

Digital Sociology: Critical Perspectives, London 2013, S. 213-226.

[351] David Armstrong, »Decline of the Hospital: Reconstructing Institutional Dangers«, *Sociology of Health and Illness* 20 (1998), S. 445-457.

Die Architektur der nächsten Gesellschaft ist nicht mehr nur die von Innen und Außen (die Höhle), Oben und Unten (der Palast), Erreichbar und Unerreichbar (der öffentliche und der private Raum), sondern die des Labyrinths. Optimiert wird die Redundanz des Redundanzverzichts. An jeder Ecke wird neu ausgehandelt, welche Überraschung an der nächsten Ecke zu erwarten ist.

Die Mathematik, sagt Marshall McLuhan, ist eine Erweiterung des sich im Raum orientierenden menschlichen Tastsinns.[352] Nicht nur Zählen, sondern auch Ordnen; nicht nur der Einzelne im Verhältnis zu den Vielen, sondern auch Viele im Verhältnis zu anderen Vielen; nicht nur die Summe, sondern auch der Winkel; nicht nur die Konstanz, sondern auch die Variation; nicht nur die Erfindung der Null, der Leerstelle, durch die Momente des Löschens und Ersetzens, sondern auch die Erfahrung der Unendlichkeit im Fluchtpunkt sind allesamt mathematische Operationen, die ihre Evidenz der Erfahrung des Raums verdanken. Das gilt für die Geometrie, die Arithmetik und die Algebra. Und es gilt für höhere Formen der Mathematik, die immer noch daran gemessen werden, dass sie die menschliche Anschauung strapazieren.[353] Aber es gilt auch umgekehrt. Jede Erschließung des Raums ist eine Erweiterung der menschlichen Mathematik. Edmund Husserl hatte dafür einen genauen Sinn; es lohnt sich, ihn mit McLuhan und nicht mit Jacques Derrida zu lesen.[354] Die

---

[352] McLuhan, *Understanding Media*, Kap. 11.

[353] Siehe George Lakoff und Rafael E. Núñez, *Where Mathematics Comes From: How the Embodied Mind Brings Mathematics into Being*, New York 2000.

[354] Jacques Derrida, *Die Stimme und das Phänomen: Einführung in das Problem des Zeichens in der Phänomenologie Husserls*, 1967, dt.

psychischen Akte, die erforderlich sind, um sich eine mathematische Operation vorzustellen, sind auch dann psychische Akte, wenn ihr Vorstellungsinhalt nicht anschaulich gegeben ist.[355] Zahlen verdanken sich psychischen Akten, die psychische Akte reflektieren. Die Abstraktion ist eine Vorstellung, die sich von der Anschauung unabhängig macht, um in sie zurückzukehren. Sie ist nicht der Sündenfall eines Verrats an der Lebenswelt, sondern ein Medium der Erkundung dieser Lebenswelt. Allenfalls gibt es in der Mathematik eine gewisse, vermutlich ihrerseits konstitutive Unschlüssigkeit. Vor die Wahl gestellt, ob sie den Unterschied zwischen Abstraktion und Konkretion auf der Innen- oder der Außenseite der Form in die Form wieder einführt, scheint sie zu zögern und beides zu probieren.

Aber es ist nicht nur der Raum, dem sich die Mathematik verdankt, sondern es ist zugleich auch die Gesellschaft. Wer Anwesende im Verhältnis zu Abwesenden zählen will, muss rechnen können. Wer sich innerhalb eines Raumes aufhält, muss die Vorstellung eines Außerhalb desselben Raumes haben, sicherlich nicht erst eine Erfindung des Menschen. Wer Grenzen zieht, muss sie auch überschreiten können. Wer ein Oben von einem Unten unterscheidet, kann dieselbe Operation im Oben und im Unten wiederholen und so die Große Kette der Lebewesen sowohl bilden als auch variieren.[356] Wer die Hierarchie denkt, muss das Teil sowohl als Teil des Ganzen wie auch, um Teil sein zu können, im Widerspruch zum Ganzen und somit auch das Ganze, als Teil, im Widerspruch zum Teil denken können (»hierarchische Opposition«)[357] – und wenn nicht denken, dann zumindest

Frankfurt am Main 2003.

[355] Edmund Husserl, *Über den Begriff der Zahl: Psychologische Analysen*, Halle 1887, S. 57 u. ö.

[356] Arthur O. Lovejoy, *Die große Kette der Wesen: Geschichte eines Gedankens*, 1936, dt. Frankfurt am Main 1985.

[357] Louis Dumont, *Individualismus: Zur Ideologie der Moderne*, 1983, dt.

erahnen (ein passendes Verhalten hat es längst realisiert). Wer sich einen Weg, eine Strecke vorstellt, um jemanden zu erreichen, kann sich auch Hindernisse, Abbrüche vorstellen, die jemanden unerreichbar machen. Der Geometrie der Gefühle, von der Spinoza gesprochen hat, entsprechen eine Geometrie, Arithmetik und Algebra des Raums, die aus der Erfahrung von Gesellschaft gewonnen wird.[358] Die Mathematik ist eine Projektion sozialer Verhältnisse, auch wenn uns vielfach das Bewusstsein und Wissen fehlen, die hier in Anspruch genommenen neuronalen noch eher als psychischen Operationen nachzuvollziehen.

Die Mathematik ist eine Art Kurzschluss zwischen der Anschaulichkeit des Raums und der Unanschaulichkeit der Gesellschaft. Der Raum wird unanschaulich, die Gesellschaft anschaulich, aber immer nur in Grenzen, immer nur bezogen auf die andere Seite der Differenz. Das Ergebnis ist Landschaft, Architektur, Stadt und Globus: Formen der Wiedereinführung der Differenz von Anschaulichkeit und Unanschaulichkeit auf beiden Seiten der Differenz. In der tribalen Gesellschaft dominiert architektonisch die Differenz von Innen und Außen, vielfach (fraktal) gebrochen, so dass man im Außen ein Innen (die Höhle) und im Innen ein Außen (der Mann, der Herd, die Ahnen) finden und auch dies wiederholen kann.[359] Ethnologen und Linguisten können darüber Auskunft geben, wie komplex die Grammatik einer Sprache gebaut sein muss, die sich in diesen fraktalen Beziehungen bewegt.[360] Claude Lévi-Strauss unterstreicht die

Frankfurt am Main 1990, S. 241.

[358] Davon profitiert die Strukturaufstellung, siehe Gunthard Weber, Gunther Schmidt und Fritz B. Simon, *Aufstellungsarbeit revisited: ...nach Hellinger?* Mit einem Metakommentar von Matthias Varga von Kibéd, Heidelberg 2005

[359] Vgl. zum kabylischen Haus Pierre Bourdieu, *Entwurf einer Theorie der Praxis: Auf der ethnologischen Grundlage der kabylischen Gesellschaft*, 1972, dt. Frankfurt am Main 1976, S. 48ff.

[360] Claude Lévi-Strauss, »Einleitung in das Werk von Marcel Mauss«,

konstitutive und produktive Rolle eines Überschusses an Sinn,[361] die die Signifikanten bereits in der tribalen Gesellschaft flottieren lässt und damit die Mathematik des Sinns dort verankert, wo sie auch Claude E. Shannon verankert: weniger in der Selektion eines spezifischen Inhalts als vielmehr in der Relation dieses Inhalts zum mitlaufenden Überschuss. Erst das verleiht dem Sinn Bedeutung. Wie sagt Wittgenstein? Mit Sinn haben wir es so lange zu tun, wie ein Satz wahr-falsch ist, das heißt wahr *und* falsch sein kann, mit Bedeutung hingegen, wo entschieden werden kann, ob er wahr *oder* falsch ist.[362] Es geht um Mathematik: Die Bedeutung rechnet mit dem Sinn, wie der Sinn mit der Bedeutung rechnet. Die Mathematik und damit die Gesellschaft im Raum ihrer Möglichkeiten bricht in dem Moment zusammen, in dem Sinn und Bedeutung identisch gesetzt werden. Gesellschaft beginnt damit, dass das Wort nicht mit der Sache, der Anwesende mit dem Abwesenden, das Innen mit dem Außen verwechselt wird. Gesellschaft beginnt mit einer Architektur ihrer Möglichkeiten, die jeden einzelnen Baustein in Physiologie, Syntax und Semantik bestimmt und unbestimmt zugleich zu setzen vermag. Folgte dem keine Pragmatik, wäre sie damit allerdings auch schon wieder zu Ende.

Die antike Gesellschaft ergänzt das Innen und das Außen durch das Oben und das Unten sowie in der Form des Reichs um das Zentrum und die Peripherie. Man muss sich im Palast zurechtfinden. Man muss den Abstand zum Palast korrekt einschätzen. Man muss sich nähern und entfernen, aufsteigen und

---

in: Marcel Mauss, *Soziologie und Anthropologie*, Bd. I, S. 7-41; Terrence W. Deacon, *The Symbolic Species: The Co-Evolution of Language and the Human Brain*, New York 1997.

[361] Ebd., S. 39.

[362] Ludwig Wittgenstein, »Tagebücher 1914 – 1916, Appendix I: Die Bipolarität von Sätzen. Sinn und Bedeutung. Wahrheit und Falschheit«, in: ders., *Schriften*, Bd. 1, Frankfurt am Main 1980, S. 188ff.

absteigen, nach Oben und nach Unten kommunizieren, mit dem Zentrum und mit der Peripherie Kontakt halten. Welche Mathematik beschreibt das? In der Antike ist die Rhetorik – als Technik, Wissenschaft, Unterricht, Moral, soziale Praxis und spielerische Praxis, als Grammatik der Motive[363] – die bessere Mathematik.

Die Sache wird in der Moderne nicht einfacher. Je deutlicher es wird, dass der Markt und die Macht, der Glaube und die Erziehung, die Kunst und das Recht, die Wissenschaft und die Massenmedien, von den Protestbewegungen zu schweigen, nicht der Matrix der sozialen Schichtung gehorchen, desto dringender wird die Entwicklung von Kalkülen, die in Logik, Arithmetik und Algebra Mannigfaltigkeiten untersuchen können, die nicht aus substantiellen Komponenten, sondern aus Relationen von Relationen bestehen. Mit dem Buchdruck lösen sich die Buchstaben aus dem Fluss der Schrift und werden im Setzkasten vorsortiert nach Belieben kombinierbar.[364] Nicht umsonst entdeckt man im Barock die Falte.[365] In der Architektur ist es nicht mehr die Wand (wenn sie es je war), die als Basiselement bezeichnet werden kann, sondern die Abschirmung, die ebenso selektiv wie graduell zu verstehen ist und das Element einer nahezu unerschöpflichen Kombinatorik ist.[366] Die Abschirmung trennt das Private vom Öffentlichen, die eine soziale Funktion von einer anderen sozialen Funktion, die Vorbereitung von der Durchführung und die Auswertung vom Neuanfang. Die Soziologie Erving Goffmans beginnt mit der Unterscheidung des präsentierten Verhaltens auf

---

[363] Roland Barthes, »Die alte Rhetorik«, 1970, in: ders., *Das semiologische Abenteuer*, dt. Frankfurt am Main 1988, S. 15-101; Kenneth Burke, *A Grammar of Motives*, New York 1945, Reprint Berkeley, CA 1969.

[364] McLuhan, *Understanding Media*, S. 129.

[365] Gilles Deleuze, *Die Falte: Leibniz und der Barock*, 1988, dt. Frankfurt am Main 2000.

[366] Christoph Feldtkeller, *Der architektonische Raum - eine Fiktion: Annäherungen an eine funktionale Betrachtung*, Braunschweig 1989.

der Vorderbühne und verborgenen, aber zur Entspannung, Abstimmung und Vorbereitung erforderlichen Verhaltens auf der Hinterbühne.[367] Die Abschirmung ermöglicht den Rollenwechsel und die Rollenidentität. Sie wehrt ab und schafft Zugänge. Sie entzieht dem Blick und ermöglicht, umgekehrt, die Beobachtung.

Die Architektur wird Stadt; und Stadt ist eine Ökologie von Nachbarschaften, Märkten, Berufen und Gerüchten, die, je für sich und alle aufeinander bezogen, den Raum, die Personen, die Attraktivität und die Gefahren sortieren.[368] Das beschreibt keine Mathematik und auch keine Rhetorik. Die moderne Gesellschaft eilt architektonisch und urban ihrer Semantik und ihrer Theorie voraus. Karl Marx träumte von einer Mathematik, die raffinierter als Hegels Dialektik und Charles Fouriers Reihen Differentiale und Integrale nicht nur aus mechanischen, sondern zusätzlich aus sozialen, tierischen und organischen Bewegungen zu konstruieren vermöchte.[369] Nicht auszudenken, wo man landet, wenn man neuronale, kulturelle und technische »Bewegungen« ergänzt. Vermutlich hat Luhmann Recht, wenn er den »Kalkül« der Umgangssprache für strukturell reicher, logisch mächtiger hält als jede Mathematik und Logik.[370]

---

[367] Erving Goffman, *Wir alle spielen Theater: Die Selbstdarstellung im Alltag*, 1959, dt. München 1969.

[368] Robert E. Park, Ernest W. Burgess und Roderick D. McKenzie, *The City*, 1925, Reprint Chicago 1967.

[369] So Raymond Queneau, »Hegelsche Dialektik und Fouriersche Reihen«, 1958, in: ders., *Mathematik von morgen*, dt. München 1967, S. 41-57; und vgl. Charles Fourier, *Théorie des quatre mouvements et des destinées générales*, 1808, Paris 1967.

[370] Welches Forschungsprojekt wagt den exemplarischen Vergleich von Weinrich, *Textgrammatik der deutschen Sprache*; Wolfgang Stegmüller und Matthias Varga von Kibéd, *Strukturtypen der Logik*, Berlin 1984; und Donald E. Knuth, *The Art of Computer Programming*, 4 Bde., Reading, MA 1969ff.?

Die Fragestellung verschärft sich mit der sogenannten Digitalisierung der Gesellschaft durch die Einführung zunächst der elektronischen, dann der digitalen Medien. Schon der Begriff der Digitalisierung enthält das Versprechen der Überführung kontinuierlicher, also notorisch vager in diskrete und somit nicht mehr nur mit dem Finger und Zeigestab (digitus), sondern mit Maschinen abzählbare Einheiten. Es wäre ein Irrtum zu glauben, dass Raum und Zeit aufgelöst werden. Sie erhalten im Gegenteil eine neue Qualität, indem sie punktuell und granular adressierbar werden. Der Raum, die Architektur und die Stadt werden als analoge Sachverhalte vorausgesetzt, ja ausgebaut und angereichert, um Punkte identifizieren, adressieren und verknüpfen zu können, die von früh bis spät nichts anderes tun, als Information zu produzieren. Jedes Element der Infrastruktur gibt sensorisch über seine Zustände Auskunft. Jede Bewegung von Mensch, Tier und Auto wird registriert und protokolliert. Jede Ware, jede Dienstleistung, jede Annäherung und jede Begegnung wird aufgezeichnet. Ein virtueller Schleier der Neugier legt sich über die reale Welt; und virtuell ist er deswegen, weil er ohne eine Instanz, menschlich oder maschinell, die diese Neugier hegt und die Daten, die an diesen Punkten generiert wird, auswertet, stumm bleibt. Die Zerlegung des Hauses und der Stadt nicht mehr nur in Objekte, die gestaltet werden, sondern zuvor noch in codejects, die ihre Umwelt nach eigenen Codes scannen, und logjects, die ihre Protokolle für noch offene Interessen verfügbar halten, beide programmierbar und umprogrammierbar,[371] definiert nicht nur das Feld der urban informatics, sondern ist selbst eine virtuelle Praxis, die als solche noch nichts darüber aussagt,

---

[371] Martin Dodge und Rob Kitchin, *Code/Space: Software and Everyday Life*, Cambridge, MA 2011; Roger Burrows und David Beer, »Rethinking Space: Urban Informatics and the Sociological Imagination«, in: Kate Orton-Johnson und Nick Prior (Hrsg.), *Digital Sociology: Critical Perspectives*, London 2013, S. 61-78.

mit welchen reellen Effekten sie von wem genutzt wird. Einstweilen profitieren die Logistik der Bewegung von Leistungen, Waren, Menschen und Maschinen, die Überwachung von Mensch und Technik sowie die Kunst, die die Möglichkeiten der Visualisierung menschlicher Praktiken und ihrer Zusammenhänge nutzt. Praktiken, die das Haus gegen das Haus (ein Innen, das zum Gefängnis wird) oder die Stadt gegen die Stadt wenden (Guerillataktiken, die nicht Straßenzügen folgen, sondern Häuserfronten durchbrechen),[372] sind so alt wie das Haus und die Stadt.

Architektur und Stadt sind in der nächsten Gesellschaft Projektionsfläche für eine Vielzahl von Kontrollpraktiken. Was in Häusern, auf Straßen und Plätzen passiert, interessiert die kommunale, regionale und nationale Politik, die Industrie, die Kunst, die Religion und jegliche Art von Protestbewegung. Apps vernetzen diese Aktivitäten und erlauben mehr oder minder direkt ihre Überwachung. Hatten schon die Märkte auf dem Übergang von der antiken zur modernen Gesellschaft die Annahme unterlaufen, Städte könnten aus einem Zentrum und Häuser von ihrer Spitze her regiert werden, so entstehen in der nächsten Gesellschaft neue Öffentlichkeiten, die an jedem Punkt der Stadt auftauchen und wieder verschwinden können. Das ist nicht mehr die bürgerliche Öffentlichkeit eines vergemeinschaftenden Diskurses und nicht mehr die proletarische Öffentlichkeit auf der Suche nach einem Klassenbewusstsein, sondern es sind Öffentlichkeiten im Plural, die miteinander nur gemeinsam haben, dass sie auf Erfahrungen zielen, die zugleich unterschiedlicher nicht sein könnten, des Konsums ebenso wie der Revolte, der Begegnung mit Kunst ebenso wie mit dem Glauben.[373] Man muss sich die

---

[372] Scott A. Bollens, *City and Soul in Divided Societies*, London 2012.

[373] Oskar Negt und Alexander Kluge, *Öffentlichkeit und Erfahrung: Zur Organisationsanalyse von bürgerlicher und proletarischer Öffentlichkeit*, Frankfurt am Main 1972; Gabriel Tarde, *Masse und Meinung*, 1901, dt. Konstanz 2015.

von Gerhard Schulze beschriebene Erlebnisgesellschaft ohne die Sicherheit der Milieus, die gegebenen statistischen Kriterien gehorchen, vorstellen,[374] um diesen fluktuierenden Publika auf die Spur zu kommen, die allesamt offline überprüfen, was ihnen online angeboten wird, aber auch online kompensieren, was sie offline enttäuscht. Die Milieus dürfen nicht unterschätzt werden. Sie binden uns, die wir mehr miteinander gemeinsam haben, als uns individuell lieb sein mag, stärker, als wir vielfach glauben. Aber zugleich beziehen diese Publika ihre Attraktivität nicht nur daraus, dass sie bereits definierten Interessen genügen, sondern auch daraus, dass in ihnen die Frage, was aktuell ist, jeweils neu verhandelt wird.

Die elektronischen Medien verwandeln die Weltgesellschaft in das sprichwörtliche globale Dorf (McLuhan), indem sie eine allgegenwärtige Präsenz wechselseitiger Beobachtung suggerieren. Nur wenn man die eigenen Erfahrungen hochrechnet, weiß man, wie viel den Massenmedien nach wie vor entgeht. In den digitalen Medien wird das globale Dorf nicht als Dorf, sondern als Raum präsent, in dem jede neue Maßnahme der Schaffung von Transparenz die Intransparenz erhöht, weil Transparenz immer nur perspektivisch gegeben ist und jede Perspektive für jede andere allenfalls partiell rekonstruierbar ist.[375] Es gibt keinen Algorithmus (»Überallgorithmus«, wiederum Peter Glaser), der für alle alles sichtbar macht. Stattdessen gibt es Algorithmen, die wie einst hinter Mauern und Wänden vor Blicken geschützt sind. Das gibt der Stadt, die als urbaner Raum das Land mitdefiniert, ihren alten labyrinthischen Charakter zurück, den sie in den funktionalen Plänen der Moderne zu verlieren drohte. Das Laby-

---

[374] Gerhard Schulze, *Die Erlebnisgesellschaft: Kultursoziologie der Gegenwart*, Frankfurt am Main 1992.

[375] Frank Pasquale, *The Black Box Society: The Secret Algorithms That Control Money and Information*, Cambridge, MA 2015.

rinth liegt wie ein virtueller Schatten über der Stadt. Niemand kann heraus. Aber einige kennen sich besser aus als andere.

Dieses Labyrinth ist überdies eine Art unverletzliche Ebene der Gesellschaft. Zwar ist es durchzogen von funktionalen und strukturellen Äquivalenzen, das heißt alternativen Problemlösungen und alternativen Mitspielern, und in seiner verteilten Struktur robust im Umgang mit Störungen und Zerstörungen; zugleich ist jedoch klar, dass das extreme Maß der Abhängigkeit einer Gesellschaft, die fast jede Eigenversorgung der Menschen aufgegeben hat und fast ausschließlich von der Versorgung auf Märkten, vom täglichen Funktionieren der elektronischen und digitalen Medien lebt, um nahezu jeden Preis sicherstellen muss, dass dieses Funktionieren gegeben ist. Der sprichwörtliche Stromausfall stürzt die Gesellschaft in eine Subsistenzkatastrophe. Haus und Stadt haben viele ihrer symbiotischen Funktionen der Symbolisierung und Repräsentation von Gesellschaft verloren, seit Rathaus, Kirche, Marktplatz ebenso dezentralisiert worden sind wie alles andere. Aber der flüchtigste Blick zeigt, dass Menschheit und Gesellschaft in Haus und Stadt von nichts mehr abhängig sind als von der Elektrizität.

25. Designvertrauen[*]

Stammeskulturen hatten Vertrauen in die Magie, antike Hochkulturen in die Götter und die Moderne in die Technik. Die nächste Gesellschaft hat nur noch Vertrauen in das Design. Das Design ermöglicht beides, eine Beobachtung im Umgang mit der Welt und eine Beobachtung der Beobachter im Umgang mit der Welt. In dieser doppelten Funktion tritt es an die Stelle der Magie, der Götter und der Technik, ohne diese restlos zu ersetzen. Es übernimmt Aspekte dieser früheren Mechanismen der Ungewissheitsabsorption und entwickelt sich nur in der Hinsicht über sie hinaus, als es bestimmte Aspekte der Vernetzung von Mensch, Umwelt, Technik und Gesellschaft reflexiver behandelt, als dies möglicherweise früher der Fall war.

Die Entdeckung von Mechanismen der Ungewissheitsabsorption stammt aus der Organisationstheorie von James G. March und Herbert A. Simon. In Organisationen können nur dann Entscheidungen getroffen werden, wenn die Annahme Gültigkeit hat, dass vorherige Entscheidungen mit jeder neuen Entscheidung nicht jeweils neu überprüft werden müssen. »Uncertainty absorption takes place when inferences are drawn from a body of evidence and the inferences, instead of the evidence itself, are then communicated."[376] Jede einzelne Entscheidung ist ungewiss, doch jede Entscheidung verlässt sich bis auf Widerruf darauf, dass vorherige Entscheidungen ihre eigene Ungewissheit hinreichend bewältigt haben, um als Prämissen weiterer Entscheidungen behandelt werden zu können. Vorausgesetzt ist dabei, dass Organisationen erstens als soziale Systeme verstanden werden können, die sich über Entscheidungen reproduzieren, dass Entscheidungen zweitens jener spezifische Typ von

---

[*]   Gekürzt aus: *Merkur* 69, Nr. 799 (Dezember 2015), S. 89-97.
[376] March/Simon, *Organizations*, S. 186.

Kommunikation sind, der Anschlusskommunikation nicht nur anregen, sondern auch festlegen kann, dass drittens schon deswegen jede Entscheidung auf vorherige Entscheidungen als Prämissen ihrer eigenen Möglichkeit zurückgreifen muss, und dass viertens die Annahmen der Betriebswirtschaftslehre, die von Entscheidungen Rationalität erwartet, allenfalls normative und damit nicht zwingend deskriptive Bedeutung haben. Eine Organisation »ist« die Autopoiesis ihrer Entscheidungen; und diese Entscheidungen sind nur möglich, wenn jede Entscheidung zwar ihre eigene, aber nicht die Ungewissheit aller vorherigen Entscheidungen adressiert. Damit wird die aggregierte Ungewissheit aller Entscheidungen absorbiert; sie kommt nirgendwo vor; sie kann sich nur durch das Scheitern der Autopoiesis und dem vorgreifend durch die Störungen des Managements und die Strategie der Führung wieder bemerkbar machen. Vorausgesetzt ist damit fünftens, dass Organisationen wie Behörden, Unternehmen, Kirchen, Universitäten, Armeen, Krankenhäusern, Schulen, Museen und Sportvereine nicht in einem gesellschaftlichen Auftrag agieren, der ihnen ihre Ungewissheit nehmen würde, sondern sich die Voraussetzungen ihrer Existenz unter den Bedingungen von Ungewissheit jederzeit selbst erwirtschaften müssen.

Dieser Mechanismus der Ungewissheitsabsorption kann partiell ins Bewusstsein gehoben, aber nicht generell aufgehoben werden. Man kann jeder Entscheidung und jeder Information »sicherheitshalber« noch einmal nachgehen, muss sich jedoch auch dafür auf Voraussetzungen verlassen, die man nicht ebenfalls in Frage stellen kann. Typischerweise gewinnen Organisationen wichtige Aspekte ihrer auch deswegen so genannten Organisationskultur daraus, dass sie unbefragbare Entscheidungen darüber treffen, wo Nachfragen erwartet werden dürfen und wo nicht. Das kann sich zu strategisch plazierten Blindheiten auswachsen, die der Organisation Fokus und Momentum verschaffen, aber auch die Gefahr enthalten, konterkarierende Entwicklungen innerhalb wie außerhalb der Organisation zu übersehen. Je prägnanter das Design einer Organisation darauf abstellt, Fokus und Momentum zu bestätigen und zu bekräftigen, desto mehr Gründe findet die mitlaufende Wahrnehmung, sich für die ausgeblendete Ungewissheit zu interessieren. Sobald der Schwung der Kommunikation nachlässt, kommt diese Wahrnehmung zu ihrem Recht.

Die Annahme der Existenz von Mechanismen der Ungewissheitsabsorption hat sich in der Organisationstheorie bewährt, reicht jedoch weit über sie hinaus in die Gesellschaftstheorie.[377] Jede Kommunikation kann jederzeit einen Punkt erreichen, an dem sie den Mut zu sich selbst nur finden kann, indem sie vorherige Kommunikation ungeprüft übernimmt und mit ihrem Vertrauen in sich selbst anschließende Kommunikation ermutigt. Ebenso wie in der Organisation ist dieses Vertrauen jedoch kein blindes, sondern ein laufend überprüftes Vertrauen.[378] Es etabliert und nutzt Indikatoren (zum Beispiel Zinszahlungen bei Kreditverträgen), die stellvertretend anzeigen, ob Vertrauen oder Misstrauen angebracht ist. Es greift vor und zurück, führt Vergangenheit in die Zukunft und Zukunft in die Gegenwart ein; es verlässt sich auf Erfahrung und nimmt künftige Erfahrung vorweg; es orientiert sich an Zustimmung und Ablehnung und setzt darauf, weitere Zustimmung und Ablehnung zu finden. Es nützt die sachliche, zeitliche und soziale Kombinatorik des Sinns, um Ungewissheit dort zu absorbieren, wo hinreichende Redundanz gegeben scheint, und dort zu adressieren, wo Nachjustierungen erforderlich sind. Und in jedem einzelnen Fall, das wäre eine auf Design vorausweisende These, sind es je spezifische Kombinationen von Kommunikation und Wahrnehmung, die es erlauben, jenes Vertrauen zu leisten, das man zugleich laufend prüft. Die

---

[377] Luhmann, *Die Gesellschaft der Gesellschaft*, S. 837ff.

[378] Charles F. Sabel, »Studied Trust: Building New Forms of Cooperation in a Volatile Economy«, in: *Human Relations* 46 (1993), S. 1133-1170.

Bindung von Körpern, die Faszination von Bewusstsein und die Attraktion von Gesellschaft kann je unterschiedlich akzentuiert, vernachlässigt oder auch vorübergehend übersprungen werden. Doch bereits im nächsten Moment der Kommunikation kann es auf jede dieser Dimensionen ankommen. Darauf zielt der Mechanismus der Ungewissheitsabsorption. Invariant, wie man in der Kybernetik sagt, ist nur der Mechanismus der Ungewissheitsabsorption selber. Durch welche Praktiken, Konventionen und Institutionen er jedoch jeweils geleistet wird, ist abhängig von der Struktur und Kultur der jeweiligen Gesellschaft.

In der Stammesgesellschaft hat die Magie diese Funktion der Ungewissheitsabsorption, insofern sie Gesten, Sprüche, Amulette und Rituale bereitstellt, die überall dort, wo man mit den Mitteln der Wahrnehmung nicht weiterkommt, eine Referenz auf Geister einbauen, deren Hilfe man sich vergewissern, deren Missgunst man beruhigen und deren Fluch man auf Abstand halten muss. Sachlich hat man getan, was erforderlich ist, sozial hat man sich allen Beistands vergewissert, der möglich ist, und alle Feindseligkeiten abgewendet, die stören könnten, und zeitlich hat man den passenden Moment zur passenden Jahreszeit gefunden; doch dann kann Unvorhergesehenes auftreten, das nicht etwa alle Erfahrungen und Erwartungen entwerten darf, sondern mit einer Abweichung gegenüber den sachlichen, sozialen und zeitlichen Konventionen und Routinen angenommen, anerkannt und bewältigt werden muss. Die Magie bietet hierfür den erforderlichen Rekurs und die erforderlichen Referenzen. Sie ist es, die in diesem Moment nicht zur Disposition gestellt werden kann. Und sie ist einerseits jene Form der Kommunikation mit Geistern, die später zur Religion ausdifferenziert werden kann, und andererseits jener Anhaltspunkt für mitlaufende Wahrnehmungen, der es in den Stammesgesellschaften erlaubt, das unvorhergesehene Ereignis als vorhersehbares hinzunehmen und auszuhalten.

Die Götter der antiken Hochkultur bauen diese Leistung im Wesentlichen nur aus. In einer Gesellschaft, deren Kosmologie nur Zustände der Perfektion und der Korruption kennt, intervenieren die Leidenschaften der Götter an all jenen Stellen, die in dieses Schema nicht passen. Zunächst bewacht in den Arkana der Tempel, später ausgestellt auf den Plätzen der Städte,[379] stehen Götter für ein Schicksal, das nicht in der Hand der Menschen liegt, ihnen jedoch in dieser Form Rückhalt für das Gegenwärtige angesichts des Vergangenen und des Künftigen bietet. Auch hier kommt es nur darauf an, das Außergewöhnliche, von dem die Legenden erzählen, für Zwecke des Alltags so zu formatieren, dass man sich mit einem Seitenblick auf die Götter der Ressourcen vergewissern kann, derer man im Umgang mit Psyche, Oikos, Polis und Kosmos bedarf.

Griffig, aber auch beunruhigend wird die These spätestens mit der Rolle, die die Technik in der modernen Gesellschaft spielt. Technik ist nach einem Diktum von Niklas Luhmann »funktionierende Simplifikation« schlechthin, die es der Kommunikation erlaubt, schwierigen Fragen der Konsensfindung oder Konfliktregulierung auszuweichen, indem im Medium der Kausalität kontrollierbare Abläufe, planbare Ressourcenzugriffe und Strategien der Fehlervermeidung eingerichtet werden können.[380] Das »Ge-stell«, von dessen janusköpfigem Charakter Martin Heidegger sprach,[381] bezieht diese Zweideutigkeit daraus, dass man die Fragen nicht mehr kennt, auf die die Technik so überzeugende Antworten liefert. Was funktioniert, hat die besseren Argumente auf seiner Seite. Es fällt leichter, Bewusstsein und Gesellschaft, beide hochgradig plastisch, der Technik anzupassen als umgekehrt. Damit sind die Anforderungen an einen

---

[379] Vernant, *Die Entstehung des griechischen Denkens*.

[380] Luhmann, *Soziologie des Risikos*, S. 91ff., und ders., *Die Gesellschaft der Gesellschaft*, S. 525 und 517ff.

[381] Heidegger, »Die Frage nach der Technik«.

Mechanismus der Ungewissheitsabsorption präzise erfüllt. Hervorzuheben ist allerdings, dass damit nicht etwa die These einer Determination der Gesellschaft, geschweige denn des Bewusstseins, durch die Technik vertreten wird. Denn als Mechanismus der Ungewissheitsabsorption kann die Technik nur dort wirken, wo sie entsprechend nachgefragt wird. Die Führung haben Gesellschaft und Bewusstsein, und sei es nur in der Hinsicht der Inanspruchnahme funktionierender Simplifikationen. Deswegen ist die Technik, worauf Heidegger hinwies,[382] eben auch eine Kunst, deren Geheimnis darin liegt, dass die Grenzen der Kausalität technisch nicht abzusichern sind, sondern ins Offene, ins Menschliche und Gesellschaftliche, verweisen.

Beunruhigend wird die These der Technik als Mechanismus der Ungewissheitsabsorption spätestens dann, wenn auf die Technikkritik einzugehen ist, die die späte Moderne begleitet, wenn sie nicht bereits ihr Ende markiert.[383] Dieser Technikkritik fällt auf, dass die funktionierende Zerstörung in Konzentrationslagern, durch Bombenkriege und terroristische Angriffe mindestens so viel Ungewissheit absorbiert wie die funktionierende Produktion. Das schreckliche Argument, dass man es kann, verdrängt auch hier die Reflexion der Wahrnehmung dessen, was man tut. Die Moderne endet in dem Moment, in dem Technik und Vernunft, Kausalität und Kontrolle nicht mehr gleichgesetzt werden können. Sie endet in dem Moment, in dem mit den elektronischen Medien Prozesse der Vernetzung und Verschaltung beobachtbar werden, die jede Möglichkeit der kritischen Reflexion überschreiten.[384] Das Vertrauen in Organisationen, von denen man bisher dachte, dass sie als Behörden, Unternehmen, Kran-

---

[382] Ebd., S. 38ff.

[383] Günther Anders, *Die Antiquiertheit des Menschen*, 2 Bde., München 1956 und 1980.

[384] Kevin Kelly, *Das Ende der Kontrolle: Die biologische Wende in Wirtschaft, Technik und Gesellschaft*, 1990, dt. Mannheim 1997.

kenhäuser, Schulen, Armeen und Universitäten im gesellschaftlichen Auftrag arbeiten, geht so rasch verloren wie das Vertrauen in Technik, von der man hoffte, dass sie dem Fortschritt dient. Stattdessen, so muss man entdecken, arbeiten Organisationen an der Sicherstellung des Nachschubs an Problemen, die sie zu lösen vermögen, und ziehen Techniken Bürokratien nach sich, die das, was möglich ist, ins Monströse steigern.[385]

Die nächste Gesellschaft hat es mit dieser Technik, diesen Göttern und dieser Magie nach wie vor zu tun. Wir bewegen uns in einer Welt, die mehr Freiheitsgrade enthält, als wir rational kontrollieren können, und daher immer wieder kleiner Gesten der Beschwörung bedarf. Wir wissen, dass uns jederzeit ein Schicksal ereilen kann, dem wir nur gewachsen sein werden, wenn wir es als solches unbefragt hinnehmen. Und selbstverständlich verlassen wir uns nicht nur in der Technik im engeren Sinne, sondern auch in unseren alltäglichen Routinen, beruflichen Praktiken und intellektuellen Vorurteilen auf die Einrichtung von Kausalitäten, die im Gegensatz zur Magie jeden Freiheitsgrad ausschließen.[386] Zugleich jedoch haben wir in allen diesen Hinsichten unsere Unschuld verloren, so sehr dann auch das Design, typisch für die nächste Gesellschaft, daran arbeiten wird, sie uns wiedergewinnen zu lassen.

Ohne einen Mechanismus der Absorption von Ungewissheit geht es nicht. Nach all den Erfahrungen, die die Gesellschaft im Umgang mit verschiedenen Ausprägungen dieses Mechanismus sammeln durfte und musste, muss jede neue Variante jedoch mindestens drei Anforderungen genügen: Sie muss erstens

---

[385] Charles Perrow, »Demystifying Organizations«, in: Rosemary C. Saari und Yeheskel Hasenfeld (Hrsg.), *The Management of Human Services*, New York 1978, S. 105-120; Zygmunt Bauman, *Dialektik der Ordnung: Die Moderne und der Holocaust*, 1989, dt. Frankfurt am Main 1992.

[386] Gotthard Günther, *Die amerikanische Apokalypse*, Klagenfurt 2000, S. 121ff.

reflektierbar sein, das heißt Möglichkeiten enthalten, die Ungewissheit in den Mechanismus ihrer Absorption wieder einzuführen. Sie muss zweitens modifizierbar sein, das heißt in der Anzahl der Freiheitsgrade, mit denen sie rechnet, variiert werden können. Und sie muss drittens nach wie vor funktionieren, und zwar so funktionieren, dass Anschlusskommunikationen gefunden werden können, die ihr Problem und nicht das Problem vorheriger Ungewissheitsabsorption lösen können.

Mit der zweiten Anforderung, so Gotthard Günther,[387] verlassen wir den Einzugsbereich des magischen wie auch des technischen Denkens, wie er uns im Umgang mit Sprache, Schrift und Buchdruck selbstverständlich geworden ist. Wir rechnen nicht mehr mit einem geschlossenen Kosmos, mit einer Ontologie des Seins, der das Denken abbildend gegenübersteht, und mit einem Rationalitätskontinuum, das sich in funktionalen Abhängigkeiten beschreiben lässt, sondern mit einer Welt der ökologischen Brüche, der Beobachtung zweiter Ordnung im Medium hochdivergenter Polykontexturalität und der prinzipiellen Heterogenität und Orthogonalität von Leben, Bewusstsein und Gesellschaft. Die elektronischen Medien, deren Dominanz die nächste Gesellschaft kennzeichnet, sind nicht zugleich das Paradigma, dem sich Struktur und Kultur dieser Gesellschaft fügen müsste. Im Gegenteil, sowohl die Struktur der sinnhaften Verteilung von Kommunikation als auch die Kultur der sinnhaften Verdichtung von Kommunikation müssen der doppelten Anforderung des decoupling und des embedding dieser elektronischen Medien gehorchen und daher deren Grenzen und Außenseiten ebenso im Blick behalten wie deren operativen Innenseiten. Beides zusammen (decoupling *und* embedding) bestimmt jene Konnektivität, die man als Merkmal des »digitalen Zeitalters« zu bestimmen sucht.[388] Beides zusammen kennzeichnet eine

---

[387] Ebd., S. 114ff. und 150ff.

[388] Schmidt/Cohen, *Die Vernetzung der Welt.*

Struktur der Differenzierung in Netzwerke und eine Kultur der immer mitlaufenden Reflexion von Komplexität.

Interessanterweise ist das Design besser positioniert, diese zweite Anforderung zu erfüllen und damit auch im Sinne der ersten Anforderung reflektierbar zu sein und der dritten Anforderung funktionieren zu können, als es sein Ruf unter Umständen wahrhaben will. Jedem Design eilt der Ruf voraus, letztlich verdächtig zu sein, uns eine Oberfläche nur vorzutäuschen, unter der weitere, aber versteckte Oberflächen ganz anderen Interessen und Funktionslogiken dienen. Jedes gelungene Design verbirgt nach diesem Verdacht die Matrix, innerhalb derer es funktioniert.

Tatsächlich kann das Design jedoch nur im Rahmen dieser Logik des Verdachts seine Funktion als Mechanismus der Ungewissheitsabsorption in der aktuellen, der nächsten Gesellschaft erfüllen. Wir trauen nur noch jenen Mechanismen über den Weg, denen wir gleichzeitig und begründet misstrauen können, um sie in dieser im wahrsten Sinne des Wortes dekonstruierten Fassung in unsere alltäglichen, beruflichen und intellektuellen Praktiken eines »studied trust« (Charles Sabel) einbetten zu können. Im Gegensatz zu den Geistern, Göttern und Techniken von einst leistet das Design nicht nur, was es leistet, sondern symbolisiert es auch die prekären Bedingungen des Umgangs mit Komplexität, denen es genügt. Vielleicht ist dieser Gegensatz auch nur eine nachträgliche Täuschung, galt doch auch Geistern, Göttern und Techniken immer schon ein gerüttelt Maß an Misstrauen, doch hat das Design diesen Institutionen voraus, dass das Misstrauen hier nicht mehr unter einen Blasphemieverdacht fällt und von Schamanen, Priestern und Experten abgewehrt werden muss, sondern regelrecht eingeladen wird. Ein Designer ist jemand, dem man misstrauen darf und dessen Lösungen genau dann überzeugen, wenn dieses Misstrauen ernst genommen wird.

Der Grund für diese paradoxe Leistungsfähigkeit des Designs als Mechanismus der Ungewissheitsabsorption ist vermutlich darin zu sehen, dass das Design die Hypothese einer »leeren Welt«[389] offen legt, mit deren Hilfe es operiert. Das Design kann die Schnittstellen zwischen Körper, Maschine, Kommunikation und Bewusstsein, die es nach der nach wie vor maßgebenden Designtheorie von Herbert A. Simon gestaltet, nur adressieren, indem es seine jeweils selektiven Bezüge und damit sein Ausblenden der restlichen Welt als »leer« nicht verbirgt, sondern herausstellt. Es ist selektiv und es symbolisiert seine Selektionen. Damit wird es auf eine Art und Weise reflexiv, wie es die vorherigen Mechanismen der Ungewissheitsabsorption immer nur gegen Widerstände gewesen sind. Wenn man so will, tritt es als eine eigene Theorie auf, wenn »Theorie« heißen darf, dass es zu Unterscheidungen einlädt, mit denen sich ein Beobachter ihm gegenüber allererst positionieren kann.[390] Es ist eine Praxis der Kontemplation von Welt, wie sie niemand besser auf den Punkt gebracht hat als Roland Barthes in seinem Porträt der Rezeption der Citroën DS durch den französischen Mann.[391] Ausgerechnet der Verdacht, dass es nur oberflächlich sei, ist die Voraussetzung für diese jederzeitige Theoretisierbarkeit des Designs. Denn unter der Oberfläche kann man mit weiteren Oberflächen rechnen und nur diese, im Gegensatz zu jeder Tiefe, lassen sich beschreiben.[392]

Luhmann hat, wiederum am Beispiel der Organisation, Design als einen symbiotischen Mechanismus verstanden, der »etwas Wahrnehmbares anbiete(t), damit Menschen sich an ihr [der Organisation, DB] orientieren können.«[393] Das gilt für Ges-

---

[389] Simon, *Die Wissenschaften vom Künstlichen*, S. 165.

[390] Michael Erlhof, *Theorie des Designs*, München 2013.

[391] Roland Barthes, *Mythen des Alltags*, 1957, Berlin 2010, S. 196ff.

[392] Peter Friedrich Stephan, »System und Design: Im Gespräch mit René Spitz«, in: Petra Hesse und René Spitz (Hrsg.), *System Design: Über 100 Jahre Chaos im Alltag*, Köln 2015, S. 122-128.

[393] Luhmann, *Organisation und Entscheidung*, S. 148.

ten und Tonfälle ebenso wie für Architektur und Kleidung, Praktiken und Routinen, kognitive Schemata und institutionalisierte Selbstverständlichkeiten. Sobald sie als das Produkt eines Designs auftreten, absorbieren sie Ungewissheit, weil sie sich verdächtigen und somit testen lassen. Sie kommunizieren eine Wahrnehmung, die vom Design sowohl angesprochen als auch herausgefordert wird. Fast unwillkürlich tritt die Wahrnehmung in Differenz zu sich selbst, wird für sich wahrnehmbar und gewinnt daraus Einschätzungsmöglichkeiten der Verlässlichkeit der Kommunikation. Seine Funktion als Mechanismus der Ungewissheitsabsorption erfüllt das Design somit nur dann und nur insofern, als es reflexiv ist. Denn unter dieser Voraussetzung kann es in seine Verrechnung von materiellen und immateriellen, perzeptiven und kommunikativen, funktionalen und symbolischen, analogen und digitalen Komponenten auseinandergezogen werden, der es sich fallweise und grundsätzlich artifiziell verdankt.

Das Design der nächsten Gesellschaft steht vor einer bemerkenswerten Herausforderung. Auf der einen Seite ermöglichen es die Prozesse der Digitalisierung, der Miniaturisierung und der Leistungssteigerung von Rechnern, das Design technischer Abläufe nicht nur allgegenwärtig, sondern nahezu unsichtbar werden zu lassen. Dem korrespondiert ein alles andere als vages Gefühl der allgegenwärtigen Überwachung durch Behörden, Unternehmen und jede andere Instanz, die in der Lage ist, Protokolle von nutzerabhängigen Rechenprozessen im Big-Data-Umfang auszuwerten und die Ergebnisse in diese Prozesse wieder einzusteuern.[394] Auf der anderen Seite sind die Technologien der Information und Kommunikation, über die wir heute verfügen, in zunehmendem Maße in der Lage, nicht nur mechanische und energetische, sondern hochgradig heterogene

---

[394] Michael Seemann, *Das neue Spiel: Strategien für die Welt nach dem digitalen Kontrollverlust*, Freiburg 2014.

Prozesse nicht nur lose, sondern eng zu koppeln.[395] Damit wird die Technik immer unabhängiger vom Takt der Entscheidungen, in die sie bislang industriell wie häuslich, im Straßenverkehr wie bei der Nutzung von Massenmedien eingebettet war. Stattdessen wird sie fähig, sich die Eingaben dort zu suchen, wo sie sie bekommen kann, und Ausfälle hier andernorts zu substituieren. Noch ist keine Technologie der Welt ein Selbstläufer (wie uns versichert wird), aber möglicherweise wäre das Erreichen dieser Schwelle jene Singularität, die man bislang eher dort vermutet, wo die Rechner die Intelligenz des menschlichen Bewusstseins übertreffen. Soziologen würden sagen, dass Letzteres bei allem Respekt so oder so überschätzt wird und dass die menschliche Intelligenz so oder so in einer Vernetzung organischer, neuronaler, mentaler und sozialer Intelligenz besteht, deren komplexe Voraussetzungen sich einer so schnell nicht einholbaren Menschheitsgeschichte und soziokulturellen Evolution verdanken. Aber niemand kann garantieren, dass nicht auch die Technologien der Information und Kommunikation einen Stand der Entwicklung erreichen, auf dem sie nach anderen Kriterien und mit anderen Resultaten evolutionsfähig werden, als es jede Gesellschaft bislang erwarten lässt.

Die Herausforderung, vor der das Design der nächsten Gesellschaft steht, besteht darin, die Unsichtbarkeit dieser Prozesse sichtbar zu machen und für Eingriffe verfügbar zu halten. Wohlgemerkt, die Prozesse der Verknüpfung heterogener Abläufe im Medium algorithmischer Konnektivität bleiben unsichtbar und werden immer unsichtbarer. Aber genau das muss uns ihr Design zeigen. Und genau dazu ist das Design in seiner doppelten Funktion der Funktionalisierung und Symbolisierung möglicherweise auch in der Lage. Nicht zu unterschätzen ist dabei, dass das Design in dieser Hinsicht dem Bestreben der Ingenieure, technische Abläufe schon deswegen dem Blick zu

---

[395] Luhmann, *Die Gesellschaft der Gesellschaft*, S. 526f.

entziehen, um sie vor Störungen zu schützen, diametral entgegensteht. Die technischen Gadgets, die uns als Smartphones, Tablets und Apps im Moment so sehr faszinieren, weisen diese Eigenschaft des Zeichencharakters für unsichtbare Prozesse allesamt noch auf. Konnte Ludwig Wittgenstein vom Satz sagen, dass er seinen Sinn »zeigt«, indem er »zeigt, wie es sich verhält, wenn er wahr ist«,[396] so wird in Zukunft möglicherweise vom Design gelten müssen, dass es zeigt, was sich nicht mehr bezeichnen lässt.

Vielleicht müssen wir die nationalen und internationalen Verfassungen dieser Welt, aber auch die Zulassungsregeln von Organisationen und Projekten aller Art um ein Menschenrecht auf Design erweitern. Damit wir uns wenigstens darauf verlassen dürfen, misstrauisch werden zu können.

Möglicherweise kann die Fragestellung, die hier behandelt wird, auch unter dem Stichwort der Ästhetik behandelt werden. Doch das setzt voraus, dass die Ästhetik aus der tribalen Beschwörung des Numinosen ebenso herausgelöst wird wie aus der antiken Mimesis der Perfektion und der modernen Autonomie des subjektiven Geschmacksurteils. Sie würde dann frei für jene Aufmerksamkeit auf verbindende Muster, die sich Gregory Bateson als Aufmerksamkeit für die Verknüpfung des Heterogenen vorgestellt hat.[397] Im Design wird diese Aufmerksamkeit praktisch, das heißt eine Beobachtung für Beobachter.

---

[396] Wittgenstein, *Tractatus logico-philosophicus*, Satz 4.022.

[397] Bateson, *Geist und Natur*, S. 15f.

26. NP, DER WITZ DER INTELLIGENZ

Der Witz in der nächsten Gesellschaft betrifft nicht mehr nur das glücklich danebengehende Wort (inklusive der Flüche, die die Reichen treffen), die Wiedererkennung in der Metamorphose (inklusive der Tragik, die darin liegt, nicht mehr zurück zu können) und die scharfsinnig gefundene unwahrscheinliche Verbindung (inklusive der Melancholie, damit nicht weiterarbeiten zu können), sondern auch den Kurzschluss, der eine Welt begründet (und niemand weiß, wie lange).

Oft ist ein Witz die letzte Rettung. Blitzartige Erkenntnis, keinerlei Folgen, ein Lachen als »plötzliche Verwandlung einer gespannten Erwartung in nichts«, wie Kant formuliert.[398] Das geht nur aus einer Subjektivität heraus, die in kleinen Dingen die Vernunft auf ihrer Seite weiß und Verbindungen herstellt, wo der Verstand keine sehen will. Der Witz, sagt Jean Paul,[399] vermeidet sowohl den Scharfsinn, der Unähnlichkeiten findet, als auch den Tiefsinn, der Ähnlichkeiten findet, wo beide nicht sein sollen, und verlegt sich stattdessen auf Verhältnisse der Ähnlichkeit, der teilweisen Gleichheit, wo andere nur das Inkommensurable sehen. Netzwerktheoretisch gesprochen, ist der Witz nicht nur ein switch, sondern zugleich ein bridge. Die Verknüpfung des Witzes mit Wissen und Intelligenz könnte enger nicht sein, auch wenn der Witz sich auf das Moment des reflexiven Schlaglichts beschränkt und sein Wissen weder ausbaut noch expliziert. Darauf verstand man sich niemals besser als in der Romantik, zum Zeitpunkt, kurz nach der Entdeckung der Elektrizität, eines

---

[398] Immanuel Kant, *Kritik der Urteilskraft*, 1790, *Werke* Bd. IX und X, Frankfurt am Main 1968, B 225.

[399] Jean Paul, *Vorschule der Ästhetik*, 1804, Hamburg 1990, S. 124ff. und S. 171ff.

ersten Übergangs von der modernen zur nächsten Gesellschaft.[400]

In der Stammesgesellschaft durchkreuzt der Witz ein Wissen, das ebenso magisch wie kausalistisch ist. Man lässt sich ungern an der Nase herumführen und rechnet dennoch mit dem Unwahrscheinlichen, dem Eingriff der Geister, den sich einige Menschen mehr zunutze machen können als andere. Man weiß Bescheid, weiß jedoch nicht genau, wo die Grenze zwischen den überprüfbaren und den unüberprüfbaren Effekten liegt. Pflanzen können aus vielen Gründen verdorren, das Wild aus vielen Gründen wegbleiben, ein Mensch aus vielen Gründen krank werden. Der Witz testet die Grenze immer wieder neu und hilft so, sie immer wieder neu zu ziehen. Man sagt oft, Lachen sei gesund. Der Grund dafür ist einfach. Wer lacht, unterscheidet das, worauf er Einfluss hat, von dem, worauf er keinen Einfluss hat, und sei es nur sich selbst von allem anderen. Das ist Weisheitslehre, praktisch gewendet.[401] Hinzu kommt, dass das Lachen andere Praktiken sowohl unterstützt als auch moderiert, die dieselbe Grenze bewachen und dies auf möglicherweise starrere Weise tun. Das Geheimnis zum Beispiel ist in der tribalen Gesellschaft ein vertrauter, immer etwas furchteinflößender Umgang mit dem, wovon man weiß, dass man nichts davon wissen darf. Das Geheimnis spricht aus, was man nicht besprechen darf. Es kann nicht schaden, auch diese Praxis durch behutsame Witze von beiden Seiten zu beleuchten, von der Seite der Wirkung des Geheimnisses in der Gesellschaft und von der Seite dessen, was das Geheimnis schützt. Dasselbe gilt für die Moral, die zweite Technik, neben dem Geheimnis, im Umgang mit den Gefahren

---

[400] Friedrich Schlegel, »Über die Unverständlichkeit«, 1800, in: ders., *Charakteristiken und Kritiken I (1796-1801). Kritische Friedrich-Schlegel-Ausgabe*, Paderborn 1967, S. 363-372; vgl. Walter Benjamin, »Der Begriff der Kunstkritik in der deutschen Romantik«, in: ders., *Gesammelte Schriften* Bd. I. 1, Frankfurt am Main 1974, S. 7-122.

[401] Epiktet, *Handbüchlein der Moral*, griech./dt. Stuttgart 1992, S. 5.

des Referenzüberschusses der Sprache.[402] Auch die Moral hält man nur aus, aber dann hält man sie aus, wenn sie im Zweifel nur einen Deut vom Lachen entfernt ist. Unter nordamerikanischen Indianern sind es oft Geschichten über Kojoten, auch Interventionen von Kojoten, die die Funktion eines Humors erfüllen, der ein Wissen transportiert, das auszusprechen jeden überfordert.[403] An die Stelle dieses nicht zu explizierenden Wissens tritt die Intelligenz eines Humors, der nicht unbedingt zum Lachen ist.

In der antiken Gesellschaft liegt der Witz in der List. Die List akzeptiert die mit der Schrift und deren Zeithorizonten aufgespannte neue Komplexität und wendet sie, wenn man so sagen darf, gegen sich selbst.[404] Das Wissen der Antike in Mesopotamien, China, Japan, Ägypten, Griechenland, Rom und bei den Inkas hat das magische Denken in die Religion verschoben und das kausalistische Denken zur Wissenschaft weiterentwickelt. Man kann nun mit den Göttern und gegen die Götter auf »natürliche« Effekte setzen, ohne das eine vom anderen allzu scharf zu trennen.[405] Der Witz wird episch und komödiantisch, je nach Umstand und Gelegenheit, zur Not auch tragisch. Er bewegt ein Wissen, dessen Intelligenz in der Erprobung neuer Möglichkeiten liegt, die die verwickelten Verhältnisse selbst offenbaren. Er deckt sich wohl eher selten mit einem Verhalten, das als tugendhaft, ehrenvoll, heldenhaft gelten kann, denn dieses bedient das Erwartbare und weicht allenfalls insofern ab, als es dieses überbietet. Der Witz ist in der Antike deswegen intelligent, weil er ein Wissen bewegt, von dem man noch nicht weiß, wissen kann, ob

[402] Luhmann, *Die Gesellschaft der Gesellschaft*, S. 230ff.

[403] Zum Beispiel Barry López, *Giving Birth to Thunder, Sleeping with his Daughter: Coyote Builds North America*, New York 1977.

[404] Siehe Harro von Senger (Hrsg.), *Die List*, Frankfurt am Main 1999.

[405] Hugo Steger, »List – ein kommunikativer Hochseilakt zwischen Natur und Kultur«, in: von Senger (Hrsg.), *Die List*, S. 321-344.

es sich bewährt. Die Listen des Odysseus sind in dieser Hinsicht allesamt unerhört. Sie fordern das Schicksal heraus, indem sie es auf eine neue Spur setzen.

Die Moderne verliert im Vergleich mit der tribalen Gesellschaft und der antiken Hochkultur an Witz. Sie ist entweder ironisch, sentimental oder ernst, am liebsten ernst. Der Witz, den Jean Paul feiert und praktiziert, man müsste das genauer untersuchen, ist der Witz der Stammesgesellschaft und der Antike unter modernen Verhältnissen. Nach wie vor werden Effekte betont, die herkömmliche Kausalitäten überraschend bestätigen oder unterlaufen. Wie kann man schreiben, wenn die Ehefrau die Stube fegt?[406] Nach wir vor geht es im Witz nicht so sehr mit rechten Dingen zu. Nach wie vor hat die List ihren Ort. Aber das zumindest für einen Moment befreiende Lachen wird in die Gegenkultur verdrängt. Die zunehmend funktionslose soziale Schichtung wird für den Ausbau einer Volkskultur genutzt, in der das ernste Gehabe von Politik und Wirtschaft, Religion und Kunst, Wissenschaft und Erziehung dem Gelächter preisgegeben wird, nicht nur im Karneval.[407] Wie man weiß, ist diesem Volk das Lachen bald vergangen. In der frühen Neuzeit hatte es seine Subsistenzgrundlagen noch nicht vollständig verloren. Es konnte sich leisten, den Versuch der oberen Stände, mit der funktionalen Differenzierung zurande zu kommen, mit Belustigung zu quittieren. Mit der wachsenden Abhängigkeit der Gesamtbevölkerung vom Markt ist es damit vorbei. Das Lachen wird Wut, wenn jemand zuhört, und Verzweiflung, wenn das nicht der Fall ist. Das Wissen und die Intelligenz, die im Gelächter stecken, wandern aus in die Melancholie, die den von der Romantik

---

[406] Jean Paul, *Siebenkäs: Blumen-, Frucht- und Dornenstücke oder Ehestand, Tod und Hochzeit des Armenadvokaten F. St. Siebenkäs im Reichsmarktflecken Kuhschnappel*, 1796, Frankfurt am Main 1987, S. 152ff.

[407] Michail M. Bachtin, *Rabelais und seine Welt: Volkskultur und Gegenkultur*, 1965, dt. Frankfurt am Main 1995.

formulierten Bedingungen des Witzes als reflexives Medium eines nicht explizierbaren Wissens genügt, aber nicht unbedingt zum Lachen ist.[408] Möglicherweise hat der Witz im engeren Sinne des Wortes die Ausdifferenzierung der Gesellschaft zur modernen Buchdruckgesellschaft verschlafen. Zum Ausbau des nicht nur empirischen, methodischen und theoretischen, sondern auch kritischen Wissens fällt ihm nichts ein. Die Intelligenz, die darin liegt, die Komplexität dieser Ausdifferenzierung durch Rollenspiele, Kontextwechsel und die innovativen Formen der Kunst zu bewältigen, wird vom Witz, vor allem dem situativen Witz, begleitet und markiert, aber kaum noch gesteigert. Das implizite Wissen des Witzes hat dem expliziten Wissen einer kritischen Gesellschaft allenfalls das Wissen um die Grenzen der Kritik voraus. Also wird man dort witzig, wo die Kritik nicht weiterführt und man dafür um Verständnis wirbt. Gemessen am modernen Interesse am Wissen ist dieser Witz defizitär – und er verbucht dies, indem er albern wird. Er führt nur wieder zurück in die Melancholie oder alternativ in den Sarkasmus und Zynismus.

In der nächsten Gesellschaft hat der Witz seine Zukunft noch vor sich. Schon jetzt machen Witze über die Irrtümer lernfähiger Maschinen die Runde, auch wenn diese Witze die Tendenz haben, einem im Halse stecken zu bleiben, weil sie nur dokumentieren, wozu die künstliche Intelligenz, wenn sie keine Fehler macht, bereits in der Lage ist. Aber das Kontrollproblem, das die elektronischen und digitalen Medien aufwerfen, ist per se geeignet, dem Witz neuen Stoff zu geben und die explizite Intelligenz durch ein implizites Wissen zu unterlaufen. Wer sich von wem, Mensch und Maschine, hat kontrollieren lassen, ohne es zu merken, ist bereits witzig genug. Das Gelächter findet hier dankbaren Stoff. Doch der rote Faden der Digitalisierung, die

---

[408] Wolf Lepenies, *Melancholie und Gesellschaft*, Frankfurt am Main 1969, mit einer neuen Einleitung 1998.

Einführung von Zählbarkeit, Berechenbarkeit und Verknüpfbarkeit auf unterschiedlich granularen Niveaus, setzt so sehr auf operative Kontrolle, konstruktive Leistungen und kognitive Autonomie, dass das Scheitern außerhalb technisch trivialer, wenn auch denkbar komplizierter Zusammenhänge vorprogrammiert ist. Der Witz findet im Nichttrivialen, im Unberechenbaren ein Gegenüber, mit dem er sich seit den Geistern, Göttern und Menschen bestens auskennt. Er löst, wenn auch nach wie vor schlaglichtartig und unbeweisbar implizit, das NP-Problem der Computerwissenschaft, das Problem der Lösung komplexer Aufgabenstellungen durch eine nicht-deterministische, also sprungfähige (nicht-lineare) Turing-Maschine.[409] Der Witz der nächsten Gesellschaft ist der Witz einer Intelligenz, die nicht weiß, wie ihr geschieht.

---

[409] Scott Aaronson, P =? NP, Januar 2017, www.scottaaronson.com/papers/pnp.pdf.

TABELLARISCHE ÜBERSICHT*

* Stichworte, mit Vorsicht zu genießen.

Themen	Tribale Gesellschaft	Antike Gesellschaft
Überschusssinn	Referenzüberschuss der Sprache	Symbolüberschuss der Schrift
Strukturform	Stamm	Schicht
Kulturform	Grenze	Telos
Zeit	Ewige Wiederkehr	Vergangenheit, Gegenwart und Zukunft
Integrationsform	Tausch	Schicksal
Politik	Gemeinschaft	Herrschaft
Wirtschaft	Erfahrung	Besitz
Konsum	Reziprozität	Tugend
Kunst	Distanz	Kommentar
Wissenschaft	Erzählung	Beobachtung
Religion	Magie	Welt der Götter
Erziehung	Autorität	Tradition
Liebe	Gelegenheit	Begehren
Organisation		Institution
Technik		künstlerisch
Recht	Gebote und Verbote	Kodex
Reflexionsform	Magie	Macht
Individuum	Idiot	Person
Moral	Achtung	Tugend
Negationsform	Rausch	das Gute, Wahre und Schöne
Sport	Spiel und Übung	Wettbewerb
Tod	Übergang	Ortswechsel
Gesundheit	Zeichen der Götter	Zeichen der Körper
Architektur	Innen und Außen	Oben und Unten
Vertrauen	Magie	Götter
Witz	Weisheit	List

Moderne Gesellschaft	Nächste Gesellschaft	Thesen
Kritiküberschuss des Buchdrucks	Kontrollüberschuss der elektronischen Medien	(1)
Funktionssysteme	Netzwerk	(2)
Gleichgewicht	Komplexität	(3)
Zeitpfeil Richtung Zukunft	Zerfall und Wiederaufbau	(4)
Geschichte	die unbekannte Zukunft	(5)
Funktionssystem	Autokratie, Technokratie, Demokratie	(6)
Kapital	Daten	(7)
Konformität	Stil	(8)
Innovation	Arbeit	(9)
Analyse	Partizipation	(10)
Konfession	Meditation	(11)
Kritik	Projekt	(12)
Leidenschaft	Rücksicht	(13)
formale Organisation	Agile Plattform	(14)
trivial	nicht-trivial	(15)
positives Recht	Immunsystem	(16)
Geld	Information	(17)
Mensch	Negativität	(18)
Anerkennung	Ethik des Unentscheidbaren	(19)
Destruktion	Ressentiment	(20)
Leistung	Vergleich	(21)
Funktion des Lebens	ein weiteres Datum	(22)
Zeichen der Maschinen	Zeichen der Codes	(23)
Stadt	Labyrinth	(24)
Technik	Design	(25)
Gelächter	NP	(26)